배움에서
깨달음까지

4상相의 법칙

배움에서 깨달음까지

이승현 저

學而思│학이사

왕성한 생명과 광활한 의식 세계에서
자신의 길을 찾아 탐험하는 모든 이들에게
이 책을 바칩니다

의식을 깨워
참된 나를 만나러 가는 길

　'최면이란 걸고 걸리는 것이 아니라 이미 걸린 최면에서 깨어나는 것이다' 라는 저자의 철학이 담겨 있는 이 책에는 '나' 라고 주장하는 인간 에고의 패턴과 익숙한 업식業識의 구조에 대한 저자의 오랜 수행과 탐구, 심리상담 현장에서의 적용 경험이 녹아 있다. 그래서 인과因果의 거미줄처럼 얽히고설킨 우물 안 개구리의 삶에서 벗어나 더 넓고 밝은 세상으로 우리의 생각을 확장해 줄 길잡이 역할을 할 것이라고 확신한다.

　나는 10대와 20대 때 사람들에 대한 연민도 있었지만 동시에 사람답지 못한 행실에 대해서는 실망감도 가득 품고 있었다. 사람들은 왜 서로 사랑하며 함께 살리는 삶을 살지 못할까? 그러나 나의 삶 역시 사랑해야 한다는 것이 가슴에 항상 있었으나 온전히 사랑하지 못하는 삶의 굴레를 반복했다. 무엇이 문제인지도 알지 못한 채, 이래도 문제이고 저래도 문제인 마음으로 사회 부적응자처럼 겉돌며 우울하고 무기력하게 살았다.

그 힘듦과 괴로움이 내게 정확하게 무엇을 요구하는지 몰랐기에 벗어나 보려 애썼지만, 감정의 널뛰기를 하며 다람쥐 쳇바퀴 굴리듯 의미 없는 방황을 했다. 20대 중반에는 삶이 너무나 무의미하고 힘들어서 세상을 떠나려 약도 먹어보았다. 하지만 살아야 할 운명이었던지 고생고생해서 깨어났고, 그때 새롭게 살아보고자 선택한 삶이 '명상으로의 출가'였다.

저자와는 명상단체에서 20대 중반에 처음 만났다. 그는 새벽에 일어나 냉수 목욕하는 것을 기본으로 그에게 주어진 일을 성실히 행했으며, 주변과 자신을 관리하는 것에서 수행자로서의 반듯한 행실을 보여주었다. 그런 모습이 개인적으로 신뢰할 수 있는 사람으로 내 마음에 들어왔다. 몇 년 후 같이 명상단체를 떠나 일상에서 그와 함께하는 결혼을 선택했다.

하지만 그가 현실을 대하는 태도는 내가 삶을 대하는 태도와 완전히 달랐다. 그와의 결혼 생활은 서로 사랑했지만, 삶의 현장에서 처절한 부딪힘으로 이어졌다. 그와 함께한 30대, 40대의 결혼 생활은 그렇게 서로의 다름을 함께 맞춰가는 치열한 순간들이었다. 그 당시 나는 결혼 생활에서 최선을 다해 시댁을 돌보고 아들을 키우면서도 좋은 소리를 듣지 못하는 괴로움에 빠져 있었다. 불만과 분노로 서로 부딪치던 어느 날 그는 나에게 "더 이상 착하지 않아도 된다. 누구도 당신에게 '착하게 살라'고 강요한 사람은 없다. 그냥 당신이 하고 싶은 대로 해라."라고 말했다. 순간 나는 공황 상태의 느낌과 허망함으로 멍해졌다. 그동안의 모든 노력이 부정당하고 삶을 잃어버린 듯 큰 충격을 받았다.

　좋은 사람, 착한 사람, 연민이 깨달음으로 가는 길이라고 철석같이 믿었다. 그래서 내 것이 없는 듯이 맞추며 살아왔는데 안착해도 된다니……. 나의 삶 전체가 부정당하는 느낌에 강한 분노가 일어났다. 그래서 '어디 내가 한 번 안 착해 볼까? 그러면 어떻게 될지 두고 보라' 하는 울부짖음이 폭발할 듯 서러웠다. 마치 내가 착하게 살아서 주변 사람들이 편안하고 무사한 것처럼 믿고 있었다. 나의 희생과 헌신을 알아주지 않는 남편과 시댁, 주변의 모든 사람에게 엄청난 분노가 일어났다. 세상이 다 뒤집어지는 것 같았다. 눈앞이 깜깜해지고, 끈 떨어진 연마냥 정신이 혼미했다. 무기력으로 살아갈 방향을 잃은 듯 망연자실해졌다.

　하지만 그때가 나의 삶에서 대상의식에 묶인 익숙한 에너지가 떨어지는 순간이었다. 그는 그런 나를 따듯하게 위로하며, 자신의 욕구를 사랑하고 스스로 존중하는 치유의 길로 들어서게 도왔다. 그때 우리는 서로가 다르며, 다름이 문제가 없음을 받아들이는 진실의 문을 열었다. 그와의 결혼 생활은 가족이기 이전에, 부부이기 이전에, 도반으로서, 수행자로서, 의식 성장의 길을 함께 걷는 동반자로서 삶의 수수께끼들을 하나씩 풀어가는 놀라운 기쁨과 설렘의 과정이었다. 부부보다 도반으로 살며 반평생 지켜본 그는 사람들의 아픔과 고통을 한결같이 보듬고 감싸 안아주는 사람이었다. 존경스러움에 고개를 저절로 숙이게 된다.

이 책에는 과거부터 지금에 이르기까지, 보이지 않는 구속으로부터 자유로워지기를 열망하며 비추고, 비추고, 또 비추며 걸어온 그의 처절한 외길 인생이 오롯이 녹아 있다. 이 책을 읽는 사람들은 우리를 구속하여 힘들게 했던 모든 것은 자신의 낮은 의식이 만든 '무지'였음을 깨닫게 될 것이다. 그래서 삶은 원래 있는 그대로 문제없음을 만나게 될 것이다. 이 책은 나를 나답게 살지 못하게 하는 구속에서 벗어나 진정한 '참나'를 향해 나아갈 수 있는 지침서가 될 것이라고 확신한다.

삶으로 인해 고통받는 모든 분에게 진정한 자유로움을 안겨 줄 이 책을 추천한다.

도반이자 아내
타로존

    우리는 누구나 자신의 인생을 잘 살고 싶어 한다. 이런 마음은 삶에서 무엇을 해야 하고, 어떻게 살아야 하는지에 대해 끝없는 질문으로 이어지곤 한다. 이런 추세에 맞추어 최근 우리나라뿐만 아니라 전 세계적으로 인문학과 명상, 심리학에 관한 관심이 더욱 커지고 있다. 인문학은 세상을 살아가는 데 필요한 다양한 지식과 관점을 배우는 학문이며, 명상은 '나'의 근원과 삶의 본질을 탐구하고 실질적으로 경험하게 한다. 그리고 인문학과 명상의 중간에 있는 심리학은 세상과 '나'를 연결하고, 현실적인 '나'와 이상적인 '나'를 하나로 통합하게 한다.

    하지만 오늘날의 대학이나 배움터에서 인문학이나 명상, 심리학은 학적체계로서 크게 인기가 있거나 주목받지는 못하고 있다. 그래서 성장하려는 개인과 집단은 다양한 정보에 대한 갈증으로 SNS나 유튜브, 심리나 명상과 관련된 서적에 높은 관심을 보인다. 이런 현상은 빠르게 변하는 사회적 분위기와 시대적 흐름 속에서 개인과 집단이 어떤 마음가짐으로 현실에 대처해야 안전하고 행복하게 사는지에 대한 많은 질문을 던지게 한다.

"나는 진정 무엇을 원하는가?"
"지금 나에게 가장 소중한 것은 무엇인가?"
"나에게 진실은 무엇이며, 거짓과 허위는 무엇인가?"
"삶은 무엇이며, 나는 누구인가?"

소중한 것은 오직 자기만의 경험이어야 한다. 스스로 경험한 살림살이가 바로 자신의 것이다. 사회에서 소중하다고 하거나, 부모님이나 주변 사람들이 생각하는 대로 무조건 따르는 건, 소중한 자신만의 가치를 세우고 살아가는 데 적절하지 않을 수도 있다. 사람의 진정한 가치는 삶의 목표와 방향을 어디에 두고 있느냐로 드러난다. 누구도 자신의 가치를 대신 만들어줄 수는 없다. 가치는 스스로 만들어 가야 한다. 자신의 가치를 현실에서 구체화하기 위해 나아가다 보면 때론 그 가치를 시험당하는 상황에 부딪힐 때도 있다. 그럴 때 가슴에 품고 있던 가치를 어떻게 지켜낼 것인가? 스스로 소중하게 여기는 가치를 위해 몸과 마음을 모두 바치겠다는 자세와 태도를 우리는 '헌신'이라고 한다. 헌신이란 소중한 것을 지키기 위해 목에 칼이 들어오더라도 지켜내겠다는 마음가짐이다. 그렇게 자신의 소중한 가치를 지켜낸 사람들에게 우리는 감동하고 존경을 보낸다.

소중히 여기는 가치를 꿈, 희망, 비전이라고 한다. 하나뿐인 인생에 어떤 목표와 가치를 가져야 하는지를 바로 세우려는 시도가 이 책의 목적이다. 소중한 인생이 비록 거창하지는 않더라도 "내가 이 세상에 왔으니, 생명과 의식을 소중하게 가꾸고 길러서, 꼭 나만의 꽃을 피우리라." 하는 뜻을 세우는 것이다. 의식 내면에 세우는 이런 결심을 입지立志라고 한다. 공자의 책『논어』위정편에서 30세를 이립而立 또는 입지立志라 하고, 40세를 불혹不惑이라고 했다. 우리는 삶에서 올바른 뜻을 세우고, 그 뜻을 향해 가다 보면, 어느 날 가장 빛나는 자신을 발견하게 된다. 모든 꿈은 처음에는 아주 작은 씨앗이었고, 미약했다. 하지만 계속 물을 주고 관심을 가지면 언젠가는 큰 나무가 되어서 주위의 새와 생명에게 쉼을 주는 안식처가 된다.

이 책은 의식의 꿈과 비전에 관한 책이다. 꿈과 비전은 의식의 바깥에서 찾는 것이 아니라 의식의 내부에 사랑과 지혜로 원래 있음을 확인하는 것이다. 인간은 세상을 의식으로 해석하고 설명하며 살아가는 존재이다. 인간의 행복과 불행은 외부의 상황과 조건에 있는 것이 아니라 그것을 받아들이고 해석하는 각자의 의식 수준에 달려 있다. 외부에 있는 상황과 사람은 언제나 있는 그대로이다. 하지만 그것을 받아들이거나 저항하는 각자의 의식 수준은 서로 다르다. 사람들은 같은 풍경을 보거나, 같은 소리를 듣거나, 같은 맛을 보더라도 의식의 수준에 따라 받아들임이 다르고, 해석이 다르다. 의식의 수준이 다르면 같은 세상 안에서도 전혀 다른 세상을 살아간다.

의식 수준의 높이가 세상을 살아가는 행복과 자유의 높이이다. 이 책에서는 의식을 수준에 따라 4가지 단계로 나누어 설명한다. 그것을 의식에 관한 '4가지 상相의 법칙' 이라고 명명했다. 4가지 상相에 해당하는 의식에는 대상對相의식, 아상我相의식, 법상法相의식, 공상空相의식이 있다. 대상의식은 앞서간 인간들이 의식으로 창조한 이미 만들어진 세상을 실제인 것처럼 받아들이고, 그것에 따라서 생존과 본능, 감각 중심의 삶을 사는 사람들의 의식 수준이다. 그리고 아상의식은 같은 만들어진 세상을 살지만, 상대 중심에서 자기중심으로 돌아와 자신의 욕구와 감정을 중시하며 살아가는 의식 수준이다. 그리고 법상의식은 대상도 '나' 도 아닌, 그 둘을 연결하고 관계 맺게 하는 보이지 않는 원리와 법칙을 중심으로 삶을 바라보는 의식 수준을 말한다. 공상의식은 인간이 의식으로 창조한 세상이 아니라 본래부터 있어 온, 인간이 만들지 않은 세상을 자각하면서 살아가는 의식의 가장 높은 수준을 말한다.

　　의식의 수준과 성장은 삶을 대하는 수평적인 확장의 중요성만이 아니라 수직적인 도약의 중요성을 보여준다. 의식의 높이가 곧 삶의 높이다. 의식 수준의 질적 변화가 바로 삶의 질적 변화이다. 대상의식의 낮은 의식에서는 아상이나 법상, 공상이 인식하는 세계를 전혀 이해할 수 없다. 그리고 아상의식에서는 법상과 공상의 세계가 마치 현실에 없는 신비로운 마법의 세계나 이상적인 세계처럼 느껴진다. 그리고 법상의식에게 공상의식의 세계는 닿고 싶지만 닿을 수 없는 그리움의 세계이다. 부처님은 인간 고통의 근본적인 원인을 '무지無知'에서 찾았다. 그래서 무지에서 벗어나 자유와 행복에 도달하는 상태를 해탈과 열반으로 표현했다. 인간의 삶은 결국 의식 수준이 보는 삶이기에 의식이 높은 단계로 성장할수록 삶은 그만큼 자유롭고 행복해진다.
　　인생은 단거리를 달리는 것이 아니다. 인생은 길게 달리는 마라톤과 같다. 마라톤을 잘 완주하려면 체력안배와 달릴 때 자신의 페이스를 유지하는 것이 중요하다. 인생이라는 마라톤을 달릴 때 자신의 의식단계에 대한 충분한 이해와 그 수준에서 갖추어야 할 준비와 노력을 한다면 삶은 최소의 노력으로 최대의 효과를 낼 것이다. 대상과 아상이라는 마라톤의 반환점을 지나 법상과 공상이라는 출발점으로 다시 돌아오는 것이 의식의 여정이다. 마라톤을 뛰며 반환점을 돌아 다시 출발점까지 완주할 때, 우리는 마라톤을 뛰기 전과 경험에서 전혀 다른 사람이 된다. 인생의 마라톤을 사는 의식은 태어나고, 성장하고, 진화해서, 자기만의 꽃피움으로 나아간다.

'나' 도 의식이요, '너' 도 의식이며,
'세상' 도 의식이다.
'태어남' 도 의식이요, '죽음' 도 의식이며,
'삶' 도 의식이다.
'느낌' 도 의식이요, '감정' 도 의식이며,
'생각' 도 의식이다.

의식을 모르면 모든 것에 무지하고,
의식을 알면 모든 것이 있는 그대로이다.
그대는 지금 어떤 의식의 수준을 사는가?

이 책에는 그동안 영적 진실을 향해 탐구하며 살아온 나의 모든 경험과 수행의 결과물이 들어있다. 심리를 상담하며 썼던 『나를 꽃피우는 치유심리학』이란 책은 대상의식의 단계에서 아상의식의 단계로 넘어가는 데 필요한 치유에 대한 새로운 자각을 정리한 것이다. 그리고 『차크라를 통한 치유에서 깨달음까지』라는 책에서는 차크라라는 에너지 센터를 중심으로 인간의 몸과 에너지, 감정과 심리를 함께 통합해 아상의식에서 법상의식으로 넘어가고자 시도했다. 그리고 이 책은 심리를 치유하면서 느낀 점과 명상을 지도하면서 알게 된 인간 의식에 관한 새로운 사실들을 모두 통합해서 4가지 상相으로 정리한 것이다.

'법칙'이란 누구에게나 통해야 한다. 제목에 들어있는 "4가지 상相의 법칙"에서 '법칙'이라고 이름 붙인 것은 4가지 상相에 관한 내용이 명상을 공부하는 사람이건, 심리를 탐구하는 사람이건, 일반인이건, 누구에게나 적용되기 때문이다. 그리고 법칙의 내용은 인간 생활의 사소한 것에서 크게는 사회와 국가를 보는 관점과 삶의 모든 분야에 이르기까지 통용될 것이라고 확신한다.

이 책이 나오기까지 항상 함께하며, 지지하고 용기를 준 내 인생의 반려자이자 도반이며, 스승이자 친구인 타로존 님에게 항상 감사와 존경의 마음을 전합니다.

책을 출간하는 데 큰 도움을 주신 학이사의 신중현 대표님께 깊은 감사를 드립니다. 책의 표지 그림과 책의 내용에 들어있는 그림을 그리며 함께 참여해 주신 김채연 님에게도 감사를 전합니다. 마지막으로 원고를 정리하는 데 아낌없는 시간과 힘을 주신 박정선 님에게도 감사를 드립니다.

함께 인연 된 모든 영혼에 감사와 사랑을 전합니다.

경북대 정문 앞 생활명상 센터에서

『배움에서 깨달음까지』 길라잡이

1. 이 책에서 다루고 있는 내용은 무엇입니까?

이 책은 인간 의식의 중요성과 의식의 성장을 통해 자신의 참된 본질에 닿는 과정을 다루고 있습니다. 참된 본질이란 '나는 무엇인가'에 대한 답이기도 합니다. 의식은 스스로 '나'라고 믿고 의지하는 모든 '나'로부터 자유로워져서, '나'라는 자기동일시에서 벗어나게 되면 '의식' 자체가 진리이자 본질임을 깨닫게 됩니다.

2. 의식이 성장해야 하는 이유는 무엇인가요?

세상과 외부는 모두 자기의식의 투영입니다. 인간은 각자의 의식이 가진 수준에 따라서 그에 상응하는 자기만의 현실 세계를 창조합니다. 그러기에 의식에 대한 이해 없이 외부적인 상황을 바꾸려는 시도는 고통스러운 윤회를 반복할 뿐입니다. 일어나고 사라지는 외부의 상황을 쫓기보다 상황의 뒷면에서 작동하는 의식의 본질을 바로 알게 될 때 삶의 고통에서 벗어나게 됩니다.

의식의 빛이 내부를 비추지 못하고 외부를 향해 있으면, 의식은 상황이 변할 때마다 익숙한 해석에 고정되어 같은 윤회를 반복하게 됩니다. 하지만 의식의 빛이 내면을 비추어 의식이 밝아질수록 상황에 대처하는 반응은 점차 유연해지고 자연스러워져 윤회를 벗어나게 됩니다. '새옹의 말塞翁之馬'에서 보듯 상황을 해석하고 받아들이는 것은 각자가 지닌 의식의 높이입니다. 의식 수준의 변화에 따라 좋음이 나쁨이 되기도 하고, 나쁨이 좋음이 되기도 합니다. 인생의 궁극적인 목적은 '의식 성장'입니다.

3. 의식 성장 과정에 꼭 필요한 것은 무엇인가요?

의식이 성장하려면 먼저 '나'의 의식이 어느 수준에 있는지 정확하게 파악하는 것이 필요합니다. 이 책에서 제시하는 의식 수준은 대상의식에서 아상의식으로, 그리고 법상의식, 공상의식의 순서로 성장합니다.

대상의식을 벗어나 아상의식으로 올라오면 내 것과 내 것 아닌 것에 대한 분리가 정확하게 생겨납니다. 내 것은 내가 책임지고, 내 것 아닌 것은 놓기를 반복하면서, 세상은 법과 원리에 의해 저절로 돌아가고 있음을 자각하게 되는데 이것이 법상의식입니다. 그리고 '나'라는 의식이 치유와 수행의 단계를 거쳐서 공상의식에 이르면 '나'에 대한 자기 중심성이 점차 옅어지면서 전체의식으로 들어서게 됩니다. 공상의식은 사물과 상황을 보는 시선이 높아져서 문제의 핵심을 정확히 꿰뚫어 보는 직관과 지혜로 세상을 대합니다. 의식의 성장 과정에서 치유와 수행은 반드시 거쳐야만 하는 과정임을 명심해야 합니다. 그리고 이 과정에서 반복적인 알아차림과 성장하고자 하는 간절함과 겸손함도 꼭 필요합니다.

의식 성장 과정에서 조심해야 할 것이 있습니다. 때로는 성장이라는 이름으로 에고가 자신을 속이지 않는지 경계해야 합니다. 에고는 머리로 상처를 치유하고, 머리로 자신을 이해하고, 머리로 깨달음을 소유하려고 할 수 있습니다. 존 웰우드John Welwood가 말한 '영적 우회Spiritual Bypassing'가 바로 이것입니다. "영적 우회란 자신을 힘들게 하는 현실의 혼란과 문제에서 벗어나기 위해 기본적인 욕구, 감정, 발달과제를 회피하거나 조급하게 초월하려는 시도를 말합니다."(『깨달음의 심리학』학지사)

영적 우회를 하는 사람들은 진실을 찾으려고 몸부림치면서도 에고의 힘을 강화하는 가르침이나 에고를 확장하려는 수행에 쉽게 이끌립니다. 이들은 의식 성장 과정에서 고통스러운 문제를 직면하지 않고 회피하는 쪽으로 가기 쉽습니다. 자기중심이 약하거나 자기 신뢰가 부족한 사람들은 감정의 혼란이나 현실적인 문제를 직면하지 않고 바로 깨달음에 도달하려 합니다. 이런 에고의 속임수에 넘어가지 않기 위해 항상 자신의 상태를 잘 점검해 보아야 합니다.

4. 이 책은 어떤 사람들에게 도움이 될까요?

이 책은 의식의 중요함을 알고, 자기의식을 성장시키려는 사람들에게는 가장 큰 도움이 될 것입니다. 그리고 현실을 행복하게 잘 살고 싶은 사람, 자기 존재의 본질을 탐구하려는 사람, 수행을 통해 삶의 진실에 접근하려는 사람들에게 큰 도움이 될 것입니다. 이 책을 통해 사람들은 자신이 지닌 현재의 의식 수준을 잘 점검해서 새로운 방향으로 나아갈 수 있을 것입니다. 그리고 이 책은 의식 성장을 위해 올바른 목표를 세웠지만, 때로는 에고의 유혹에 빠져 의식의 빛이 흐려진 사람에게도 도움이 될 것입니다.

차례

01. 인간의 삶과 의식

02. 인간의식에 관한 '4가지 상相의 법칙'

인간의 삶과 의식

본래 '의식' 자체는
텅 비어 있다.
인간의 탄생은 육체가 아닌
'나' 라는 의식의 탄생이다.

1. 세상은 의식이 해석한 자기투영이다

　인간은 근본적으로 자신의 외부와 상황을 끊임없이 설명하고 해석하는 존재이다. 인간은 있는 그대로의 실재 세상을 보는 것이 아니라 자신이 해석한 세상을 외부로 투사해서 본다. 그러기에 우리가 보고 듣는 세상은 외부에 있는 것이 아니라 각자의 의식 수준에서 바라본 자신만의 세상임을 알아야 한다.

　원효대사가 그랬다. 원효대사는 당나라로 불법을 구하러 가는 도중에 산속에서 길을 잃고 헤매다가 지쳐 잠에 빠졌다. 잠결에 목이 말라 물을 찾다가 옆에 있는 물을 마셨는데 그렇게 달콤할 수가 없었다. 그런데 아침에 눈을 떴을 때 자신이 잠을 잔 공간이 무덤 속이었고, 마신 물이 해골에 고인 물임을 보았다. 그때 그는 갑자기 속이 뒤틀리면서 구토하기 시작했다. 그러던 중 내면에서 '어제 잠결에 마실 때는 그렇게 달콤했던 물이 지금은 왜 구역질이 나도록 역겨운가?'라는 의문이 솟아났다. 그리고 원효는 외부에 있는 어떤 물건이든, 사람이든, 상황이든 그것은 항상 변함없이 있는 그대로인데, 다만 현재의 자신이 그것을 어떻게 받아들이고 해석하느냐에 따라 천국이 지옥이 되기도 하고, 지옥이 천국이 되기도 한다는 것을 깨달았다. 그는 깨달음을 "마음이 일어나니 온갖 법이 일어나고, 마음이 사라지니 온갖 법이 사라진다."라고 표현했다. - 심생즉 종종법생心生則 種種法生, 심멸즉 종종법멸心滅則 種種法滅.

원효의 이야기는 현실을 해석하는 개인의 관점과 태도를 다루는 심리학과도 연관된다. 심리 치유의 핵심은 자기 삶의 경험에 대한 올바른 해석과 받아들임이다. 심리 치유에서 상처받은 과거를 치유한다는 것은 상처받은 과거의 경험으로 되돌아가 그때의 상처를 없애는 것이 아니다. 우리는 지난 과거를 되돌리거나, 이미 있었던 사건을 없앨 수는 없다. 치유는 현재의 순간에 서서 성숙한 의식으로 그때의 상처받은 상황과 사건을 새롭게 이해하고 받아들이는 과정이다. 이것이 바로 '치유의 연금술'이다.

객관적이고 실재적으로 존재하는 상처란 원래 없다. 만약 그런 상처가 실제 존재한다면 같은 상황을 경험한 사람들은 모두 같은 상처를 받아야만 한다. 하지만 어떤 사람에게는 상처인 것이 다른 사람에게는 상처가 아닌 경우가 많다. 상처란 상황을 받아들이지 못하는 미숙하고 낮은 의식이 과거 경험을 잘못 이해하거나 부정적으로 해석한 결과이다. 그렇기에 현재에 서서 과거의 경험을 다시금 직면해서 새롭고 긍정적으로 해석하는 것이 바로 '심리 치유의 핵심'이다.

우리가 역사를 배우는 것도 같은 원리라고 할 수 있다. 역사란 과거에 있었던 사건과 상황을 지금의 시점에서 어떻게 새롭게 바라보고 해석하는가에 대한 학문이다. 역사적 사건은 상황에 참여한 사람들의 이해득실과 신분 차이, 종교적 배경에 따라 승자와 패자, 옳음과 그름, 진보와 퇴보에 대해 서로 다른 해석과 견해를 만들어낸다. 시대에 따라, 지배계층의 변화에 따라, 경제적 여건이나 문화적 환경에 따라 좋은 것이 나쁜 것이 되기도 하고, 나쁜 것이 좋은 것이 되기도 한다. 역사적 사건에 대한 해석의 관점이 바뀌면 그때는 부정당하거나 잘못된 것이 지금에 와서는 정당하고 좋은 것으로 바뀌는 것을 보는 것이 역사 공부이다.

상황에 맞지 않는 왜곡된 관점이나 잘못된 해석은 우리를 힘들고 고통스럽게 만든다. 이때 상황을 올바르게 해석하는 것은 무엇인가? 무엇이 상황을 이렇게도 저렇게도 해석하면서 즐겁게도 하고 고통스럽게 만들기도 하는가? 상황에 대한 해석의 주체는 바로 '나'라는 의식이다. '만법유식萬法唯識'이라는 말처럼 모든 현상은 오직 의식의 작용이다. 우리가 하는 모든 행위의 결과는 나라는 의식이 보는 해석과 관점에서 생겨난다. 세상은 외부에 실재하는 것이 아니라 나라는 의식이 바라보는 자기투영임을 명심해야 한다.

2. 의식의 진화가 두뇌의 변화를 가져왔다

식물이든 동물이든, 작은 미생물에서 커다란 코끼리와 인간에 이르기까지 살아 있는 모든 생명체는 기본적으로 '의식'과 '생명 에너지'로 구성되어 있다. 그리고 생명 에너지는 에너지 보존의 법칙에 따라 그것의 모양은 변할지라도 에너지 자체는 언제나 변함없이 그대로 있다. 의식 또한 생명체가 죽더라도 없어지는 것이 아니라 형태가 바뀐 새로운 생명체에 그대로 전이된다.

살아 있는 모든 생명체는 잘 살아남는 것이 가장 중요했다. 살아남기 위해서는 주변 환경에 대한 적응 경험과 다양한 정보의 수집과 처리, 기억을 잘 해내는 능력이 필요했다. 이 과정을 진행하는 주체가 바로 '의식'이다. 따라서 모든 생명체는 의식을 지니고 있다. 다윈의 '생명 진화에 대한 이론'은 '의식의 진화과정'에 대한 이론이기도 하다. 의식의 진화 정도가 낮은 생명체는 그만큼 생존력이 떨어지고, 의식이 진화된 생명체일수록 생존력이 강해지는 것이 자연의 법칙이다.(적자생존適者生存의 법칙)

의식의 성장과 진화는 생명체가 지닌 두뇌의 자연스러운 변화를 가져왔다. 지구에 생존하는 생명체는 진화론적 관점에서 볼 때 원생생물에서 다세포 생물을 거쳐 파충류, 포유류, 영장류 순으로 진화해 왔다. 그리고 영장류 중 인류의 조상인 호모사피엔스는 두뇌의 발달로 불을 이용하고 도구를 사용하고 언어와 문자를 발명하면서 지구상에서 가장 생존력이 강한 집단으로 발달해 왔다. 인간의 두뇌 구조와 DNA에는 지구 생명체가 진화해 오면서 거쳤던 다양한 흔적과 형태가 그대로 남아 있다. 특히 의식의 진화를 표현하는 인간의 두뇌 구조는 생명체가 어떻게 진화해 왔는지를 가장 잘 보여준다.

인간은 다른 동물과 비교하면 두뇌가 예외적으로 크다. 인간의 두뇌는 몸무게의 2~3%에 해당하지만, 두뇌가 소모하는 에너지의 양은, 신체가 휴식할 때도, 몸 전체의 약 25%이다. 두뇌의 발전은 먹을 수 있는 것과 먹을 수 없는 것, 위협적인 것과 위협적이지 않은 것, 생존에 유리한 것과 불리한 것 등에 대한 다양한 정보를 수집하고, 기억하고, 분별하여 처리하는 능력을 강화했다. 두뇌의 발전이 인간 의식의 진화를 가져온 것인지 아니면 인간 의식의 진화가 두뇌를 발전하게 했는지는 알 수 없다. 하지만 외적으로 보이는 생명의 진화가 내적으로는 의식의 진화이자 성장임이 분명하다.

인간의 두뇌 구조에서 최초로 형성된 뇌는 두개골 기저의 뒷부분과 척추 꼭대기에 있는 뇌간이다. 뇌간의 구성은 간뇌, 중뇌, 뇌교, 연수, 척수를 포함한다. 뇌간은 파충류의 뇌와 형태가 비슷하여 '파충류의 뇌' 또는 '본능적인 뇌', '감각과 충동의 뇌'라고도 불린다. 이는 호흡, 신진대사, 심장박동, 혈액순환과 같은 기초적이고 원시적인 충동을 조절하거나, 갑작스러운 자극이나 예상치 못한 상황에 자동으로 반응한다. 파충류의 뇌인 뇌간은 생명을 유지하는 데 필요한 생존과 충동에 본능적으로 반응하는 뇌이다.(그림 1 파충류의 뇌)

파충류는 조류나 포유류와 같은 새로운 종으로 진화되면서 뇌의 구조에 변화가 일어났다. 이를 '대뇌변연계' 또는 '포유류의 뇌', '감정의 뇌'라 한다. 헬멧 모양으로 뇌간을 둘러싸고 있고, 즐거움과 기쁨, 흥분과 사랑 같은 섬세한 감정을 조절하는 뇌이다. 대뇌변연계는 '해마'와 '편도체'로 구성되어 있다. 해마는 사람들이 경험한 사건에 새로운 기억을 창출하여 감정적인 의미를 부여하며, 편도체는 감정을 느끼거나 그에 따른 기억들에 반응하는 기능을 한다. 편도체는 과거의 강렬한 사건과 연관되면 약간의 유사성만 가져도 쉽게 반응을 일으키곤 한다. 편도체의 이런 기능은 생명이 위협받는 상황에서는 생존을 위해 중요한 역할을 한다. 편도체의 손상은 사회적 관계를 형성하는 두려움과 공감 같은 정서적 기능에 광범위한 문제를 일으킨다.

포유류는 새끼를 낳아 자랄 때까지 젖을 먹이며 키운다. 어미가 새끼에게 젖을 주는 것과 새끼가 어미의 젖을 먹으며 자란

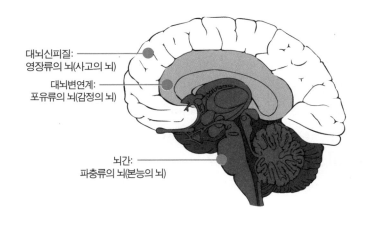

대뇌신피질:
영장류의 뇌(사고의 뇌)

대뇌변연계:
포유류의 뇌(감정의 뇌)

뇌간:
파충류의 뇌(본능의 뇌)

〔그림 1〕 인간의 두뇌 구조

다는 것은 집단 내에서 유대감과 연대감 같은 정서적 관계를 형성하는 중요한 역할을 했다. 이런 유대감과 친밀감은 집단과 조직을 만들어 유지하게 했으며, 집단관계의 형성은 포유류의 생존경쟁력에 큰 변화를 가져왔다.(그림 1 포유류의 뇌)

포유류의 감정적 영역의 활동은 그 후에 발달한 영장류의 뇌인 '대뇌신피질' 또는 '사고의 뇌'에 의해 균형이 잡힌다. 신피질은 추론과 개념형성, 계획, 감정적인 반응 조정능력을 지닌다. 영장류의 뇌인 대뇌신피질의 발달은 생존능력에 획기적인 변화를 일으켰다. 불을 이용하고, 도구를 발명하고, 말과 글을 통해 집단과 무리를 이루면서 유리한 생존환경을 만들어 갔다. 신피질은 영장류에게 상징을 창조하는 능력과 복잡한 문제해결 능력을 제공했다. 특히 신피질 중에서 전두엽 부분은 가장 최근에 진화된 '호모사피엔스의 뇌'이다. 전두엽은 직관과 창조, 언어, 수학, 예술의 능력을 제공할 뿐 아니라 종교와 영성에도 중요한 역할을 한다. 전두엽의 손상은 살아 있는 상상력과 통찰의 결여로 정신건강에 심각한 문제를 일으킨다.(그림 1 영장류의 뇌)

이처럼 인간의 두뇌는 3개의 서로 다른 층들이 생존을 극대화하고 고통을 최소화하려는 의도로 전체와 균형을 유지하면서도 독립적으로 활동하고 있다. 두뇌는 뇌세포 속 뉴런을 통해 에너지와 의식의 종합적인 메커니즘으로 활동한다. 뉴런은 신경계의 가장 작은 단위로 자극과 흥분을 전달한다. 인간의 두뇌 속에는 수십억 개의 뉴런들이 기능별로 3개의 서로 다른 층(뇌간, 변연계, 신피질)으로 그룹 지어 활동한다. 두뇌의 각 층은 수십억 년간 생명의 종들이 생존을 위해 진화하는 과정에서 발달해 온 모습이다.

인간의 두뇌는 의식을 표현해 내는 가장 완벽한 도구이다. 하지만 우리가 현실에서 사용하는 두뇌의 사용량은 10% 전후이며, 나머지 90%에 해당하는 두뇌의 기능은 아직 활용되지 못하고 있다. 우리가 사용하는 10%의 두뇌에는 에너지와 의식이 함께 종합적인 활동을 한다. 하지만 나머지 90%의 두뇌에는 에너지만 흐를 뿐 의식이 직접 활동하지 못한다. 인간에게 두뇌는 아직 의식이 도달하지 못하는 무의식과 미지의 영역이 많은 탐구의 대상이라고 할 수 있다.

3. 인간의 탄생은 육체가 아닌 '나' 라는 의식의 탄생이다

인간이 지닌 '나' 라는 의식을 우리는 '개체의식' 또는 '에고' 라고 부른다. 에고는 인간이라는 생명체가 생존하기 위해 발달해 온 의식진화 산물이다. 이것은 동물의 생존에 대한 본능적인 영역에서 진화하고 발달해 왔다. 지구에서 생겨난 초기의 생명체는 생존과 성장을 위한 내재적 에너지 자원이 부족했다. 그래서 에너지 자원을 얻기 위해 주변 환경을 탐색해야 했다. 식물은 엽록소를 활용해 햇빛을 에너지로 전환했다. 하지만 동물은 생명 유지를 위해서 주변의 정보를 수집하고, 이를 구별, 해석, 기억하는 능력을 발달시켜야 했다. 먹을 수 있는 것과 먹을 수 없는 것, 생존에 유리한 것과 생존에 불리한 것에 대한 다양한 정보를 수집해서 데이터를 처리하는 기능의 발전이 의식의 성장 과정이다. 그러기에 인간의 에고는 내적으로 결핍 구조를 지니며, 외부에서 채우려는 본능을 중심으로 성장해 왔다.

인간의 탄생은 외견상으로는 육체의 탄생이지만 실제로는 나라는 의식의 탄생이다. 태어난 의식은 삶에서 다양한 경험을 하면서 성장하고 진화한다. 인간의 육체는 부父의 정자와 모母의 난자가 만나서 생명으로 잉태된다. 육체는 나라는 의식이 머무르는 집이자 의식이 사용하는 도구이다. 갓 태어난 아기는 아직 나라는 의식이 생겨나지 못한다. 그렇다고 아기에게 의식이 없는 것은 아니다. 인간은 누구나 태어나는 순간 고유의 카르마에 의해 자신만의 의식 수준을 지니고 태어난다. 의식 수준의 높낮이는 전생이나 그 전생의 삶에서 가졌던 카르마의 무게와 연관되어 있다.

인간은 태어나는 순간부터 오감을 통해 경험을 쌓으면서 서서히 자기만의 의식이 깨어난다. 태어나서 18개월 전후가 되면 아기는 외부 대상을 감각을 통해 경험하면서, 좋은 것은 받아들이고 싫은 것에는 저항한다. 이때를 '미운 두 살'이라고도 한다. 나라는 에고 의식이 처음으로 생겨나면서, 싫고 좋음을 감각적으로 구분하는 시기이다. 나라는 에고는 기억의 산물이다. 우리가 어릴 적에 형성된 최초의 기억은 대부분 이때를 전후로 생긴다. 기억이 있다는 것은 에고가 있다는 말과 같다. 사람 중에는 최초의 기억이 5~7세인 사람들도 있다. 이들은 그만큼 자기중심의 에고 형성이 늦었음을 보여준다.

아이는 자라면서 점차 감각을 통한 본능적인 생존에서 감정의 유대와 안전감을 추구하게 된다. 아이가 유치원과 초등학교에 다닐 시기가 되면 의식은 생존과 개인적 욕구를 충족하기 위해 기본적인 배움과 훈련을 하는 "사회화의 단계"에 들어서게된다. 부모나 사회가 만들어 놓은 개념과 관념을 통해서 자신의욕구를 충족하는 법을 배우는 것이다. 하지만 이렇게 개념을 주입하는 사회화의 과정을 잘 거치지 못하면 아이의 의식은 자기존재로서의 중심을 잃거나 자신만의 특성을 소외시켜 대상 중심으로 나아가게 된다.

아이가 사춘기에 들어서면 의식에는 점차 '나는 무엇을 원하는가?', '세상은 나에게 무엇을 원하는가?', '나는 인정받고잘 살기 위해 어떻게 해야 하는가?'에 대한 질문이 생겨난다. 이때 자기만의 성향과 심리적 특성을 외부 상황과 관계에 어떻게적용할 것인지를 다루는 "주관화의 단계"로 들어서게 된다. 주관화 단계에서 '나'라는 의식은 사회화와 교육을 통해 배우고받아들인 객관적인 개념과 관념에 맞추던 시선을 자신에게로돌리려 한다. 이런 시도는 점차 외부의 객관 중심에서 벗어나 자신의 원함이나 감정에 중심을 잡는 방향으로 나아가게 한다. 나라는 의식이 자기중심을 바로 세우면 외부의 상황이나 문제가자기의식의 해석이나 상태에 따른 작용임을 인지하기 시작한다.

청소년기를 거쳐서 성인으로 성장하면서 나라는 의식은 자기만의 주체성과 자율성을 가지는 "개별화의 단계"로 나아간다.하지만 나라는 의식이 자기만의 개별화 단계로 나아가고자 할때 심리적으로 엄청난 두려움과 고립감에 휩싸이기 쉽다. 객관의 권위에 순응하며 안정감을 느끼던 나라는 의식이 자기주관을 가진다는 것은 익숙한 삶에 큰 변화를 일으키기 때문이다. 변화는 저항에 따른 갈등과 불안을 불러일으킨다. 자기만의 개별화의 단계로 성장하려는 사람들은 누구나 이런 불안을 감내해야만 한다. 이때 사람들은 두려움으로 사회화된 익숙한 패턴에서 벗어나지 않으려 하기도 한다. 그러면 나라는 의식은 성장을 멈추어 개별화의 단계를 넘어가지 못하고 대상 중심의 의식 수준에서 정체되어 버린다.

나라는 에고는 '순수의식'이라는 텅 빈 도화지 위에 그려진 작은 그림과도 같다. 텅 빈 도화지 위에 나라는 에고는 생각과 느낌, 감정과 욕구라는 물감으로 자신만의 세상을 그려간다. 그런데 백지의 도화지를 보지 못하고 채색된 형상에 집착하는 것이 나라는 에고 의식의 특성이다. 백지의 도화지는 아무것도 없는 것이 아니라 모든 것을 가능하게 하는 전체의식의 실재하는 모습이다. 세상은 외부에 있는 것이 아니라 전체의식이라는 도화지 위에 그려진 나라는 개체의식의 자기투영임을 알아야 한다. 그러기에 자기의식에 대한 이해 없이 외부적인 상황만을 바꾸려는 시도는 고통스러운 윤회를 반복할 뿐이다. 한 생명이 가진 의식을 성장시켜 높은 수준에 도달한 사람은 의식을 더 크고 넓게 사용하여 사랑이 가득한 세상을 창조한다. 하지만 의식이 성장하지 못해 수준이 낮으면 그가 창조하는 세상은 무겁고, 어둡고, 힘든 삶이 된다.

4. 인생사는 새옹지마塞翁之馬이다

옛날 중국의 국경 지방에 한 노인이 살고 있었다. 어느 날 노인이 기르던 말이 국경을 넘어 오랑캐 땅으로 도망쳤다. 이에 이웃 주민들이 위로의 말을 전하자 노인은 "이 일이 복이 될지 누가 압니까?" 하며 태연자약했다. 같은 상황이 일어나도 그것을 받아들이고 해석하는 마을 주민들의 의식과 노인의 의식 수준에는 큰 차이가 있었다. 그로부터 몇 달이 지난 어느 날, 도망쳤던 말이 암말 한 필과 함께 돌아왔다. 주민들은 "노인께서 말씀하신 그대로입니다." 하며 축하했다. 그러나 노인은 "이게 화禍가 될지 누가 압니까?" 하며 기쁜 내색을 조금도 하지 않았다. 마을 주민들은 외부로 보이는 현상, 즉 대상을 보면서 좋겠다며 축하를 했다. 하지만 노인은 일어난 대상에 대한 희비로 상황을 판단하기보다는 스스로 한 생각을 돌이켜 상황을 있는 그대로 받아들이려 했다.

며칠 후 노인의 아들이 말을 타다가 낙마하여 그만 다리가 부러지고 말았다. 이에 마을 사람들이 다시 위로하자 노인은 역시 "이게 복이 될지도 모르는 일이오." 하며 표정을 바꾸지 않았다. 일어나는 사건을 일어나지 못하게 할 수는 없다. 그것은 보이지 않는 많은 조건의 조합으로 이루어져 있기 때문이다. 우리가 할 수 있는 것은 이미 일어난 사건을 받아들일 것인지 아니면 거부하고 저항할 것인지에 대한 선택만 있다.

그로부터 얼마 지나지 않아 북방의 오랑캐가 침략해 왔다. 나라에서 징집령을 내려 젊은이들은 모두 전장에 나가야 했다.

그러나 노인의 아들은 다리가 부러진 까닭에 전장에 나가지 않아도 되었다. 그 시대에 전장에 나간다는 것은 죽는 것과 같았다. 새옹의 이야기는 외부 상황의 변화가 아니라 그것을 받아들이는 의식의 상태에 따라 삶이 어떻게 되는지를 보여주는 좋은 사례이다.

일어나고 사라지는 외부의 상황을 좇아가기보다는 상황의 뒷면에서 작동하는 법과 원리를 이해하는 높은 의식은 감정적 고통에 더 적게 휩쓸린다. 외부를 향해 묶여 있는 낮은 의식에서는 상황이 변할 때마다 기존의 익숙한 해석으로 인해 변화가 고통스럽다. 하지만 의식의 수준이 높아질수록 상황에 대처하는 반응은 점차 유연해지고 자연스러워진다. '새옹의 말塞翁之馬'에서 보듯 상황 자체에는 좋고 나쁨이 없다. 단지 그것을 해석하고 받아들이는 의식의 수준에 따라 좋음이 나쁨이 되기도 하고 나쁨이 좋음이 되기도 한다.

5. 인간은 누구나 의식의 사다리를 타고 높이 올라가야 한다

성경의 창세기에 야곱의 이야기가 있다. 야곱이 하란으로 가다가 어느 낯선 장소에서 해가 저물어 하룻밤을 지내게 되었다. 그는 돌 하나를 주워서 베개로 삼고 잠을 자다가 꿈을 꾸었다. 그리고 그는 꿈속에서 하느님의 계시를 받았다. 그는 사다리로 이루어진 층계가 땅에서 하늘 꼭대기까지 닿아 있고, 천사들이 그 층계를 오르락내리락하는 꿈을 꾸었다. 야곱이 베고 잠들었던 돌은 물질세계를 상징하며 야곱이 꿈에 보았던 사다리는 천국의 처소에 들어가기 위해서는 누구라도 꼭 타고 올라가야 하는 의식의 여러 단계를 상징한다. 의식의 사다리를 타고 한 단계씩 올라가서 높은 단계에 이르게 되면, 우리는 물질세계와 정신세계가 하나라는 사실과 세상의 모든 것이 자기의식의 투영임을 깨닫게 된다. 야곱의 꿈은 물질세계는 내면 의식이 외부로 투영되어 형상화된 것이고, 지금 여기에 있는 '의식'이 바로 하나님이 사는 집인 천국으로 들어가는 문임을 깨닫는 비전이었다.

인간의 생명 에너지는 의식의 단계와 수준을 통해서 생각이나 말, 행위로 표현된다. 야곱의 사다리는 인간의 내면에 있는 의식의 여러 단계를 상징적으로 보여준다. 사다리를 타고 내려오는 천사들은 통합의식에서 분리의식으로 내려오는 생명 에너지를 상징한다. 그리고 의식의 사다리를 타고 올라가는 천사들은 분리의식에서 다시 통합의식으로 회귀하는 생명 에너지를 상징적으로 보여준다. 깨달음과 천국은 지금 여기에 존재하는 의식의 가장 높은 상태이다. 의식의 수준이 낮아질수록 그가 경험하는 세상은 괴로움과 불편함이 커질 수밖에 없다.

야곱은 이때 보았던 비전을 훗날 양을 기르는 목축을 할 때 활용했다. 그는 양들이 먹는 우물에 낙엽을 풀어 놓아 양들이 물을 먹을 때마다 물에 비친 얼룩진 모습을 보도록 만들었다. 그러자 나중에 얼룩진 양들이 태어나기 시작했다. 자신의 원함을 구체적으로 의식에 품고 그것을 성취하려는 간절함과 믿음으로 노력할 때 언젠가는 외부에 그것의 형체가 드러난다. 인간은 현실에서 각자의 의식 상태에 따라서 그에 상응하는 자기만의 세계를 창조하며 살아간다. 만일 우리가 사랑과 하나님으로부터 분리되었다는 낮은 의식의 생각을 믿는다면 삶은 늙음과 죽음 같은 고통으로 드러난다. 하지만 세상의 모든 것이 자기의식의 투영임을 받아들이게 되면 죽음과 고통은 실제가 아닌 의식의 창조물임을 깨닫게 된다.

의식의 높은 수준에서는 이미 우리가 완전한 존재로 그려져 있다. 그것을 깨달은 사람들은 현실이 자신이 원하는 대로 되기를 바라거나, 또 그렇게 되지 않은 현실을 잘못이라고 생각하지 않는다. 의식은 각각의 수준에 따른 현실을 완전하게 드러낸다. 그러기에 전체와 분리된 낮은 의식에서는 죄와 질병, 고통과 죽음이라는 현실을 창조한다. 왜냐하면 그것을 현실로 받아들이고 믿기 때문이다. 무형의 정신세계와 유형의 물질세계는 모두 의식의 자기표현이다. 다양성과 다름을 근원에서 분리된 것으로 보는 것은 낮은 의식에서 바라보는 착각이다. 높은 의식에서는 인간과 세상은 분리되어 있지 않다. 다른 것은 틀린 것이 아니라 그냥 다름이며, 그 자체의 본질은 항상 하나이다.

물질세계와 정신세계를 연결하는 의식의 사다리를 천천히 하나씩 올라서면 결국 모든 것은 하나로 통합된다. 지혜와 사랑의 높은 의식은 분리를 하나로 연결한다. 의식이 낮은 수준에 머무는 것은 누군가 억지로 그렇게 만드는 것이 아니라 스스로 선택하는 것이다. 사람들은 때로 자기의식이 동물보다 더 저급한 지옥이나 아귀 차원으로 떨어지는 선택을 하기도 한다. 하지만 언젠가는 무지와 두려움이 한계에 도달하거나 고통에 지치면 우리는 비틀거리며 높은 의식에 존재하는 사랑과 지혜의 집을 향해 발길을 돌릴 것이다. 그때 우리는 의식의 사다리를 통해서 하나님의 처소로 곧바로 나아가야 한다. 높은 수준의 의식으로 나아간 사람들은 삶이란 성장하는 과정임을 알기에 결코 뒤로 물러서지 않는다.

우리는 각자의 의식 수준을 성장시켜 우리와 세상이 모두 하나에서 나온 것임을 깨달아야 한다. 이것이 삶을 통해 우리가 할 수 있는 가장 위대한 일이다. 이렇게 물질세계와 정신세계가 의식에서 일어나는 하나의 세계임을 깨닫게 되면 우리는 '의식의 변화산'에 서게 된다. 변화산은 높은 수준에 이른 깨달음의 의식 상태를 말한다. 깨달음의 밝은 빛을 받기 위해서는 의식의 가장 높은 수준까지 올라가지 않으면 안 된다.

야곱이 보았던 비전은 결국 모든 인간이 어떻게 살아야 하는지를 보여준다. 그리고 그의 비전은 현재를 사는 우리의 비전이기도 하다. 우리는 이제 의식에 대한 올바른 이해와 비전으로 내면에 있는 의식의 가장 높은 수준으로 나아가야 한다. 인간의 행복과 자유는 물질적 차원의 충족에서 일어나는 것이 아니라, 높은 의식에서 펼쳐지는 지혜와 사랑에서 생겨나는 것임을 알아야 한다.

02

인간의식에 관한
'4가지 상相의 법칙'

인간 의식의 4가지 상相
대상, 아상, 법상, 공상의 발견!
세상과 인간을 이해하는
가장 위대한 발걸음의 시작이다.

1. 생명의 진화와 인간의식의 성장 과정

과학자들에 의하면 우주는 대략 130억 년 전에 빅뱅이 일어나 물질과 에너지, 시간과 공간이 형성되었다고 한다. 그리고 약 38억 년 전에는 지구라는 행성에 모종의 분자들이 결합해서 생물이 최초로 탄생했다고 한다. 지구상의 생명체들은 오랜 생존의 위협 속에서 각 시대를 거치면서 성장과 퇴보를 거듭하며 계속 진화해 왔다. 원생생물에서 다세포생물로, 어류에서 양서류로, 파충류에서 포유류로 그리고 침팬지나 고릴라 같은 영장류로 진화해 왔다.

영장류의 두뇌와 의식은 생존하기 위해 계속 진화했다. 약 250만 년 전 동부 아프리카에서 오스트랄로피테쿠스라는 인간과 원숭이의 중간쯤 되는 유인원이 등장했다. 그 후 네안데르탈인과 호모에렉투스를 거쳐 약 7만 년 전후로 호모사피엔스라는 현생 인류가 비로소 시작되었다. 그리고 약 4~5만 년 전에는 호모사피엔스 사피엔스라는 더욱 진화된 의식을 가진 인류가 등장했다. 이들은 지구상에 널리 분포하여 후기 구석기 시대 문화를 발달시켰다. 호모사피엔스라는 말은 '슬기로운 인간'이라는 뜻이다. 이들은 다른 종과 다르게 두뇌를 활용해서 불을 사용하고 무기를 만들었으며 주변의 다양한 정보를 수집하고 처리하는 기능으로 생존율을 극대화했다.

인간이라는 '종種의 의식'은 호모사피엔스라는 생명의 조건에 이미 내재해 있기에 개인적인 역량과는 무관하다. 하지만 인간의 개별의식은 개인의 성장 의지와 경험의 과정을 따르고 있다. 인간은 자기의식의 발달 수준만큼 외부로 투사한 세상을 살아간다. 인간은 실재하는 세상을 살아가는 존재가 아니라, 자신이 해석하고 인지한 세상을 살아가는 존재이다. 근대 철학자 데카르트는 내부 실체인 의식이 먼저 존재하고, 그다음에 외부 실체가 존재한다는 사실을 발견했다. 그러기에 깨달음의 의식에 도달한 사람들은 우리가 경험하는 세상은 외부가 아닌 우리의 내면에 있다고 주장한다. 외부에 있는 것은 언제나 있는 그대로이다. 그것이 좋은 것인지 좋지 않은 것인지는 외부의 문제가 아니라 그것을 해석하고 받아들이는 내부의식의 문제이다. 그래서 문제를 해결하려면 의식의 내면에서 해답을 찾으라고 했다.

인간의 의식은 크게 선형적인 영역과 비선형적인 영역으로 나뉜다. 선형적인 영역은 뉴턴식의 기계론적인 인식체계로서 세상을 객관적으로 관찰 가능하며 규정할 수 있는 것으로 인지하고 해석한다. 반면 비선형적인 영역은 객관과 논리로는 이해되지 않는 주관적이고 비논리적인, 경험에 따른 신비주의나 양자역학적인 인식체계로 세상을 인지하고 해석한다.

인간의식의 진화는 분리에서 통합으로, 행위 중심에서 존재 중심으로, 자기중심적인 집착에서 전체를 향한 열린 의식으로 진화해 왔다. 분리와 행위 중심, 자기중심적 의식에서는 사물을 인지하고 해석하는 구조가 A ⇒ B ⇒ C처럼 뉴턴식 기계론적 물리학에 따라 선형적으로 움직인다. 이는 A라는 원인과 조건에 의해 도출된 B라는 결과를 인식하고, B는 다시 원인이 되어 C라는 결론에 도달한다. 선형적인 인식의 체계 안에서는 모든 사물의 움직임이 원칙에 따라 순차적이고 예상 가능한 방향으로 일어나고 사라진다. 이것을 '원인과 결과의 법칙'이라 한다. 예를 들어 A라는 경험에서 B와 C의 감정과 생각이 만들어졌다면 A와 비슷한 상황에서 B와 C의 반응을 일으킨다. 이런 자동반응이 사람마다 의식의 익숙한 패턴으로 자리를 잡을 때 상황을 해석하는 의식 수준이 된다.

반면에 통합과 존재, 전체를 보는 열린 의식인 비선형적 영역의 수준에서 사물을 인식할 때는 문제의 원인이나 결과에 초점을 두지 않는다. 비선형적인 영역은 논리적인 인과관계가 아니라 경험에 기초한 주관에 입각하기 때문에 입증할 수 있는 선형적인 영역을 넘어선 고주파의 에너지 영역에 해당한다. 의식이 이 수준에 이른 사람들은 상황에 따른 내용물의 변화가 아니라 전체를 보는 맥락과 실재 자체에 초점을 둔다. 이는 하이젠베르크의 불확정성의 원리나 물리학에서 양자역학에 따른 인식체계와 비슷하다. 선형적이고 기계론적인 이원성을 넘어선 인식체계의 변화는 인류의 현실적인 삶을 더욱 풍요롭게 했다. 왜냐하면, 의식의 변화에 따른 해석의 변화가 물질세계의 변화를 이끌었기 때문이다.

의식이 어느 수준에 계속 고정되어 있으면 상황이 변하거나 조건이 달라질 때 유연하게 대처하기 힘들어진다. 고정된 의식은 저절로 제한된 B와 C라는 결론에 자동으로 도달하게 한다. 그래서 인간의 의식 수준은 자신을 한계 짓는 익숙한 자기 동일시의 모습이기도 하다. 의식의 성장에는 익숙한 습관의 한계를 벗어나려는 강한 자발성과 결심이 필요하다. 자발성은 익숙함을 버리고 기꺼이 변화하려는 의지이며, 결심은 변화하고 성장하고자 하는 간절함이다. 의식의 성장은 결국 선형적인 영역에 한정된 인식체계를 비선형적인 영역으로 확장 도약하게 한다.

2. 의식에 관한 '4가지 상相'에 대한 발견

인간의 고통과 문제는 어디에 있는가?
의식의 내면에 있는가?
아니면 의식의 바깥에 있는가?

인간은 삶에서 생기는 다양한 문제에 대해 동양과 서양을 막론하고 고대로부터 현대에 이르기까지 다양한 철학과 종교, 학문과 실용의 관점에서 해석하고 설명해 왔다. 인간은 누구나 의식을 지니고 있다. 의식은 개인마다 타고난 카르마의 법칙에 따라 자기만의 고유한 성향과 수준을 가진다. 그것은 현실에서 각자가 가졌던 선택과 책임, 의지와 태도를 반영하고 있다. 의식의 고유한 특성은 생명체를 잘 생존하게 하는 인식체계이자 해석력이다. 인식으로 앎을 축적하고, 해석으로 세상을 받아들이고 경험하는 주체가 바로 '의식'이다. 생명체는 생존을 위해 외부의 정보를 꾸준하게 탐색, 조사, 수집, 분류, 정의하는 일에 몰두한다. 동물은 식물과 다르게 생존을 위한 내부 에너지 자원이 결핍된 상태로 태어난다. 그래서 주변환경과 외부자원으로부터 에너지원을 끌어오거나 얻어야만 생존할 수 있다. 동물이 외부에서 에너지 자원을 확인하고 탐색하기 위해서는 인식하고 해석하는 의식의 발달이 생존의 필요조건이다. 지구상의 모든 생명체는 상황을 인식하고 해석하는 의식이 발달할수록 같은 환경 안에서 생존할 확률이 올라간다.

이 책에서 나는 세상을 해석하고 받아들이는 인간의식을 4가지 단계로 나누어 설명하고자 한다. 의식의 단계가 올라갈수록 삶의 질質과 행복도는 올라간다. 의식의 단계가 낮은 상태에서는 상황을 자기 식대로 해석하거나 왜곡하기 때문에 고통이 생길 수밖에 없다. 우리가 살아가는 세상은 법칙과 원리 위에서 만들어져 있기에 법칙에서 벗어난 만큼 삶은 괴롭고 힘들다. 현실을 인식하고 해석하는 우리의 의식 수준을 바로 알아야 우리는 삶의 문제에서 현명한 선택을 할 수 있다.

인간은 의식적인 존재이다. 의식의 성장과 진화에 관한 '4가지 상相의 법칙'이 바로 이 책의 핵심내용이다. 4가지 상相의 법칙은 20대부터 행복과 참된 진리를 찾고자 했던 나의 오랜 열망과 노력의 결정체라고도 할 수 있다. 진실을 향한 길에서 나는 10대와 20대에 사상과 철학, 종교에 심취했다. 그리고 30대 이후에는 직접 수행을 통해 진실이 무엇인지 알려고 부단히 노력했다. 그 당시 나는 세상을 인식하고 해석하는 의식을 크게 '대상'과 '공상' 2가지로 나누어 진리를 설명하고자 했다. 이는 크게 선형적인 영역과 비선형적인 영역으로 나누거나, 진실이 아니면 거짓, 참된 것이 아니면 허위, 세속이 아니면 영성, 선이 아니면 악이 되듯이 이원성의 굴레를 벗어나지 못한 것이었다. 그 당시 나는 실재하는 현실의 문제나 한계가 힘들어 곧바로 깨달음의 공상의식으로 도약하고자 했다.

40대를 지나면서 선형적인 영역을 좀 더 세분화해서 대상의식과 공상의식 사이에 '나'라는 아상의식을 새롭게 추가했다. 대상을 인지하고 깨달음으로 나아가고자 하는 아상의식을 추가하면서 3가지 '의식의 틀'로 진리의 과정을 설명했다. 대상은 외부에 있는 세상이고, 그것을 인식하고 경험하는 나의 노력이 궁극적으로 이원성을 넘어서 깨달음으로 성장한다는 모델을 만들었다. 아상의식에 대한 수용은 대상에 쏠려 자신을 잃어버리거나 어릴 적 상처받은 나의 문제를 이해하는 데 큰 도움이 되었다. 그리고 깨달음으로 나아가기 위해서는 나의 무의식에 잠재된 심리적인 문제를 꼭 해결해야 함을 알게 되었다. 의식 내면에 있는 해결되지 못한 문제들은 무의식적으로 같은 상황을 반복하게 만들거나 성장의 길을 막는 장애가 된다. 그래서 지나간 경험의 부정적인 해석을 진실에 입각한 긍정적인 해석으로 바꾸고, 상처받은 감정을 치유하고, 억압되거나 거부된 욕구를 수용하는 자기 신뢰가 공상의식으로 성장하는 필요조건인 것이다.

50대를 지나면서 문득 아상의식이 공상의식으로 성장하기 위해서는 나라는 에고를 계속 팽창시키는 것이 아니라 어느 단계에서 내리거나 깎아야 함을 발견했다. 그것이 바로 법상의식이다. 법상의식으로의 진입은 에고에게는 자기중심을 깎아야 하는 고통이면서도 에고의 짐을 없애는 자유와 편안함이다. 법상의식이 새롭게 추가되면서 의식의 성장 과정을 설명하는 모델인 4가지 상相에 관한 이론이 완성되었다.

4가지 상相은 대상對相, 아상我相, 법상法相, 공상空相이다. 인간이라면 누구나 가지는 나라는 의식은 대상의식으로 살다가 점차 아상의식으로 성장하고, 법상의식으로 진화해서 공상의식으로 완성되어 간다. 상相이란 실제 그런 세계가 존재하는 것이 아니라 의식이 현실을 설명하고 해석하는 모양과 틀을 말한다. 인간의 모든 행동과 삶은 그것을 해석하는 상相의 수준에 따라 완전히 다른 모습으로 드러난다.

3. 4가지 상相을 의식의 단계에 따라 수치화하다

진실과 깨달음에 대한 '4가지 상의 법칙'을 발견하고 나서 '진실'과 '실재'에 접근하는 태도에 있어서 나와 놀라울 정도로 비슷한 이론을 주장하는 사람을 발견하게 되었다. 그는 의학박사이자 의식연구가이면서 영성에 대한 뛰어난 지도자인 '데이

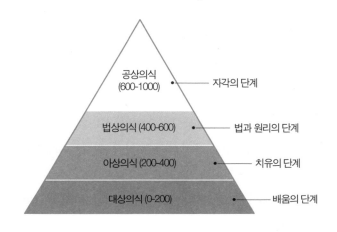

〔그림 2-1〕4가지 상의 법칙에 해당하는 의식 수치

비스 호킨스' 박사였다. 그는 『의식혁명』이란 책을 통해 세상과 진실을 인지하는 인간의식을 최초로 수치화하여 '의식지도'를 제시했다.

그는 책에서 인간의 의식 수준을 0에서 1000까지로 나누어 각 의식 수준에 따른 과제와 유용성에 대해 자세히 정리했다. 그는 현재 인류의 전체적인 의식 수준이 막 200을 넘어섰다고 한다. 인류의 의식은 오랫동안 200 이하의 낮은 수준에 머물다가 2000년을 넘어서면서 200을 넘는 괄목할 만한 성장을 보였다고 한다. 그의 주장에 따르면 200이라는 의식 수치는 인간이 삶을 해석하는 부정과 긍정의 분기점이자, 개인이 자발적인 용기로서 성장하고자 하는 중요한 전환점이라고 했다. 그는 책에서 인간은 한 생애에서 각자 타고난 의식 수준을 조금이라도 성장시키는 것이 삶의 진정한 목적이라고 했다.

나는 데이비스 호킨스가 『의식혁명』에서 인간의식을 수치화한 내용을 빌려와 의식에 관한 '4가지 상相의 법칙'을 설명하고자 한다. 그림 2-1은 데이비드 호킨스 박사의 『의식혁명』에 나오는 의식 수치를 기반으로 4가지 상相에 해당하는 의식을 수치로 나타낸 것이다. 대상의식은 의식 수치가 0~200에 해당하는 '배움'의 단계이며, 아상의식은 의식 수치가 200~400에 해당하는 '치유'의 단계이다. 그리고 법상의식은 의식 수치가 400~600에 해당하는 '법과 원리'의 단계이며, 공상의식은 의식의 수치가 600~1000에 해당하는 '자각'의 단계이다.

인간은 각자의 의식 수준에 따라 삶을 해석하는 존재이다. 그러기에 의식 수준이 다르면 같은 것을 보더라도 전혀 다르게 해석한다. 낮은 의식에서는 해결되지 못한 문제가 높은 의식에서는 전혀 문제가 되지 않는다. 그리고 높은 의식에서는 낮은 의식이 지닌 패턴과 문제가 너무도 환히 잘 보이지만, 낮은 의식에서는 높은 의식이 지닌 문제가 전혀 감이 잡히지 않는다. 대상의식을 사는 사람에게 아상의 세계는 아직 그들의 의식 내면에 들어오지 않은 미지의 세계이자 무의식의 세계처럼 느껴진다. 아상에 사는 사람에게 법상의 세계는 신비롭고 놀라운 이상적인 세계처럼 보인다. 그리고 대상의식에서 보는 공상의식의 세계는 상상조차 안 되는 세계이기도 하다.

〈신의 한 수數〉라는 영화에서 안성기는 "고수에게 세상은 놀이터와 같다. 하지만 하수에게 세상은 생지옥이다."라는 대사를 했다. 어떤 분야에서 같은 것을 보더라도 하수가 보는 세계와 고수가 보는 세계는 해석의 깊이와 높이가 완전히 다를 수밖에

없다. 가장 높은 의식인 공상의식은 오직 그것에 도달한 사람만
이 누릴 수 있는 깊고 놀라운 세계이자, 있는 그대로의 진실과
실재를 보는 세상이며, 진정한 행복과 자유를 누리는 의식의 궁
극적인 세계이다.

4. 4가지 상相에 해당하는 '의식의 패러다임'

패러다임이란 말은 미국의 과학사학자이자 철학자인 토머
스 쿤Thomas Kuhn이 그의 저서 『과학혁명의 구조The Structure of
Scientific Revolution』(1962)에서 새롭게 제시하여 널리 통용된 개념
이다. 쿤은 패러다임을 "한 시대를 지배하는 과학적 인식, 이론,
관습, 사고, 관념, 가치관 등이 결합된 총체적인 틀 또는 개념의
집합체"로 정의했다. 쿤은 "과학사의 특정한 시기에는 언제나
개인이 아니라 전체 과학자 집단에 의해 공식적으로 인정된 모
범적인 틀이 있는데, 이 모범적인 틀이 패러다임이다."라고 했
다. 그리고 익숙한 패러다임은 기존의 과학 위에서 새롭게 생성
되고 쇠퇴하며 다시 새로운 패러다임으로 대체된다고 했다.

인간은 누구나 자신의 익숙한 인식패턴으로 세상과 상황을
경험한다. 상황을 해석하는 익숙한 태도와 관점을 '의식의 수
준'이라 하며, 같은 의식 수준에 있는 사람들은 비슷하게 상황
을 해석하는 인식패턴을 보인다. 비슷한 인식패턴을 가진 사람
들은 비슷한 가치관과 비슷한 관념체계를 가지고 비슷하게 해
석하고 받아들인다. 이것을 '인식의 패러다임'이라 한다. 유유

상종類類相從이라는 말이 있듯이 의식의 패턴이 비슷한 사람들은 서로 편안하게 이해하고 받아들인다.

　인간의 의식은 성장 과정에 따라 크게 4가지 단계로 나눌 수 있는데 대상, 아상, 법상, 공상이 그것이다. 각 의식의 단계는 다른 의식의 단계와 비교할 때 전혀 다른 인식체계를 가진 패러다임이다. 특히 대상, 아상, 법상에 속하는 선형적인 패러다임과 공상에 속하는 비선형적인 패러다임은 인식체계에 있어서 완전히 다른 세계임을 명심해야 한다. 의식 수치 600 이상의 비선형적인 인식체계는 의식에게는 새로운 혁명과 같다. 그래서 이러한 인식체계에 도달한 사람들을 '깨어난 사람', '부처'라고 표현한다. 비선형적인 세계는 생각으로 이해되지 않고, 논리로 설명할 수 없으며, 선형적인 언어로는 표현 불가능한 세계이다. 그래서 선불교禪佛敎나 힌두교의 아드바이타advaita에서는 불이법不二法이나 공空, 침묵, 무無 등의 말로 표현했다. 하지만 이 세계가 선형적인 과학으로 입증되거나 논리로 설명할 수 없다고 해서 존재하지 않는 것은 아니다. 이 세계는 비슷한 의식의 수준에 오른 사람들에게는 너무나 선명하고 객관적으로 경험되는 실제의 세계이다.

　대상의식에서 아상의식으로 의식이 변화할 때도 크게 패러다임의 전환이 일어난다. 데이비스 호킨스의 의식지도에 따르면 200의 의식 수치는 낮은 의식에서 높은 의식으로 나아가는 전환점이며, 부정적인 감정에서 긍정적인 감정으로 해석이 바뀌는 중요한 분기점이라고 한다. '의식의 성장에 관한 4가지 상相의 법칙'에서도 대상의식이 보는 세상과 아상의식이 보는 세상은 그 크기와 관점에 있어서 엄청난 차이를 보인다. 예를 들어 대상의식의 크기가 작은 술잔이라면 아상의식의 크기는 큰 술병이라고 할 수 있다. 세상을 보는 관점에서도 만들어진 고정된 틀에 묶여서 보는 것과 유연하게 흐르면서 틀을 자유자재로 오가면서 보는 것만큼 차이가 난다.

아상의식에서 법상의식으로 의식이 변화할 때도 크게 패러다임의 전환이 일어난다. 그것은 에고 중심성으로 자신을 끝없이 팽창하려는 패턴에서 에고의 힘을 빼면서 익숙한 에고의 정체성을 벗어나는 전환점이다. 에고에게 법상으로의 전환은 받아들이기 매우 어려운 충격적인 변화의 시작점이다. 그것은 에고와의 동일시를 부정하고 에고의 집착을 깎아야 하기 때문이다. 데이비스 호킨스의 의식지도에 따르면 400~600의 의식 수치에 해당한다. 이 영역에서 상황을 이해하고 해석할 때는 감정보다는 이성으로, 개인적 입장보다는 논리와 과학으로, 주관보다는 객관으로 상황을 해석하고 바라본다.

비슷한 의식체계를 가진 같은 패러다임에 속하는 사람들은 약간의 차이는 있지만 비슷한 결론에 도달하거나 비슷한 세상을 살아간다. 인식의 패러다임이 바뀌면 세상을 대하는 가치관과 관념과 의미에 있어서 큰 변화를 수반하게 된다. 같은 세상인데 다른 세상을 보는 것과 같다. 앞이 뒤가 되기도 하고, 뒤가 앞이 되기도 하며, 좋은 것이 나쁜 것이 되고, 나쁜 것이 좋은 것이 되기도 한다. 낮은 의식이 지닌 패러다임은 현실과 상황을 수용하는 그릇이 작아서 익숙한 패러다임을 벗어난 상황을 해석할 때는 담을 수가 없다. 낮은 의식의 패러다임에서 높은 의식의 패

러다임으로 성장하면 낮은 의식의 패러다임은 없어지는 것이 아
니다. 높은 의식의 패러다임은 낮은 의식 속에 들어 있던 패러다
임도 함께 수용하는 큰 자유를 가진다.

5. 4가지 상相에 해당하는 현재 인류의 인구분포도

　데이비드 호킨스가 쓴 『의식혁명』에는 현재 인류의 의식 수
치를 전체인구 비율로 표현한 부분이 있다. 그는 책에서 2000년
을 전후로 지구 인류의 약 15%만이 긍정성과 부정성의 분기점
인 200 이상의 의식 수준에 도달했으며, 나머지 85%는 200 이하
의 의식 수준에 머물러 있다고 했다. 하지만 15%를 넘어선 의식
의 집단적인 힘은 지구상의 나머지 85%의 부정적인 에너지를
상쇄하고 있다고 한다. 이런 에너지의 상쇄 작용이 없었다면 인
류는 부정적인 에너지의 혼란으로 이미 자멸했을 것이라고 했
다. 이는 '4가지 상의 법칙'이 도달한 결론과 비슷하다. 4가지
상의 각 의식 수준을 인구 비율로 표시해 보았다. 그림 2-2는 4
가지 상에 따른 인구분포도이다.
　전체인구 약 100만 명이 있는 인구집단을 예로 든다면, 전체
대상의식의 약 1/10인 10만 명이 아상으로 성장, 진화한다. 아상
에 도달한 인구의 1/100에 해당하는 1000명이 법상으로 나아간
다. 그리고 법상으로 성장한 인구의 1/1000에 해당하는 1명이
공상의식으로 도약한다.
　이처럼 기존의 단계에서 다음 수준의 의식으로 도약한다는

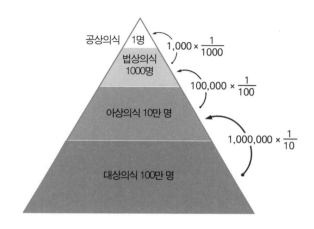

공상의식 1명 $1,000 \times \frac{1}{1000}$

법상의식 1000명 $100,000 \times \frac{1}{100}$

아상의식 10만 명 $1,000,000 \times \frac{1}{10}$

대상의식 100만 명

〔그림 2-2〕 4가지 상에 따른 인구 분포도

것은 쉽지 않다. 또 이런 의식 수준에 따른 인구 비율 분포도는
나라와 집단마다 다를 것으로 예측한다. 선진국에 비교해서 후
진국은 의식 수준이 더 낮을 것이고, 직장이나 단체의 모습도 의
식의 수준에 따라 다를 것이다.

03
4가지 상相에
해당하는 의식

거울은 그냥 비추고,
외부 세상도 언제나 있는 그대로인데,
의식의 수준이 그것을 해석하고 설명한다.

아래 도표(3-1)는 4가지 상相에 해당하는 의식의 수치, 각 의
식단계에서 해결해야 하는 핵심 키워드, 그것에 따른 의식의 특
성과 활동성을 한눈에 볼 수 있도록 정리한 것이다. 도표 내용을
중심으로 4가지 상相에 해당하는 의식에 대해 자세하게 설명하
고자 한다.

	의식의 수치	핵심키워드	의식의 특성	의식 성장의 활동성
대상의식	0~200	배 움	흉내내기, 따라하기	정답 찾기
아상의식	200~400	치 유	익히기, 중심 잡기	자기 신뢰 회복
법상의식	400~600	수 행	관찰과 탐구, 과학과 기술	법과 원리 따르기
공상의식	600~1000	자 각	알아차림	통찰과 자각하기

〔도표 3-1〕 4가지 상의 법칙에 해당하는 의식도표

1. 대상對相의식

(1) 대상의 세계 - 지식

대상으로 이루어진 세계는 인간 의식의 바깥에 실재하는 것처럼 받아들이는 세계이다. 대상의식의 수준에서 살아가는 사람들은 외부세계를 감각으로 경험하고 오감으로 보고 듣기 때문에 그것을 실체라고 생각한다. 삶의 고통과 문제가 생길 때 문제의 실체가 외부에 있다고 믿는다. 그래서 외부의 문제를 어떻게 다루고 해결하느냐에 따라서 그들의 안전과 생존이 보장된다고 생각한다. '나'라는 의식이 진화하는 과정에서 인간은 동물의 의식에서 진화해 왔다. 동물은 생존의 모든 문제를 외부의 문제로 보기 때문에 외부가 괜찮으면 아무 문제가 없다고 느낀다.

하지만 인간은 동물과 달리 두뇌의 발달로 의식이 진화하면서 문제를 다른 관점으로 보기 시작했다. 인간은 생존을 위해 경험한 다양한 정보들을 수집, 분류, 체계화하여 후대에 전하고자 했다. 물론 동물들도 수집한 정보를 나름대로 후대에 전했지만, 인간처럼 말이나 문자를 통해 체계적으로 전하지는 못했다. 우리는 이렇게 체계화된 정보를 '지식'이라고 한다.

지식은 대상의식의 세계를 표현하는 중요한 개념이다. 인간의 후대는 더 잘 생존하기 위해서 앞선 사람들이 전해 준 다양한 정보들을 언어와 문자로 받아들이고 새롭게 분류해서 개념과 관념, 가치와 도덕, 옳음과 그름, 종교적인 신념과 이념 등의 지식으로 발전시켰다. 지식은 앞서 살아간 선조들이 상황과 문제를 만났을 때 그것을 해결한 정보이다. 인간은 다양한 지식을 언어와 문자로 표현하면서 생존의 문제를 해결하는 데 새로운 혁명을 가져왔다. 직접 경험하지 않고도 간접적인 지식을 통해서 문제를 쉽게 해결하게 된 인간의 생존력은 비약적으로 커졌다. 인간에게 지식은 세상의 문제를 풀어내는 안내서이자 세상을 잘 사용하기 위한 사용 설명서와도 같다.

(2) 성장 키워드 - 배움

인간은 누구나 생존과 욕구충족을 위해 외부세계를 다루는 다양한 방법들을 배워야 한다. 왜냐하면, 인간의 에고는 근본적으로 결핍의 구조적 한계를 가지고 있기에 말하기, 밥 먹기, 걷기에서부터 좋은 것과 나쁜 것을 구별하는 능력까지 생존을 위해 갖추어야 할 모든 것들을 배워야 한다. 많이 배울수록 생존의 질과 양은 높아지기 때문에 배움은 죽을 때까지 계속된다. 특히 초등학교에 들어가는 7세를 전후하여 배움은 집중적으로 일어난다. 국가가 지정한 교육기관에서 교육을 받으며 아이들은 삶에 필요한 다양한 개념과 관념, 도덕과 가치, 제도와 법칙의 지식체계를 배우기 시작한다.

누군가가 지식을 배운다는 것은 삶의 문제를 만났을 때 해결방법을 미리 아는 것과 같다. 대상의식의 세계에서는 지식이 많을수록 삶의 문제를 해결하고 상황을 통제하는 힘이 강해져서 생존율이 높아진다고 생각한다. 인간의 삶은 다양한 문제들의 연속이다. 같거나 비슷한 문제를 만났을 때 지식을 가진 사람과 지식을 가지지 못한 사람은 문제를 해결하는 시간과 에너지의 효율성에서 큰 차이가 날 수밖에 없다. 지식이 많은 사람은 인생의 문제를 잘 처리해서 의식 성장의 다음 단계로 쉽게 나아간다. 반면 지식이 부족한 사람은 문제에 대한 이해 부족으로 같은 문제를 계속 반복한다. 그래서 그들의 의식은 한 걸음도 앞으로 나아가지 못하는 경우가 많다.

충분한 배움이 없는 무지한 의식은 상황을 자기 식대로 보기 때문에 진실을 왜곡하기 쉽다. 그들은 문제를 감각적이고 충동적으로 다루기 때문에 시간과 에너지의 효율 면에서 현저히 떨어진다. 자신에게 닥친 문제를 해결하지 못하면 삶은 그만큼 고통스럽고 괴로울 수밖에 없다. 인간은 누구나 많이 배울수록 잘 산다. 하지만 지식을 배우려면 지식의 중요성에 대한 인식과 자발적인 노력이 필요하다. 이런 태도를 올바르게 갖춘 사람들은 의식이 빠르게 성장한다. 하지만 이런 태도가 부족한 사람들은 충동적이고 감각적인 쾌락을 우선하기 때문에 힘든 노력을 요구하는 배움이 쉽지가 않다.

(3) 대상의식의 특성 - 흉내 내기, 정답 찾기

배우는 단계인 대상의식의 특징은 따라 하기나 흉내 내기이다. 앞선 사람들이 문제를 해결했던 생각과 말을 흉내 내고 그들의 문제해결 방식을 따라 한다. 그것은 자기 식대로나 잘못된 습관을 내리고 문제해결에 좋은 행동요령이나 새로운 지식에 따른 습관을 흉내 내는 것이다. 대상의식에서 잘 생존하는 사람들은 자기 식대로가 아니라 외부에서 이미 주어진 지식을 잘 따르는 것이 더 효율적이고 에너지 낭비가 적다는 것을 안다. 그래서 이들 의식에 속한 사람들은 질문보다는 정답이 중요하다. 누군가가 이미 만들어 놓은 정답과 지식이 언제나 옳다고 믿는다. 그러기에 굳이 이미 있는 정답에 대해 의문을 가지고 다시 탐구해야할 필요성을 느끼지 못한다. 이들에게 삶을 잘 산다는 것은 문제에 대해 이미 있는 정답을 얼마나 빠르게 찾아서 정확하고 신속하게 표현하느냐에 있다.

하지만 이미 만들어 놓은 개념과 관념인 지식을 흉내 내고 따라 하는 대상의식에서는 '나'라는 의식이 자기 존재의 고유한 색깔과 중심을 잡는 것이 매우 어렵다. 또 소유한 지식의 양이 많다고 삶의 모든 문제가 해결되는 것은 아니다. 배운 지식은 일상적인 문제를 해결하는 가능성을 확장하는 것이지 문제 자체를 이해하거나 진실을 아는 것은 아니다. 지식은 단지 개념이자 관념이며 제도이자 학적 체계일 뿐이지, 문제에 실제로 반응하는 것은 아님을 알아야 한다. 대상의식의 수준에서는 의식이 중심이 되어 지식을 활용하는 것이 아니라 지식의 힘에 의존되어 개념과 관념의 한계에 갇힐 위험성이 많다.

(4) 대상의식의 한계

한 맹인이 있었다. 그는 태어날 때부터 눈이 보이지 않았다. 그는 열심히 살았다. 하지만 성인이 되어서도 연애를 한 번도 못했다. 그런데 우연한 기회에 사랑하는 여자를 만나게 되었다. 만나자마자 두 사람은 서로 사랑하며 즐거워했다. 어느 날 어릴 때부터 친구였던 다른 맹인이 그의 집으로 놀러 와서 이야기했다. "나는 네 여자친구가 진짜 못생겼다는 것을 주위 사람들에게 많이 들었어. 너는 왜 그렇게 못생긴 여자를 만난 거야? 아무도 그런 못생긴 여자를 좋아하지 않을 거야." 그 말을 들은 그는 점차 여자친구의 못생긴 얼굴이 상상되면서 만나기가 싫어졌다. 친구의 얘기를 듣기 전까지는 여자친구가 좋았고 서로 잘 맞았다. 그런데 친구가 알려준 '못생겼다'는 정보를 들은 후부터 그의 머릿속은 상상력과 부정성이 커지면서 정보에서 벗어나지 못했다. 점점 여자친구에 대한 흥미를 잃어갔다. 그리고 얼마 뒤 여자친구와 헤어졌다. 홀로된 그는 외로움과 우울로 삶이 재미없고 고통스러웠다. 어느 날 그는 자신이 왜 이렇게 힘들게 되었는지 스스로 질문하게 되었다. 그러곤 자신이 얼마나 무지했고 어리석었는지를 깨달았다. 정보를 전달한 친구도 맹인이었다. 맹인인 친구가 어떻게 여자친구가 잘생겼는지 못생겼는지 알겠는가? 설령 얼굴이 못생겼더라도 맹인인 그에게 그것이 어떤 영향이 있었는가?

외부에서 주어진 정보는 그냥 정보일 뿐이다. 삶은 경험하는 것이지 지식을 따르는 것이 아니다. 지식은 경험을 돕는 것이지 지식의 틀에 자신을 맞추는 것이 아니다. 대상의식의 사람들은 그와 같은 삶을 살기 쉽다. 맹인이 맹인을 안내한다. 눈이 먼 맹인은 자신이 배운 개념과 관념, 정보와 지식에 빠져서 때로는 자신이 가진 소중한 것을 너무나 쉽게 포기한다. 인생은 자신이 경험하고 느낀 것만이 자신에게 진실이다. 남의 것은 그것이 아무리 좋아도 내 것이 아니다. 맹인은 자기 것을 신뢰하지 않았다. 그는 여자친구가 좋았다. 하지만 친구가 전해준 '못생겼다'는 정보에 소중한 연인과 헤어졌다. 우리는 지금 자신에게 필요한 것을 모두 가지고 있다. 지금 이 순간 우리 존재는 아무 문제가 없다. 근데 주변에 있는 맹인이 이야기한다. '너는 직업이 좋지 않고, 성격도 아니고, 외모나 가진 것도 아닌 것 같다.' 그런 정보를 받아들이는 순간 우리는 자신이 문제가 있는 것 같고 싫어진다.

대상의식의 사람들은 수많은 맹인 친구처럼 잘못된 지식과 정보의 최면에 빠져있는 경우가 많다. 내가 처음 사람들의 힘든 심리적 문제를 상담할 때 문제를 해결하기 위해 다양한 기법과 방법을 활용했다. 하지만 문제해결을 위한 방법은 그들의 문제를 연장하는 역할을 하는 것에 불과함을 알게 되었다. 그들은 잘못된 지식과 정보로 부정적인 해석에 최면 되어 있었다. 문제의 해결은 방법에 있는 것이 아니라 그들의 의식이 빠져있는 잘못된 해석에서 깨어나는 것에 있었다. 대상의식의 사람들은 문제의 핵심인 자신에 대한 이해보다 문제를 해결할 정답과 방법을 중시한다. 하지만 치유는 자신의 욕구와 감정을 이해하는 것에서 시작되어야 한다.

우리는 무지해서 자신이 사랑했던 여자친구와 쉽게 헤어진 맹인처럼 자신을 쉽게 버린다. 대상의식의 사람들은 외부에 있는 정답과 정보를 자신보다 더 중요하게 생각한다. 그들은 자신의 것이 없거나 자신의 것에 부정적이라 자기 것을 버리면서 다른 사람의 좋은 것을 취하려 한다. 자기감정은 무시하면서 남의 감정에는 소중하게 맞춘다. 자신의 욕구에는 둔감하면서 다른 사람의 욕구에는 예민하다. 그들은 자신에게 좋은 사람이 아니라 남에게 좋은 사람이 되려고 한다. 대상의식의 삶은 맹인이 맹인을 안내하는 것과 같다. 장님이 코끼리를 만진다는 속담이 있다. 장님은 눈이 없어 코끼리의 전체 모습을 보지 못하고 손으로 코끼리의 한 부분만 만지게 된다. 그는 손으로 만진 정보로 코끼리의 전체 모습을 해석한다. 대상의식은 장님처럼 너무나 작은 부분을 만지면서 전체를 안다고 착각하는 어리석은 의식의 상태이자 수준이다.

대상의식에 속한 사람들의 삶이 괴롭고 고통스러운 이유는 이미 만들어진 기준과 관념에 갇혀 그것이 삶을 감시하고 판단하는 심판관이 되기 때문이다. 그들의 삶은 주관적 판단이 아니라 세상이 제시한 목표와 기준을 따라간다. 또 그렇게 하지 않으면 자신이 잘못된 것처럼 불안감을 느낀다. 이들에게 행복한 삶은 자신이 어떠냐가 아니라 남들과 비교했을 때 더 좋고 더 많이 소유하는 것이다. 그들은 언제나 더 나은 삶을 꿈꾸지만, 현실은 똑같은 문제의 연속이며 갈등과 투쟁의 반복일 뿐이다. 외부의 대상들이 제시한 이상적인 목표를 위해 그들은 쉴 수가 없다. 그들은 삶의 주인이 아니라 피해자이고 희생자이다. 자신의 것이 아닌 외부에서 주어진 무엇이 되려고 노력할수록 그들의 내면은 점점 비어 가고 공허해진다. 이들에게 현실은 언제나 무겁고 버거우며 잠재된 고통일 수밖에 없다.

0~200의 의식 수치에 해당하는 대상의식의 특성은 성장이 덜 된 미숙함, 자신에 대한 무지, 교육과 지식의 결핍으로 드러난다. 같은 대상의식에서도 의식 수준이 낮을수록 감각적이거나 충동적이며 자기 식대로의 자아도취에 빠지기 쉽다. 이들은 사회적 규칙이나 법칙을 무시해서 범죄의 유혹에 쉽게 빠지거나, 부정적인 감정과 왜곡된 생각으로 사회적인 고립을 자초하거나, 심리적으로 무기력과 불안, 우울에 빠져 정신병자가 되기 쉽다. 범죄도 심리적인 질병과 같이 왜곡된 자기중심성과 훈련되지 못한 미숙한 의식에서 생겨난다. 이들은 잠깐의 감각적인 쾌락과 이득을 위해 진실을 쉽게 팔아버리고 아이와 같은 미숙한 감정 처리로 스스로를 힘들게 만든다. 그래서 대상의식의 사람들은 죄책감이나 무기력, 우울과 불안처럼 부정적인 감정에 집착되어 삶의 피해자로 살아간다.

2. 아상我相의식

(1) 아상의 세계 - 기능

어떤 것을 배워서 아는 것에 초점을 맞추는 대상의식과 그것을 자신의 것으로 익숙하게 경험하는 아상의식은 많은 부분에서 다르다. 새로운 것을 익숙하게 경험하려면 꾸준히 익히고 노력해야 한다. 익힘에 대한 사전적 의미는 '자주 경험하여 능숙하게 하거나 익숙하게 적응시키는 것'이다. 인생의 어려운 문제에 직면했을 때 단순히 지식적인 방법을 아는 것만으로는 해결되지 않는 경우가 많다. 문제를 해결하고자 하는 강한 의지로 새롭게 배운 지식을 반복적으로 익혀서 문제와 자신이 점점 하나가 되도록 해야 한다. 이것을 '기능技能'의 단계라고 한다. 기능은 '능력을 발휘하는 재주'라는 뜻으로 기술상의 재능을 뜻한다. 기능을 발휘하는 사람들은 특정한 기술이나 역량을 더 키울 수 있도록 갈고 닦으며 꾸준하게 노력하는 사람들이다.

대상의식의 특성인 배움을 넘어 배운 것을 습득하는 '기능의 단계'에 들어서면 문제를 보다 효율적으로 다루게 되어 생존의 질과 양은 더욱 커진다. 단순히 지식을 많이 가지는 것이 아니라 필요로 하는 지식에 집중해서 익숙해지는 것에 힘을 쏟는다. 이때는 '나'라는 의식이 지식에 의존하는 것이 아니라 필요로 하는 지식을 주도적으로 끌어내서 문제 풀이에 활용한다. 대상의식이 단순히 지식의 앎을 중시한다면 아상의식은 지식의 적용을 중시한다. 이것이 아상의식에서 지식과 정보를 다루는 방식이다.

지식은 단순히 지식일 뿐이다. 지식을 상황에 맞게 얼마나 적절하게 운용하는가에 따라 지식의 효용성은 많이 달라진다. 아상의식의 사람들은 지식을 받아들일 때 부정적인 정보를 받아들이기보다는 긍정적인 정보에 초점을 두며 지식을 자신의 욕구와 감정적인 문제를 해결하는 수단으로 활용한다. 이들에게 중요한 것은 지식이 아니라 지식을 활용하는 나라는 의식의 욕구이다.

(2) 성장 키워드 - 치유

인간은 의식으로 세상을 설명하고 해석하는 존재라고 했다. 대상의식에서는 문제에 대해 이미 만들어진 정답을 답습하는 것이 중요했다. 하지만 아상의식에서는 상황을 직접 경험해서 얻게 된 자신만의 정답을 가지려는 시도가 생겨난다. 데이비스 호킨스는 '의식지도'에서 부정적 감정에서 벗어나 긍정적 감정으로 전환하는 의식 수치 200을 의식 성장에 있어서 중요한 분기점으로 보았다. 이 책에서도 의식 수치 200을 대상의식과 아상의식을 나누는 중요한 전환점으로 본다. 하지만 200 이하의 대상의식과 200~400 사이의 아상의식 모두 선형적 인식체계를 지닌 에고의 특징적인 모습임을 알아야 한다.

에고는 이원성 안에서 자신의 위치성을 통해 팽창하고자 한다. 위치성은 긍정과 부정, 선과 악, 좋은 것과 나쁜 것, 높은 것과 낮은 것 사이에서 특정 지점에 위치하는 것을 말한다. 사실 에고의 위치성은 외부에 실재하는 것이 아니라 의식 수준에 따른 해석의 한계이다. 에고는 삶의 경험에 대한 해석을 실재이자 진실이라고 받아들이거나 확신한다. 그래서 남들도 자신과 같은 해석으로 보고 듣고 느낀다고 착각한다. 에고는 각자의 위치성에 따라 실재의 모양과 진실의 형태를 다르게 해석하고 있다는 사실을 모른다.

'나'라는 에고 의식은 성장 과정에서 크게 2번의 변화 시기가 있다. 첫째는 미운 두 살 때이다. 이때는 에고가 막 형성되어 외부 상황을 인지하고 좋음과 싫음, 쾌와 불쾌를 표현하면서 자신이 원하는 대로 해 주기를 바란다. 아기의 에고는 감각적이고 본능의 뇌에 입각한 충동적인 분별로 의사를 표현한다. 그러면 부모는 감각보다 한 차원 높은 사랑과 보살핌으로 감정적인 수용이나 단절을 통해서 아기에게 삶의 기본적인 태도를 가르쳐야 한다. 이때 올바르게 양육되지 못한 아기는 나중에 버릇없는 아이가 되거나 부모의 감정을 무시하고 자기 식대로 하려는 패턴을 보이게 된다.

둘째는 아이가 자라서 사춘기에 들어설 때다. '나'라는 의식의 내면에서 점차 '나는 무엇을 원하는가?'와 '나는 사랑과 안정을 얻기 위해 무엇을 해야 하는가?'에 대한 의문이 솟아난다. 남들과 다른 자기만의 성향과 특성이 인식되면서 사회적으로는 옳은 개념이지만 뭔가 맞지 않는다고 느끼기 시작한다. 그러면서 이것이 자신의 잘못인지 아니면 배운 개념의 잘못인지에 대한 의문이 생겨난다. 이 단계는 모든 동물이 어느 정도 자라 익숙하고 편안한 부모의 품에서 벗어나 자기만의 독립적인 힘을 가지려 할 때 일어나는 자연스러운 반응이다. 이때 아이들은 사회적인 권위를 부정하거나 통제를 싫어하는 태도를 보인다. 이 시기는 감정적인 판단을 우선시하던 경향성에서 이성과 생각으로 올바른 분별로 나아가는 시기이기도 하다. 이 시기를 잘 넘긴 의식은 성장하면서 올바른 사고와 합리성으로 자신에 대한 긍정성과 자신감을 지니게 된다.

의식은 성장하면서 만들어진 개념과 관념에 종속되던 대상 의식에서 벗어나 점차 주관적인 자신에게로 돌아오려고 한다. 이때 의식은 외부대상을 중심으로 생각하고 행동하던 패턴에서 자신의 욕구와 감정을 중시하는 아상의식의 단계로 나아간다. 이 시기에 가장 중요한 것이 바로 '자기치유'이다. 자기치유는 부정적인 자기인식에서 긍정성으로 자기 신뢰를 회복하는 과정이다. 치유는 부모나 사회로부터 배운 자신에 대한 잘못된 지식이나 믿음에서 벗어나는 것으로 시작된다. 그리고 그것들에 대한 새로운 해석을 받아들이고 자기 이해를 확립해 가는 과정이다.

나라는 의식이 대상에서 아상으로 나아갈 때 심리적으로 엄청난 불안에 휩싸이기 쉽다. 그동안 객관의 권위에 순응하며 안정감을 누리던 의식이 자기만의 주관을 가진다는 것은 익숙한 것들과의 갈등을 감내해야 하기 때문이다. 사람들은 이런 심리적인 불안을 극복하지 못해서 대상의식의 익숙한 패턴에서 벗어나지 못하는 경우가 많다. 하지만 의식이 느끼는 이런 불안은 삶에서 미숙한 아이가 의존적인 습관에서 벗어나서 자율적인 어른으로 성장하고자 할 때 생겨나는 자연스러운 반응이다. 이때 필요한 것이 바로 용기이다. 용기는 두렵지만 한 걸음 앞으로 나가려는 의지이다. 그래서 데이비스 호킨스의 의식지도에서는 용기를 아상의식과 대상의식의 분기점인 200으로 보고 있다.

외부 대상에게 의존하던 습관을 그만두고 자신의 것을 돌보는 법을 익혀서 인생의 문제를 해결할 때 생기는 것이 바로 '자신감의 회복' 이다. 대상의식에서는 대상과 자신이 동일시되어 외부의 조건이 바뀔 때마다 내부가 흔들리면서 외부에 맞추려는 눈치 봄이 반복된다. 이렇게 되면 나라는 의식은 진실한 자기 욕구나 감정을 무시하게 된다. 의식이 성장해야 할 시기에 불안으로 성장하지 못하면 우리는 자기 존재에 대한 신뢰를 잃어버리고 자아 상실로 나아간다. 자아 상실은 대상에서 아상으로 성장하지 못한 정체된 의식이 보여주는 심리적인 혼란과 갈등의 모습이다.

대상에서 아상으로 성장하는 과정에서 자기 신뢰를 회복하는 작업을 우리는 '심리 치유' 라 한다. 심리 치유의 핵심은 바로 '자기 신뢰의 회복' 과 '자기중심 세우기' 이다. 상처와 괴로움은 외부에서 오는 것이 아니라 자신 것을 배신하고 외부대상을 따른 결과이다. 이때 자기 것이란 상황에 대한 자신의 느낌과 감정, 관계에서 원하는 욕구, 경험에 대한 해석과 생각, 삶의 목적 등을 말한다.

대상의식에서는 상황을 부정적이고 왜곡된 생각으로 해석했기 때문에 상처가 생길 수밖에 없다. 상처의 고통은 내면의 진실을 외면하고 외부를 따른 무지의 결과이다. 치유의 과정은 과거 상황을 잘못 해석한 무지에서 벗어나 새롭게 성장한 의식으로 상황을 정확하게 이해하고 바르게 해석하는 과정이다. 세상과 다른 내 것을 받아들이고, 내 것과 네 것을 구별할 줄 아는 것이 바로 자신에 대한 신뢰 회복이자 아상으로의 성장이다. 우리가 세상에서 배운 다양한 지식과 개념 중에서 실제 경험으로 체득하여 내면에서 소화한 것만이 오직 자신의 것임을 명심해야 한다.

(3) 이상의식으로의 성장이 가지는 의미

20대 후반의 한 청년이 있었다. 그는 웃는 모습에 아직 천진한 티가 남아 있었다. 그런데 청년은 사람들과 어울리는 것이 어색하고 힘들었다. 일상적인 대화에서도 긴장하면서 눈치를 많이 보았다. 오랫동안 사람들과 잘 어울리지 못했기 때문에 당연한 결과였다. 하지만 청년은 '나는 사람들과 어울리는 것을 좋아하지 않는 성격을 가진 사람이야.' 라는 딱지를 자신에게 붙인 채 외부와 교류하는 경험을 차단했음을 알지 못했다. 청년의 속마음은 어땠을까? 사실 그는 '사람들이 나를 싫어하면 어떻게 하지?' 하는 두려움에 시달리고 있었다. 그가 주변 사람들에게 가졌던 '이 사람은 이것이 문제다, 저 사람은 저것이 문제다.' 하고 시비하는 마음도 사실은 자신의 문제를 감추기 위한 에고의 투사였지만, 알지 못했다. 그는 주변 사람들을 비난하고 상황을 받아들이지 못해 무기력하고 우울했다.

사람들과 어울리는 것을 좋아하지 않는다는 청년의 생각은 진실일까? 과연 청년은 원래 그런 사람으로 타고난 것일까? 그것은 진실이 아니다. 인간은 누구나 사랑받고 인정받고 싶어 한다. 인간은 함께 나눌 때 행복하다. 청년의 말이 진실이라면 그는 혼자 있을 때도 행복해야 했고, 자기에게 만족했다면 사람들에게 부정적인 것을 투사하지 않았을 것이다. 사실 그가 원했던 것은 혼자 있는 것이 아니라 사랑받고 인정받으며 함께하는 삶이었다. 그는 단지 오류에 빠진 잘못된 해석의 습관에 묶여 있었을 뿐이다.

어느 날 청년은 반복적인 무기력과 우울이 지긋지긋해졌다. 그는 변화를 간절히 원했다. 그래서 용기를 내었다. 변화는 용기에서 시작한다. 그는 두렵지만 용기를 내어 만나는 사람들에게 먼저 인사하고 말을 걸기 시작했다. 또 오랫동안 숨겨두었던 미소도 지어보았다. 별것 아닌 행동처럼 보이지만 그것은 그에겐 큰 용기였고 도전이었다. 처음에는 어색하고 불편했다. 하지만 세상이 만든 '이 정도는 되어야 한다'는 기준에서 생긴 잘못된 자아상을 놓고, 자신의 진실한 욕구와 감정에 접속하며 그는 변해갔다. 외부를 시시비비하지 않으며 자기중심을 잡고, 사실과 진실을 바르게 보려고 노력했다. 외부의 신선하고 새로운 기운이 안으로 들어오니 그의 내면에 정체된 묵은 기운들이 환기되었다. 사람들은 점차 그에게 '웃는 모습이 귀여워.'라며 새로운 인정을 주었다. 그는 점차 기쁨으로 새로운 변화를 받아들였다.

'나는 사람들과 어울리는 것을 좋아하지 않는 성격이야.'라는 생각을 청년은 어떻게 가지게 되었을까? 먼저 사회가 그에게 만들어 준 기준이 있었다. 그 기준을 믿으니 사람들과 대화할 때 '최소한 이 정도로는 해야 한다. 기준에 도달하지 못하면 쓸모없는 인간이다.'라는 생각을 믿게 되었다. 그것을 진실이라고 믿을 때 다른 사람들과 대화를 잘 이어나가지 못하는 자신을 잘못된 사람이라고 생각했다. 에고의 특성은 그것이 긍정적이든 부정적이든 진실에 도달하기보다는 에고가 믿는 것이 옳음을 증명하는 것이 더 중요하다. 그는 부족한 자신이 싫고 그런 현실을 받아들일 수 없어 진실을 외면했다. 점점 말수가 줄어들고 가슴을 닫았다. 그렇게 점차 대화와 교류는 그에게 낯선 것이 되고 소통하고 싶은 진실한 욕구도 외면하게 되었다.

'나' 라는 의식에게 대상에서 아상으로의 변화는 하나의 혁명과도 같다. 인간은 세상을 해석하고 설명하는 존재이기에 의식의 변화는 같은 세상을 살아도 전혀 다른 세상을 경험하게 한다. 오늘 의식이 바뀌면 어제는 옳았던 것이 틀린 것이 되기도 한다. 낮은 의식에게 문제였던 것이 성장한 의식에서는 이해되고 받아들여져서 전혀 문제가 되지 않기도 한다.

우리가 경험하는 세상은 한쪽에는 나가 있고, 반대쪽에는 나 아닌 '대상' 이 있다. 나 아닌 것을 나라고 붙들고 그 속에서 살아간다는 것은 무거운 짐을 진 노예의 삶과 같다. 대상의식에서 배우는 지식이 이미 만들어진 세상을 사용하는 사용 설명서라면 아상의식에서 경험하는 치유는 대상을 보는 나에 대한 사용 설명서를 획득하는 것과 같다. 나에 대한 성격, 특성, 욕구와 감정, 경험에 대한 신념과 관념을 탐구하는 심리학은 자기 신뢰를 회복하기 위한 지적체계이다.

(4) 아상의식의 한계

인간의 에고는 타고난 결핍의 구조로 말미암아 현실을 올바르게 인지하는 능력이 부족하다. 에고는 스스로 진실을 경험하고 그것을 안다고 착각한다. 하지만 에고는 원래가 모름이며, 부족이며, 결핍이다. 에고는 모르기에 앎으로 나아가려 하고, 부족한 것을 더 채우려 하며, 부정성을 극복하고 긍정성을 키워서 더 나은 자신이 되고자 노력한다. 에고의 궁극적인 목적은 더 나은 자신이 되는 것이다. 자신을 더 확신하고, 신뢰하며, 힘과 능력을 키우려 한다. 그래서 자기계발 서적이나 긍정심리학, 마인드 컨트롤, 명상에 관심이 많다. 에고는 많은 것을 성취하고 인정받기 위해서는 지속적인 노력과 훈련이 필요하다고 믿는다. 에고에게 삶은 원함을 채우는 노력의 과정이자 부족함과 결핍을 이겨내는 훈련의 과정이다.

하지만 에고가 계속 팽창하면 결국 자기도취에 빠지거나 자기 중심성을 극대화하여 스스로 최고라는 우월감으로 잘못된 길을 가기 쉽다. 이때 에고는 개인과 사회를 유지하는 윤리나 도덕의 가치보다 자신이 정한 법칙을 더 중시한다. 에고는 언제나 자기 식이나 자기 뜻대로를 원하기 때문에 자기를 확장하려고 한다. 그래서 에고는 이성과 논리, 올바른 증거나 합리성을 자신을 저해하는 방해물로 인식한다. 이런 에고의 태도는 자기중심성에 도취되어 절대 진리가 없는 것처럼 주장하면서 진리에 대한 상대주의에 빠지게 한다. 에고를 확장하려는 욕망과 동일시된 아상의식이 이기적인 목적으로 온전한 지성을 왜곡하고 현실에 부정적으로 반응하면서 스스로 의식 수준을 낮아지게 한다.

에고는 동물에서 진화했으며, 생존을 목적으로 만들어진 의식의 자기 생존 시스템이다. 에고는 욕망과 두려움의 구조로 이루어져 있다. 욕망은 에고에게 삶의 동기를 부여한다. 필요를 채우지 못하는 에고는 고통스럽고 죽을 것 같은 느낌이 든다. 에고는 자신이 삶의 주인이자 통치권자라고 믿기 때문에 자신의 원함은 당연히 만족해야 하고 자신에게 우선권이 있다고 생각한다. 그리고 두려움은 에고의 생존을 위한 필요조건이다. 자신의 통제를 벗어나는 상황은 에고에게 극한의 공포와 두려움, 마비와 같은 공황 상태를 만든다. 과장된 두려움은 에고를 지속하고자 하는 속임수이다. 욕망이 강할수록 에고가 강해지듯이 두려움도 에고의 힘을 강하게 만든다.

　　200 이하의 낮은 의식의 에고는 부정적인 감정에 집착하거나 왜곡된 생각으로 현실을 너무나 고통스럽게 느낀다. 이 수준의 에고는 탐욕스럽지만, 뜻대로 되지 않는 현실이 불만스러워서 변화에 저항하고 외부를 탓하면서 쉽게 분개한다. 낮은 의식을 지닌 에고는 자신을 혐오하고 생명에 대한 악의나 원한을 품어 진실을 부정하고 자신이나 사회를 향해 강한 공격성을 드러낸다. 에고는 삶의 통제권을 잃고 싶어 하지 않는다. 그러기에 절대 자발적으로 익숙한 습관을 내려놓지 못한다. 에고의 구조자체가 지키고 방어하는 습관이기 때문이다. 에고는 타고난 구조로 인해 지각의 오류를 범하기가 쉽다. 에고의 근본적인 결함이 바로 무지이다.

　　반면에 의식 수치 200~400에 해당하는 아상의식에서는 치유를 통해 자기혐오와 자기 부정성을 수용과 긍정으로 바꾸려고 노력한다. 이들은 내적으로 자기 정직성을 키우고 고양된 자존감으로 방어적인 태도나 신경질적인 예민함을 경계한다. 이들은 겸손함으로 우월감과 가식을 버리고, 스스로 모름에 대한 인식을 수용하고, 옳고 그름이 아닌 서로 다름으로 관계와 상황을 해석하려고 노력한다. 데이비스 호킨스는 아상의식의 이런 과정을 용기(200), 다름을 받아들이는 중용(250), 상황에 대한 자발성(310), 삶의 조건을 있는 그대로 수용하는 받아들임(350) 등으로 수치화하고, 그 수준에서 필요한 과제와 특성을 의식지도로 표현했다.

각 개인의 의식 수준은 그들이 삶의 경험을 통해 선택한 각자의 카르마에 의해 생겨난 실재이다. 의식의 수준이 다르면 세상을 해석하고 받아들이는 것이 다르기에 갈등은 불가피하다. 하위의식에서 찬사를 받던 것이 상위의식에서는 불쾌감을 줄 수도 있다. 그래서 사람들은 비슷한 의식 수준에 있는 사람들이 익숙하고 편안해서 서로 끌리게 된다. 의식 수준은 사람의 운명을 지배하며 삶의 바다를 항해하는 선박의 나침반과도 같다.

3. 법상法相의식

(1) 법상의 세계 - 과학과 기술

대상의식에서는 지식을 배우고, 아상의식에서는 생존에 필요한 지식을 반복 익혀서 기능의 단계에 섰다면, 법상의식에서는 '과학과 기술'의 단계로 나아간다. 기술의 사전적인 의미는 '과학 이론을 실제로 적용하여 생활에 유용하도록 가공하는 수단이나 사물을 잘 다루는 능력'이다. 기능이 단순 반복의 익숙함에서 오는 효율성과 노련함이라면 기술은 법칙과 원리에 따른 새로운 통찰이자 능력이다. 기능이 반복과 훈련을 통한 익숙함이라면 기술은 합리적 이성으로 객관적 법칙성에 따라 어떤 목적을 실현하고자 하는 실천 행동이다.

과학과 기술은 낮은 의식의 감상주의를 배격하고, 정보에 대한 정확한 이해와 논리를 중시하며, 대량의 복잡한 데이터를 정확하고 빠르게 처리하는 합리성을 중시하는 법상의 수준에서 나온다. 법상은 데이비스 호킨스의 의식 수치와 비교할 때 400 ~600에 해당하는 의식 수치이다. 법상에서는 될수록 주관성을 배제하고 검증 가능한 객관성을 중시한다. 그리고 합리적 타당성을 위한 높은 수준의 사고를 요구한다. 아상에서 법상으로 의식이 성장할수록 긍정적인 감정은 점차 합리적이고 논리적인 이성으로 통합되어 간다.

하지만 이성의 논리에 따른 인식론과 방법론은 기술적인 세계에서는 대단히 효율적이지만, 이성 자체는 법상을 넘어 공상으로 나아가는 데 커다란 장애가 되기도 한다. 왜냐하면 법상에 해당하는 이성 또한 '나'라는 의식의 동일시로 이루어져 있기 때문이다. 이성은 복잡한 선형적인 영역을 종합하고, 이원성으로 이루어진 다양한 분야를 식별하는 데 커다란 능력을 발휘한다. 하지만 영성이나 비선형적인 영역의 이해에는 한계를 가진다.

학문적으로 보면 200~400 사이의 아상에 있는 사람들은 성공학이나 자기계발, 긍정심리학이나 대인관계를 잘하는 것에 관심이 많다. 반면에 400 이상의 법상에 도달한 사람들은 생각하고 추론하는 능력을 통해 법칙을 이해하는 철학이나 과학에 관심이 많다. 높은 학문적 성취는 법상의 수준에서 나온다. 법상에서 의식이 400~500까지는 이성과 논리를 중심으로 성장한다면, 의식 수치가 500을 넘어서면서부터는 사랑이라는 성숙한 감정이 이성과 함께한다. 그리고 의식 수치가 540의 무조건적인 사랑을 넘어설 때 의식은 점차 선형적인 영역의 인식체계를 벗어나 비선형적인 영역의 인식체계 속으로 들어가기 시작한다.

(2) 세상을 움직이는 것은 보이지 않는 법칙이다

아상의식에서는 이미 있는 정답을 가지고 빠르고 정확하게 상황과 문제에 대응하는 것이 중요했다. 하지만 법상에서는 기존의 익숙한 정답만으로는 수시로 변화하는 상황에 적절하게 대응하기 힘들다는 것을 알게 된다. 인생은 문제의 연속이다. 큰 문제에서 작은 문제에 이르기까지, 사소한 문제에서 심각한 문제까지, 둔감함으로도 해결되는 문제에서 섬세함과 예민함이 요구되는 문제까지 인생에는 다양한 문제가 계속된다. 문제를 해결하는 것은 기존의 앎이나 지식이 제시한 방법이 아니라 상황에 대한 정확한 이해가 우선이다. 일어나고 사라지는 상황이 실제이자 주인이다. 문제를 해결하려면 상황에 대한 자세한 관찰과 탐구가 필요하다. 이때 비로소 자기만의 의문과 질문이 생겨난다. 모르는 마음으로 선입견과 편견을 버리고 사물과 상황을 자세히 관찰하다 보면 이것(대상)과 저것(아상)의 조건에 따라 일어나는 문제의 다양한 패턴들을 보게 된다. 법칙은 패턴의 체계화이다. 세상에서 일어나는 다양한 문제는 감각적으로는 인식되지 않더라도 보이지 않는 법칙의 토대 위에서 생겨난다.

인간은 삶의 문제를 해결할 때 지식의 배움(대상)에서 그것을 익히는 기능(아상)으로 나아간다. 그리고 기능적 단계는 이성의 뒷받침으로 기술(법상)의 단계로 나아간다. 법상의 단계에서는 의식이 내 것(아상)과 상대 것(대상)의 어느 한쪽에 중심이 쏠리기보다는, 나와 대상을 관계 맺게 하는 법칙 자체가 인식의 중심이 된다. 법상의 사람들에게 필요한 것은 이것이 옳은가 저것이 옳은가가 아니라 상황에 맞는 법칙과 원리를 아는 것이다. 어떤 법칙을 적용하는가에 따라 상황을 해석하는 관점이 완전히 달라진다. 선택의 순간에 법칙을 무시하면 한쪽으로 치우치기 쉽다. 원리를 모르면서 문제를 해결하려는 시도는 노력만큼 결과가 나오지 않는 경우가 많다.

법은 어떤 행위나 판단의 잘못을 찾아 벌罰을 주기 위한 것이 아니라 보편적 기준에서 서로가 어떻게 다른지를 판단하는 최소한의 기준이다. 우리는 서로 다르다. 다르기에 문제를 보는 태도나 관점, 견해나 해석이 다를 수밖에 없다. 법상의식은 '다름'을 다름으로 볼 수 있는 열린 시선을 가진 의식단계이다. 만들어진 개념이나 관념에 자동반응하는 대상의식이나 만들어진 개념을 원함을 채우는 수단으로 이용하는 아상의식에서는 사람과 사물의 '다름'을 보기 어렵다. 의식이 낮을수록 다름을 보기보다 한쪽의 입장에 서서 옳고 그름으로 분별하기 쉽다. 다름을 보려면 자기 식의 입장이나 동일시가 어느 정도 정리되어야 한다. 기존의 앎을 모두 내려놓고 스스로 모른다는 사실을 받아들이고 겸손하게 탐구하는 마음가짐이 필요하다.

(3) 인간이 만든 법과 인간이 만들지 않은 법

법에는 인간이 만든 법과 인간이 만들지 않은 법이 있다. 인간이 만든 세상을 설명하는 과학을 인문과학이라 하고, 인간이 만들지 않고 자연 그대로의 작용이나 원리를 설명하는 과학을 자연과학이라 한다. 인간이 만든 법에는 그것을 만든 시대 사람들의 관념과 기준, 생각들이 들어있다. 법은 사람들이 문제를 직면해서 그것을 해결하거나 판단할 때 관습화된 것을 기준으로 만든다. 법은 실재를 반영하기보다는 개념과 관념으로 지어진 생각의 구조물이다. 법이 만들어지면 법은 소속집단의 구성원들을 강제하는 힘을 가지게 되고 구속력을 띤다. 하지만 양심이나 도덕은 그 사회의 보편적인 가치나 기준을 중심으로 만들어진 윤리의식을 반영한다. 그래서 인간에 의해 만들어진 법은 시대와 지역, 나라와 구성원에 따라 서로 다르게 만들어지는 경우가 많다.

그리고 인간이 만들지 않은 것을 우리는 '자연自然'이라고 한다. 자연의 법칙은 인간에 의해 만들어진 것이 아니라 자연에 이미 있는 것을 인간이 발견한 것이다. 이렇게 자연의 법칙을 해석하고 설명하거나 새로운 자연의 법칙을 발견하는 학문이 자연과학이다. 자연과학은 감상적이거나 주관적인 생각의 한계를 넘어 높은 이성의 수준에서 발견된 자연적 정의이자 질서이고 원리이다. 이런 자연적 원리에 입각한 질서가 사회 질서로 편입되어 인간이 만든 법의 근본 원리로 적용되는 것이 자연법이다.

자연의 법칙도 의식의 수준에 따라 발견되는 높이가 다르다. 그리고 그것이 삶의 현실에서 적용되고 인식되는 범위도 의식의 수준에 따라 서로 다르다. 제법諸法이 공空하다는 법칙, 일체유심조一切唯心造의 법칙, 모든 것은 의식에서 일어난다는 만법유식萬法唯識의 법칙 등은 공상의식 수준에서 이해되고 적용되는 자연법의 원리이다. 그리고 조건에 의해 일어나고 사라지는 원인과 결과의 법칙, 에너지 보존과 불변의 법칙, 뉴턴의 운동역학, 중력의 법칙 등은 뉴턴식의 기계적이고 물리적인 법상의 수준에서 적용되는 자연법의 원리이다. 이렇게 인간에 의해 만들어지지 않은 자연계는 보이지 않는 다양한 법칙들의 흐름으로 작용하고 있다.

법法이라는 한자는 삼수水변에 갈 거去 자의 합이다. 우리가 살아가는 세상은 법칙 위에 세워져 있다. 법은 물이 흘러가는 길이며, 법은 세상을 자연스럽게 흐르게 하는 흐름과 같다. 도덕경 8장에 상선약수上善若水라는 말이 있다. 최고의 선은 물과 같다는 의미이다. 법은 물처럼 세상을 살아 움직이게 하는 최고의 흐름이다. 교통법규를 잘 지키면 차들은 도로를 흐르는 물처럼 자연스럽게 흘러간다. 인간이 만든 법이든 자연에서 발견된 법이든 법을 따르는 것이 진리에 접근하는 가장 합리적이고 과학적인 태도이다.

현실에서 법을 아는 사람과 법을 알지 못하는 사람 사이에는 생존력이나 적응력, 효율 면에서 크게 차이가 난다. 상황에서 인간은 누구나 자기 식대로 하고 싶어 한다. 하지만 모든 인간이 자기 식대로 한다면 사회적 질서는 금방 깨어지고 약육강식과 힘의 논리가 적용되는 동물의식의 수준으로 전락한다. 인간의 사회는 법상의 수준에서 만든 법의 토대 위에 세워져 있다. 그래서 사회의 모든 작용은 보이지 않는 법에 의지하여 움직이고 있다. 법을 지키지 않는 사람이나 법을 모르는 사람은 사회적으로 격리되거나 손해를 입기 쉽다. 내 식을 내리고 사회가 만들어 놓은 법칙을 잘 숙지하고 따를 때 우리는 사회적으로 성공할 확률과 기회가 많아진다. 그리고 인간이 만들지 않은 새로운 자연의 법칙을 발견한 사람들은 인간의 현실에 새로운 것을 창조해 낸다. 인간 사회의 진화는 그런 몇몇 사람들의 노력과 헌신으로 발전되어 왔다고 해도 과언이 아니다.

(4) 성장 키워드 - 수행

삶에서 지긋지긋하게 반복되는 문제를 마주하게 될 때 우리는 인생을 고통이라고 생각한다. 하지만 고통은 대상에 대한 집착 아니면 '나'와 '내 것'에 대한 집착에서 생겨난다. 즉 내 뜻대로 안 되는 것에 대한 불만족인 경우가 대부분이다. 아상의식의 단계에서는 자기계발이나 훈련을 통해 자기 힘을 강화하고자 한다. 그 힘으로 세상과 상황에 대한 통제력을 키워서 자기 뜻대로 하려는 것이다.

　나에 대한 강한 집착을 가진 '나' 라는 에고 의식에게 내 것을 내리고 법과 원리를 따른다는 것은 죽을 만큼 힘이 든다. 그것은 자기 몸의 껍질을 벗겨내는 고통처럼 느껴진다. 왜냐하면 에고는 진실에 도달하기보다는 자신은 옳고 나머지는 틀렸음을 증명하여 자신을 강화하는 것이 목적이기 때문이다. 그래서 에고가 자기 식이 아닌 법과 원리에 따라 상황에 반응하고 문제를 해결해 나가는 과정을 우리는 '수행' 또는 '고행' 이라고 한다.

　법상의식의 '수행'을 좀 더 명확하게 설명하기 위해 아상의식의 '치유'와 비교해서 서술해 본다.

　① 치유는 나라는 의식이 현실적인 안전을 확보하고 원하는 것을 충족하기 위해 자기 긍정성과 확고한 자기 신뢰를 추구하는 과정이다. 이는 상황을 자기 뜻대로 통제하려는 나의 자유를 위한 것이다. 반면, 수행은 익숙하게 반복되는 나라고 동일시하는 것들 자체로부터의 자유를 추구한다. 그것은 안전을 확보하려는 나로부터의 자유이며, 자신감을 가지고 상황을 통제하려는 익숙한 나로부터 자유로워지는 것이다.

　② 치유는 현실적인 안전을 보장하고 용기를 북돋아 나의 욕망과 이상을 성취하는 데 흔들리지 않는 힘을 주며, 관계에서는 자기만의 경계를 바로 세워 억압된 감정과 욕구를 현실적으로 표현하도록 돕는다. 치유는 허약한 나를 더욱 강화하고 혼란한 내적 갈등과 분열을 해소해서 현실적으로 원하는 목표를 이루는 것이다. 하지만

수행은 내가 나라고 동일시하는 기준과 신념, 익숙한 관념의 틀을 깨서 나라는 의식이 법과 원리로 돌아오기 위한 것이다. 예를 들어 어릴 적 상처받은 감정과 그로 인한 왜곡된 생각에서 벗어나는 것이 치유라면, 상처받은 감정과 왜곡된 생각이 모두 자신이 집착하는 환영임을 아는 것은 수행이다.

③ 치유는 나라는 의식의 중심이 흔들리지 않도록 더욱 강한 신념과 긍정적인 암시로 나를 무한 확장하는 것이 목적이다. 이렇게 확장된 힘으로 나의 뜻대로 되지 않는 모든 것을 문제로 보고 해결하려 한다. 하지만 수행은 나라고 집착하는 잘못된 견해나 왜곡된 생각이 내려지면 고통과 상처는 저절로 없어진다고 본다. 수행은 동일시하는 생각에서 벗어나서 사람과 사물을 겸손하게 대하는 태도를 기르는 것이다.

④ 치유는 나라고 집착하는 자기 동일시를 위협하는 모든 것을 문제로 보고 그것을 처리하려고 한다. 하지만 수행은 관계가 힘들고 고통스러울 때 문제를 보는 관점을 의식의 바깥에서 의식의 내면으로 돌이킨다. 그리고 의식 안에 붙들고 있는 욕망과 기대가 문제를 만들고 있음을 알아차려서 새롭게 삶을 운용하게 한다. 수행은 모든 문제와 고통이 외부에서 일어나는 어떤 것이 아니라 의식 안에서 일어나는 환영임을 알게 한다.

⑤ 치유와 수행의 다른 점을 충분히 이해하게 되면 상황에 따라 다르게 적용할 수 있다. 에고에 대한 중심이 약한 사람에게는 심

리 치유의 방법을 써야 한다. 그래서 나에 대한 부정적인 이미지나 잘못된 신념과 억압된 감정을 풀어내야 한다. 만약 에고가 약한 사람에게 치유가 아닌 수행의 방법을 잘못 적용하여 내 것을 버리고 나를 깨라고 하면, 안 그래도 의존적이고 문제를 회피하고 싶은 사람에게 현실을 더욱 회피하는 수단이 되기 쉽다. 반면에 에고가 너무 강해서 관계에서 자기 뜻대로 안 된다고 짜증과 화를 내는 사람에게 상처 치유나 긍정적인 암시를 강조하는 치유는 문제를 더욱 꼬이게 만든다. 이런 사람에게는 올바른 법칙과 원리로 안내하여 자기 중심성을 깎아내고 내리는 수행이 필요하다.

⑥ 자신의 욕구를 충분히 채우지 못해 상처받은 사람에게는 치유를 통해 나를 강화하고 안정시켜 주는 것이 문제의 핵심에 접근하는 것이다. 하지만 치유를 통해서 자기중심이 바로 선 사람은 수행으로 나아가야 한다. 이때 개인적인 문제와 자기중심을 바로 세우지 못한 채 수행으로 나아가는 사람은 수행은 되지 않고, 수행이 주는 달콤한 열매에 대한 환상으로 오히려 의식이 후퇴하기 쉽다. 이렇게 되면 이들은 삶을 향해 열려가는 것이 아니라 현실과 분리되어 자기기만에 빠지기 쉽다.

⑦ 치유와 수행은 의식 성장에서 결코 분리될 수 없다. 세상의 근본을 이루는 법과 원리에 대한 잘못된 이해로는 진정한 치유가 어렵다. 또 나에 대한 중심 잡기와 치유가 없는 수행은 현실도피나 자기망상으로 빠지기 쉽다. 이상의식이 가지는 치유와 법상의식이 가지는 수행에 대한 올바른 이해는 건조한 심리학이나 흐릿한 신비

주의를 배격하여 올바른 이성과 자기 신뢰로 진실을 향한 여정에 밝은 등대가 될 것이다.

합리적 이성과 통찰은 의식이 성장하면서 자연스럽게 생겨나는 결과물이다. 치유와 수행은 결코 떨어져 있지 않다. 법상의식에서 법과 원리를 다루는 자는 당연히 자기치유의 과정을 잘 넘어선 자이고, 치유된 자는 상황에서 자연스럽게 적용되는 법과 원리를 왜곡 없이 바르게 아는 자이다. 치유와 수행은 현실에서 고통받는 우리에게 문제의 핵심을 자각하고 성장하도록 돕는다. 지금 현실이 혼란하고 고통스럽다면 우리는 자신의 의식이 어느 단계의 문제로 인해 고통받는지를 먼저 살펴보아야 한다.

사람들은 수행이라고 하면 일상에서 잠깐 벗어나기, 생각 알아차리기, 기도와 절, 만트라와 요가, 호흡과 집중처럼 어떤 특별한 수행 방법이나 행위라고 생각한다. 하지만 수행은 특별한 행위가 아니라 삶을 대하는 태도와 자세이다. 수행의 목적은 '나'라는 에고가 집착하는 것을 내리고 놓아가는 과정이다. 외부에 보이는 수행이라는 방법과 행위는 때로 에고가 진실을 회피하는 수단으로 활용하기 쉽다. 일상에서 벗어나 산속으로 들어간다고 해서 자기의식의 한계를 벗어날 수는 없다. 생각과 감정을 본다고 잘못된 생각과 부정적인 감정을 없앨 수는 없다. 현실에서 그것을 직면하고 풀어야 한다.

기도와 절의 목적은 처음의 초심을 잊지 않고 되새기는 것이지 기도와 절 자체가 수행은 아니다. 절과 기도라는 행위 자체를 아무리 오래 많이 해도 의식의 성장을 이끌지는 못한다. 만트라와 요가, 호흡과 집중도 내 것이라고 동일시하는 것을 내려놓는 힘을 기르기 위함이지 문제를 회피하는 수단이 되어서는 안된다. 아상我相에 대한 올바른 이해와 아소유我所有를 내리는 겸손, 그리고 아집我執을 알아차려서 법과 원리에 맞는 태도와 자세를 가지는 것이 수행의 길이다.

(5) 법과 원리 따르기 - 선택과 책임

상황을 있는 그대로 받아들이고 스스로 책임지는 사람을 우리는 성숙한 사람이라고 한다. 행복은 의식이 성숙한 높이만큼 생겨난다. 상황에 대한 미숙함이, 자신을 모르는 무지가, 왜곡되고 부정적인 어리석음이 바로 모든 고통의 원인이다. 그러기에 우리는 스스로 어떤 선택을 하고 있는지 자신을 관찰해야 한다. 사랑을 선택하는가 아니면 두려움과 욕망을 선택하는가. 스스로 진리의 길을 추구하는가 아니면 만들어진 거짓과 위선에 빠진 가짜를 추구하는가. 스스로 선택한 것들이 모여 현재의 삶이 된다. 이것은 우주의 법칙이자 진리이다. 콩을 심은 곳에서는 콩이 나고, 팥을 심은 곳에는 팥이 나게 마련이다. 법칙에 어긋나는 자기 식의 선택이 고통을 만든다. 우리는 어떤 선택을 하고 있는가? 지금 자신이 겪는 모든 상황은 자신이 선택한 것들의 결과이다. 이것을 원인과 결과의 법칙이라 한다. 이런 사실을 인정하고 받아들이면 지금의 어려움이나 힘든 경험에 대해 누구를 탓하거나 불공평하다고 억울해하거나 분노하지 않을 것이다.

　옛날에 어느 나무꾼이 산으로 나무를 하러 갔다. 숲속에서 나무를 하는데 갑자기 이상한 소리가 들렸다. 소리가 나는 쪽으로 다가가서 보니까 호랑이 한 마리가 덫에 걸려 비명을 지르고 있었다. 나무꾼은 무서워서 얼른 자리를 피하려고 했다. 그때 호랑이가 울면서 나무꾼에게 도와달라고 소리쳤다. "나무꾼님, 제발 도와주세요. 먹이를 구하러 나왔다가 덫에 걸렸습니다. 굴에는 어린 새끼들이 다섯 마리가 있는데 제가 없으면 죽습니다. 제발 도와주셔요." 호랑이는 눈물을 흘리며 나무꾼에게 도움을 요청했다.

　얘기를 들은 나무꾼은 호랑이의 처지가 안타까웠다. 그렇지만 나무꾼은 자신이 호랑이를 풀어주면 나중에 자신을 잡아먹으려고 하지 않을까 염려했다. 그러자 호랑이는 은혜를 원수로 갚지 않는다고 제발 도와달라고 했다. 나무꾼은 호랑이의 말을 믿고 덫에서 호랑이를 풀어주었다. 하지만 덫에서 풀려난 호랑이는 나무꾼을 잡아버렸다. 그러곤 "미안하다. 하지만 나는 이곳에 잡혀 오랫동안 굶었고, 굴에는 새끼 호랑이가 기다리고 있어서 너를 먹어야겠다."라고 했다. 나무꾼은 너무나 억울해서 "네가 애원해서 풀어줬는데 어떻게 나를 잡아먹으려고 해."라고 하자 호랑이는 "삶이란 원래 그래."라고 했다.

　나무꾼은 삶이 진짜 그런 것인지 다른 존재에게 물어보자고 했다. 그리고 만약 호랑이가 옳다면 자신은 기꺼이 죽겠다고 했다. 그때 마침 나무 위에 까치가 한 마리 앉아 있었다. 나무꾼은 까치를 불러서 물었다. "까치야, 호랑이가 잡혀서 울며 도와달라고 해서 도와줬는데 호랑이가 나를 잡아먹으려고 하는데 이것은 너무 불공평하지 않아? 이건 너무 잘못이지 않아?"라고 물었다. 하지만 까치는 "나는 호랑이 얘기가 맞는 것 같다."라고 했다. 그러곤 까치는 자신의 경험을 얘기했다. 며칠 전에 먹이를 구하러 나갔다가 둥지로 돌아왔을 때 커다란 뱀이 새끼를 잡아먹으려고 했다. 그때 까치는 울면서 소리를 질렀지만 뱀은 새끼를 모두 잡아먹었다. 까치는 그 아픔과 슬픔을 받아들일 수밖에 없었다. "삶은 너무 불공평해. 하지만 원래 그래."라고 했다.

에고의 관점에서는 내 뜻과 입장대로 되지 않는 모든 것이 억울하고 불공평하다고 생각한다. 하지만 호랑이를 풀어준 것은 나무꾼의 선택이었다. 선택에는 결과가 따른다. 그는 잘못 선택했고 잘못된 결과를 만났다. 우리도 인생에서 나무꾼과 같은 선택을 하곤 한다. 가까운 누군가가 돈을 빌려 달라고 하거나, 어려운 상황을 하소연하며 도움을 요청할 때가 있다. 하지만 돈을 빌려주거나 도움을 주는 것은 먼저 자신의 처지와 상황을 잘 고려해서 선택해야 한다. 법칙에는 인정이 없다. 법칙에는 너의 입장 나의 입장이 중요하지 않다. 아침에 동쪽에서 해가 뜨고 저녁이 되면 서쪽으로 해가 지듯이 법칙은 그냥 법칙대로 흐를 뿐이다.

의식이 법상의식의 수준에 도달하면 상황을 내 뜻대로 하기보다는 법과 원리에 맞게 반응하는 것이 편리하고 이득임을 알게 된다. 내 식대로 아무리 열심히 해도 원리대로 하는 것보다는 효과가 나지 않는다. 세상과 상황은 '나'와 '나 아닌 것'과 관계 없이 인연과 조건에 의해 일어나고 사라진다. 이때 인연은 연기 법에 따라 움직이며, 조건은 원인과 결과의 법칙에 따라 적용된다. 법과 원리에는 인정이 없다. 일어나는 상황이 바로 주인이다. 자유와 평안은 나라는 의식이 얼마나 상황에 알맞게 반응했느냐에서 생겨나는 것이지, 어떤 특별한 방법에서 생겨나는 것이 아니다.

법과 원리에 따라 알맞게 반응하는 것이 바로 책임이며, 그에 따른 결과가 자유이다. 문제를 먼저 해결한 사람들이 제시한 정답은 살아있는 상황에서는 이미 죽은 지식임을 명심해야 한다. 자신에게 맞는 해답은 법과 원리에 따른 새로운 의식에서 나온다. 세상은 보이지 않는 법과 원리의 기초 위에 서 있다. 고통과 문제의 뒷면에 있는 법과 원리를 아는 사람은 만들어진 세상의 높은 곳에서 적절하게 반응하면서 자유를 누린다.

'나'라는 에고의 입장에서는 법과 원리에 따라 내 것을 내리거나 버리거나 놓는다는 것은 살을 깎는 아픔이나 죽음처럼 느껴진다. 하지만 에고의 집착이 아닌 진실에서 보면 들고 있는 관념과 신념의 무게를 내리거나 낡은 것을 버려야만 더 좋고 새로운 것을 채울 수 있다. 실제를 알면 뭔가를 놓고 내리고 버린다고 해서 가진 것이 없어지는 것이 아니다. 그것은 의식에서 일어나는 집착과 동일시의 문제이기 때문에 실제 삶에는 버릴 것도 놓을 것도 내릴 것도 사실은 없다.

모든 운동에서 고수의 경지로 올라갈수록 힘을 빼는 것이 자연스럽다. 우리가 힘을 빼는 목적은 더 큰 힘을 필요한 곳에 정확하게 쓰기 위함이지, 힘 빼는 것 자체가 목적이 아니다. 버리고 놓음은 더 잘 살기 위함이며 더 행복하고 더 자유롭기 위함이다. 놓고 난 뒤에야 비로소 더 많이 드는 기회가 생기며, 익숙함을 버린 뒤에야 신선하고 새로운 것의 채움이 있으며, 내림 뒤에야 더 높이 더 멀리 달려갈 힘이 비로소 생겨남이 법칙이다. 놓음과 내림, 버림은 그것 자체가 목적이 아니라 그 뒤에 있는 더 좋고 새로운 삶으로의 도약을 위한 발판임을 잊어서는 안 된다.

4. 공상空相의식

(1) 의식의 본질과 근원에 관한 공부

법상은 아상에서 익힌 지식을 법칙으로 운용하거나 체계화해서 새로운 법칙을 발견하거나, 새로운 물건이나 지식을 창조하는 의식의 수준이다. 하지만 공상의식은 법상에서 나온 원리와 법칙을 꿰뚫어 본질과 근원의 실체를 깨닫는 의식의 가장 높은 수준이다. 공상의식은 삶의 다양한 분야에서 지식이나 개념이 나오는 근원에 대한 것이다. 동양에서는 이를 '공空'이나 '도道'의 단계에 올라선 의식 수준이라 한다. 무술, 도자기, 그림, 음악, 정치, 경제, 학문 등 삶의 모든 현장에서 최고의 단계에 올라선 사람들은 의식의 높은 수준에 이른 사람들이다. 먼저 그 분야를 배우고(대상-지식), 배운 것을 익혀서 자기 것으로 만들고(아상-기능), 숙달하면서 그것에 작동하는 원리와 법칙을 알고 새롭게 운용한다(법상-기술). 그리고 공상의식은 이 모든 것이 나오는 근본 자리이자 본질 자체를 경험하는 수준이다. 이 자리를 '불성, 신성, 진아, 텅 빈 마음, 하나님의 자리'라고도 한다.

인간은 누구나 의식을 지니고 있다. 사실 있는 것은 의식뿐이다. 모든 것은 의식에서 생겨나고 의식으로 사라진다. 의식은 마음이 원하는 바를 모두 이루거나 없애주는 도깨비방망이와 같고 현상계를 작용하게 하는 하나님이자 창조주이다. 우리의 존재함은 순수의식 안에서 생겨난 '나라는 의식'의 존재함이다. 의식은 마음을 사용하여 자기만의 세상을 창조해 나간다. 의식이 성장하여 높은 수준에 도달한 사람은 마음을 잘 사용하여 즐겁고 행복한 세상을 창조한다. 하지만 의식이 낮은 사람은 마음 안에 무겁고 힘든 세상을 창조한다.

마음은 기본적으로 느낌과 감정, 생각으로 구성되어 있다. 불교에서는 이것을 수受, 상想, 행行, 식識이라고 부른다. 이때 수受는 괴롭다, 즐겁다, 괴롭지도 즐겁지도 않다 등의 느낌을 말하고, 상想은 사물을 받아들이고 연상하는 생각을 말하며, 행行은 상황에 따라 변화하는 의지와 반응을 말하고, 식識은 사물을 인식하고 분별하는 능력이다. 각각의 의식은 마음을 사용하여 자신만의 세상을 창조한다. 대상에서는 외부의 인물이나 사물, 만들어진 개념과 관념을 배우고 공부한다면, 아상에서는 대상을 경험하면서 일어나는 다양한 생각, 감정, 느낌 중에서 나라고 동일시하는 것을 배우고 공부한다. 법상에서는 대상과 내 것을 작용하게 하는 법과 원리를 탐구하고 공부한다. 그리고 공상에서는 이 모든 것을 있게 하는 근원인 '의식 자체'를 공부한다. 공상의식의 단계에서 비로소 '의식의 근원'에 관한 공부가 시작된다.

의식의 공부는 대상도 아니고, '나'도 아니고, 법칙도 아닌 의식 자체와의 만남이자 의식과의 관계 맺기이다. 하지만 대상이나 아상, 법상의 세계 안에서는 아직 의식이 관계 맺어야 할 대상으로 전혀 인식되지 못한다. 그들에게 초점은 나라는 에고에 있기에 의식은 관리와 통제의 대상이지 만남의 대상이 아니다. 의식이 무엇이고, 의식과 어떻게 접촉하며, 의식을 어떻게 쓰는가를 관찰하고 탐구하는 것이 바로 '의식에 관한 공부'이다.

법상을 넘어선 몇몇 사람들은 세상을 움직이는 법과 원리가 어디서 온 것인가에 대해 깊은 의문을 가지고 의식의 본래 고향인 '존재 의식'과 '순수의식'으로 돌아가고자 한다. '나라는 의식'에서 '나'에 대한 탐구가 아닌 '의식'이 주체가 되는 탐구가 바로 공상의식의 공부이다. 의식을 이해하고 만나려면 먼저 외부의 대상이나 '나'를 중심으로 비추던 의식의 빛을 의식 자체로 되돌려야 한다. 불교에서는 이것을 '관觀'이라고 한다. 의식에 묻어 있는 때나 찌꺼기, 의식이 동일시하고 집착하는 것을 비추어서 환히 아는 것이다. 관을 통해 의식에 프로그램된 상처의 감정이나 왜곡된 생각, 익숙한 신념이나 관념, 사상과 철학, 가치와 기준 등을 모두 비추고 알아차려야 한다. 비춤과 알아차림으로 의식의 본질을 자각하게 하는 공부가 바로 '명상瞑想'이다.

명상의 목적은 '나'와 '의식'이 진정 무엇인지를 알기 위한 공부이다. '나는 누구인가?', '나는 무엇인가?'에 대한 질문은

'세상의 근본은 무엇인가?', '실재하는 것은 무엇인가?', '진실한 것은 무엇인가?' 에 대한 질문이기도 하다. 명상을 통해서 의식에 비친 이미지나 그림자가 진실한 자신이 아님을 자각하여, 생명의 근원과 순수의식으로 돌아가야 한다. 명상은 '나라는 의식' 이 추구하는 자유가 아니라 '나' 자체로부터 자유로워져서 의식의 본질과 새롭게 만나는 공부이다. '나' 가 무엇을 얻고 잃는다고 생각하는 의식은 아직 먼 길을 가야 한다. 공상의식의 수준에 도달한 의식은 스스로 '나' 라고 믿고 의지하는 모든 '나' 로부터 자유로워진다. 그곳에는 조건 없는 무한한 사랑과 지혜의 빛이 있다. 본래 의식에는 어떤 문제도 없다. 좋음도 나쁨도 없다. 순수의식에는 물질도 정신도 없다. 밝지도 어둡지도 않다. 깨끗하지도 더럽지도 않다.

의식이 무엇인가?
부처가 의식이고, 하나님이 의식이며,
깨달음이 의식이다.

의식이 어디에 있는가?
달을 가리키는 손가락을 보지 말고 달을 보라.

(2) 핵심 키워드 - 알아차림

'나라는 의식' 이 치유와 수행의 단계를 거쳐서 공상의식에 이르면 '나'에 대한 관심이 점차 엷어지면서 '의식' 자체로 관심이 바뀌게 된다. 수행의 과정은 나와 내 것에 대한 동일시와 집착을 내려놓는 과정이다. '나라는 의식'은 치유의 과정을 거치면서 내 것과 내 것 아닌 것에 대한 명확한 분리가 생겨난다. 내 것은 내가 책임지고, 내 것이 아닌 것은 놓기를 반복하면서 세상은 법과 원리에 의해 저절로 돌아가고 있음을 자각하게 된다. 자기중심적인 에고의 습관에서 벗어나기는 현재 사회적인 운용 시스템에서는 너무나 어렵다. '나라는 의식'은 동일시된 것에 너무나 단단하게 고착되어 그것을 놓는다는 것은 마치 죽음처럼 느껴지기 때문이다.

에고의 익숙한 습관의 굴레를 벗어나서 새로운 습관으로 변화하기 위해서는 반복적인 알아차림과 성장하고자 하는 간절함이 필요하다. 과거의 익숙함에서 낯선 곳으로의 변화와 낯선 곳에서 다시 익숙해지는 것이 법상에서 필요한 수행이자 고행이다. 법과 원리에 맞는 생활을 반복하다 보면 어느 순간 에고의 뜻이 아닌 법과 원리에 따른 반응이 자연스럽게 생겨난다. 의식 성장에 따른 변화는 대상은 아상에 자연스러워지는 것이고, 아상은 법상에 자연스러워지는 것이다. 자연스러움이란 의식하지 않아도 저절로 나오는 반응을 말한다.

낮은 의식에서 반복되던 잘못된 습관을 알아차리고 좀 더 좋은 습관으로 바꿔 나가는 것이 의식 성장의 핵심이다. 습관이 바뀌면 운명이 바뀐다. 어떤 사람이 자신의 삶에서 어떤 상황이 일어나도 걸림이 없고 자연스러운 단계까지 올라섰다면 그의 의식은 대상과 아상과 법상을 넘어 공상의식의 수준에 들어섰다는 말과 같다. 이 수준에 이른 사람들은 삶이 보여주는 창조의 정교함과 아름다움, 완전함에 눈뜬 사람들이다. 공상의식에 이른 사람들은 사물과 상황을 볼 때 문제의 핵심을 직관적으로 정확히 꿰뚫어 본다. 이것을 '그냥 아는 지혜'라 한다. 이 의식에서는 이성과 합리성으로 문제를 일일이 따지기도 하지만, 그보다는 직관을 통해 전체를 즉각적으로 알아차리는 '자각'으로 문제와 상황에 반응한다.

(3) 공상의식으로 가는 과정

의식이 공상의식의 단계에 들어서면 심오한 영적인 체험과 각성이 일어나며, 현실을 보는 관점에서도 획기적인 변화가 일어난다. 이들은 더 이상 기존의 원리와 만들어진 법에 구속되는 사람들이 아니다. 이 수준의 의식단계에 이른 사람들은 자신이 속한 분야에서 새로운 법과 원리를 창조하는 사람들이며 인류에게 새로운 가능성을 보여주는 사람들이다. 데이비스 호킨스에 따르면 오직 인류의 0.4%만이 공상의식의 초입에 도달했으며, 그중에 극소수의 사람만이 더 높은 깨달음의 의식으로 도약한다고 했다. 그래서 공상의식을 '깨달음의 단계'라 한다. '나라는 의식'이 공상의식에 도달하게 되면 어떤 개념화에도 영향받지 않고, 사물을 있는 그대로 보게 된다. 이때 보는 자와 보이는 대상 사이에 구분이 사라져 하나의 '봄'만이 존재한다.

처음 공상의식의 단계를 자각할 때는 '텅 빈 의식' 자체의 깨어남은 아니다. '나라는 의식'이 잠시 고양되어 '나'가 빠진 '텅 빈 의식' 자체를 잠시 경험했다가, '나라는 의식'의 현실로 다시 돌아온다. 이것을 명상에서는 첫 키스의 경험 또는 '초견성'이라고 한다. 이런 경험은 나라는 의식에게 다시 그곳으로 돌아가고픈 간절함을 키워준다. 하지만 때로는 나라는 의식이 이때의 체험을 나의 것으로 소유하여 깨달은 '나'가 되려고도 한다. 이를 '영적인 에고'라 한다. 자각과 알아차림은 나가 만들어 내는 것이 아니라 조건이 되면 내면에서 저절로 솟아나는 것이다. 영적인 에고가 자의적인 훈련과 수행을 통해 에너지를 억지로 끌어올려 경험을 강제하려는 시도는 정신적으로나 에너지적으로 심각한 부작용을 일으킬 수 있기에 항상 경계해야 한다. 깨달음에 이르는 공상의식은 에고의 강한 신념이나 행동으로 얻는 것이 아니라 의식 자체와 하나가 되는 것이다. 이것을 '무아 無我' 또는 '나 없음'의 체험이라고 한다.

공상의식의 두 번째 단계는 다시 그곳으로 돌아가고픈 간절함으로 '나라는 의식'의 내면 깊은 곳에 아직 해결되지 않고 남아 있는 영혼의 어두운 밤을 통과하는 과정이다. 이때는 '나'라고 주장하는 집착과 동일시가 의식에 조금이라도 남아 있으면 계속 비추고 알아차려서 비워가야 한다. 이런 과정을 반복하다 보면 내면에서 어느 순간 더 이상 비출 것이 없다는 것을 직관으로 알게 된다. 비출 것이 없는 '공空 의식'은 '순수의식'과 하나가 된 의식이다. 의식이 이 단계에 올라서면 처음 공상의 체험에서 느꼈던 '모든 것은 의식뿐이다'라는 자각과 함께 '모든 것은 작용뿐이다'라는 직관의 울림이 내면에서 일어난다.

공상의식의 세 번째 단계에서는 의식이 움직이지 않을 때는 의식과 일체가 되어 '텅 빈 의식' 또는 아무 일이 없는 침묵과 고요함에 머문다. 하지만 의식 안에서 마음이 움직이면 법과 원리에 따라 자유롭게 세상을 창조한다. 깨달음의 첫 번째 단계가 간절히 원하는 사랑하는 사람을 처음 만난 상태라면, 두 번째 단계는 사랑하는 사람과 함께 살면서 어렵고 힘든 일이나 즐겁고 행복한 경험을 함께해 나가는 상태이다. 그리고 세 번째 단계는 두 사람이 하나가 되어 삶을 그냥 있는 그대로 살아가는 것과 같다. 더 이상 두 사람 사이에는 내 것과 네 것의 부딪침과 문제가 없다. 그냥 사랑이 있을 뿐이다. 이때부터는 모든 생활이 함께하는 사랑이 된다.

(4) 인간은 의식으로 세상을 설명하고 해석하는 존재이다

'나'라는 의식에게 공상의식으로의 진화는 배움과 치유의 체험으로 얻어지는 것이 아니다. 그것은 법과 원리에 맞게 생활하는 끝없는 고행과 내림의 과정이다. 나라는 의식이 도달하는 순수의식의 세계는 누구나 가지고 있다. 그것은 삶의 배경으로 이미 존재하고 있다. 그것의 세계는 언제나 자기만의 방식으로 저절로 드러난다. 그것은 나라는 의식이 입고 있는 두꺼운 갑옷을 벗으면 저절로 드러나는 생명의 본성이다. 사람들은 의식이 경험하는 황홀경이나 환상의 체험에 집착하기 쉽다. 하지만 공상의식 또한 실제 있는 것이 아니라 의식의 해석으로 창조된 관념과 이론의 세계임을 알아야 한다.

선가禪家에서 선사들은 '세상의 본질은 무엇인가?', '나는 누구인가?'라고 질문한다. 그리고 의문에 대한 해답으로 '무無' 또는 '공空'을 말한다. 하지만 대답으로 주어지는 무無나 공空은 내가 없다거나 세상이 공空이라는 말이 아니다. 나와 세상은 있지만 단지 무無나 공空의 형식과 이론으로 존재한다는 말이다. 인간은 의식으로 세상을 설명하고 해석하는 존재이다. 세상에 존재하는 모든 것은 의식 안에서 해석되고 설명된 것이다. 공空이란 원래 현실 세계에서는 실재하지 않기 때문에 공空의 형식 또는 공空의 모양이라는 뜻으로 공상空相이라고 한다. 불교에서는 이것을 공공空空이라고도 한다.

대상, 아상, 법상, 공상도 사실은 실재하는 것이 아니라 의식의 분별이 만든 형상이다. 그리고 성장과 수준으로 나눈 것도 의식의 분별이며, 체험하는 모든 것이 사실은 의식의 분별이고, 고통과 고통에서 벗어나려는 시도와 고통 없는 세상까지도 의식의 분별이다. 나라는 의식에 들어있는 내용물이 모두 빠지고 나면 원래 있던 순수의식이 자연스럽게 드러난다. 하지만 의식이 일으키는 분별을 내리려는 의도를 가지면 그것이 바로 분별이 된다. 그래서 나라는 의식으로는 이럴 수도 없고 저럴 수도 없다.

의식을 4가지 상相으로 좋은 것과 나쁜 것을 나누고, 높이와 넓이를 나누지만 모든 것은 텅 빈 허공의 의식에서 일어난 허상일 뿐이다. 의식이 멈춰지면 오감의 느낌만이 진동한다. 오감은 순간순간 있는 그대로에 반응한다. 그것을 분별하고 해석하는 의식이 없으면 반응은 연속되지 않고 오직 순간만이 존재한다.

이때 모든 소리의 진동이 외부가 아닌 의식에서 일어나고, 보이는 모든 사물이 외부가 아닌 의식이다. 외부와 내부는 언제나 의식에서 함께 일어났다가 함께 사라진다.

느낌 자체는 좋은 것도 싫은 것도 아닌 그냥 느껴지는 하나의 감각일 뿐이다. 단지 자극이 있고 반응이 있을 뿐이다. 의식이 없으면 소리가 없다. 다만 진동할 뿐이다. 의식이 없으면 풍경이 없다. 단지 빛의 작용이 있을 뿐이다. 의식이 없으면 맛과 냄새가 없다. 모두가 같은 혀와 코의 감각이 일으키는 반응이 있을 뿐이다. 소리와 풍경이 의식의 해석이며, 냄새와 맛이 의식의 해석이다. 우리가 느끼는 모든 소리와 풍경은 실재하는 것이 아니라 단지 의식의 해석일 뿐이다.

낮은 의식이 지어낸 협소하고 제한적인 삶과 세상이란 실제로는 존재하지 않는다. 그것은 각각의 의식에서 바라본 해석이자 설명일 뿐이다. 삶은 나의 삶도 너의 삶도 아닌 살아있음과 상황이 있을 뿐이다. 온전한 앎은 모름에 있다. 거기에는 주체가 없기에 대상도 없으며, 오직 의식만이 있다. 의식에서 모든 것이 한꺼번에 일어나고 한꺼번에 사라진다. 그냥 그럴 뿐이다. 반응의 순간이 끝나면 모든 것은 다시 '텅 빈 의식'만 남는다. 공상의식에서는 보고는 있지만 보는 자도 보는 대상도 없으며, 듣고는 있지만 듣는 주체도 대상도 없는 허공 자체이자 살아있음이다.

공상의식에 도달하려는 모든 노력은 공상의식으로부터 멀어지게 한다. 지식이나 앎으로 공空을 보려는 태도는 공空을 오염시킨다. 공상의식의 세계는 상相을 가지지만 상相을 넘어서 있다. '의식'이 모든 것이요, 무無이자, 하나이자, 전체이다. '이것'은 표현될 수도 비교할 수도 없는 모든 관념을 초월한 생명의 원천이다. '여기'는 경험자와 경험 대상과 경험 자체가 하나로 녹아든다. '이것'에는 오직 절대적인 침묵만이 존재한다. 세계의 모든 신비 체계와 종교에서는 '이것'을 열반, 삼매, 깨달음, 천국 등으로 다양하게 묘사했다.

04

의식의 영토확장

의식과 무의식의 경계 사이,
방어벽이 걷힐 때
보이는 것 너머의 진실,
있는 그대로의 사물이 있는 그대로 드러난다.

1. 의식이 허공에 그은 4가지 경계선

'나는 누구인가'라는 질문은 동서양을 막론하고 인간의 역사와 함께 항상 있었다. 이에 대한 해답도 세속적인 것에서 영적인 것, 단순한 것에서 복잡한 것, 신비로운 것에서 과학적인 것, 개인적인 것에서 집단적인 것에 이르기까지 다양하게 제시되었다. 이 세상에 있는 모든 문제는 각자의 의식 수준에 따라 그 해답이 전혀 다르게 설명되거나 해석된다. 대상의식의 '나'는 대상과 동일시된 모든 것에 대한 해석이며, 아상의식의 '나'는 대상과 다른 '나'만의 고유한 특성인 욕구와 감정에 관한 해석이다. 법상의식에서의 '나'는 '나'와 대상을 동시에 움직이는 보이지 않는 법칙과 원리에 관한 해석이며, 공상의식에서의 '나'는 '나'와 대상, 모든 법칙의 배경인 '텅 빈 의식' 자체에 대한 설명과 해석이다.

의식의 발달 수준에 따라 그은 '나'라는 한계선은 스스로 동일시하는 것과 동일시하지 않는 것 사이에 그어진 경계선이다. 이때 경계선의 안쪽은 '나'가 되고, 경계선의 바깥쪽은 '나 아님'이 된다. 결국 '나는 누구인가'라는 질문은 '나'의 경계를 어디까지 그을 것인가와 '나'라는 의식의 영역이 얼마나 크고 넓은지에 대한 질문이기도 하다. 경계선은 상황에 따라 언제든지 바깥으로 확장되기도 하고 안으로 축소되기도 한다. 경계선은 딱딱하게 고정된 선이 아니라 현실에서 살아 움직이는 선이며, 잠재적으로 의식의 내부에서 일어나는 갈등과 결합의 선이다.

우리의 의식 내면에 경계선이 '왜' 있으며 '어떻게' 존재하는지를 아는 것도 중요하지만, 사실 모든 문제의 초점은 경계선을 존재하게 하는 '나'에 대한 이해이다. 올바른 해답은 언제나 올바른 질문에 내포되어 있다. 해답과 질문은 언제나 하나이기 때문이다. 이미 존재하는 해답이 질문을 유발하고, 질문은 해답과 만나 하나가 된다. 우리가 아직 어떤 문제에 대해 해답을 찾지 못하고 있다면, 그것은 스스로 문제 자체를 이해하지 못하기 때문이다. 경계선의 문제는 경계선이 '왜', '어떻게' 있는지가 문제의 초점이 아니라 '나는 누구인가?'에 대한 근본적인 질문이다.

문제의 핵심을 파악하고자 하는 사람과 문제를 직접 해결하고 싶은 사람은 문제를 바로 직면한다. 이런 사람에게 '왜'나 '어떻게'라는 질문은 중요하지 않다. 하지만 문제를 직접 대면하고 싶지 않은 사람은 언제나 '왜'라고 이유를 묻거나 '어떻게'라는 방법을 찾는다. 외부는 언제나 있는 그대로다. 있는 그대로를 문제로 만드는 것은 언제나 '나'라는 의식이다. '나'라는 의식은 스스로 경계선을 긋고, 그것을 유지하기 위해 방어벽을 튼튼히 세운다. 그리고 스스로 정한 경계선을 넘어오는 모든 것을 문제라고 생각하며, 누군가가 경계선을 침범할 때 강하게 저항하고 방어한다.

하지만 경계선은 실재하는 선이 아니라 '나'라는 의식의 내면에 그어 놓은 환영의 선이다. 우리가 사는 세상에는 원래 경계선이 없다. 경계선은 '나'라는 의식이 세상을 이원성의 기준에서 해석할 때 생겨나는 생각의 산물이다. 의식이 이원성으로 세상을 보는 순간 세상은 주체와 객체, 선과 악, 좋은 것과 나쁜 것, 높음과 낮음, 사람과 사물, 맑음과 더러움 사이에 선이 생긴다. 대립하는 이 선을 사이에 두고 동일시된 것은 '나'가 되고, 동일시되지 못한 것은 '나 아닌 것'이 된다. 분리된 '나'와 '나 아닌 것' 사이에는 언제나 대립과 갈등이 존재한다.

'나'라는 의식에게 의식의 성장이란 스스로 지은 경계선을 바깥으로 확장해서 더 이상 확장될 수 없는 영역까지 나아가는 과정이다. 대상의식은 생존을 위해서 경계선을 세우고 그것을 유지하고 지키려 한다. 이때의 경계선은 자신의 힘이나 자발적으로 그은 선이 아니라 외부의 세상에서 누군가가 이미 개념과 관념으로 그어 놓은 선이다. 아상의식에서는 모든 경계가 외부가 아닌 자신의 내면에서 스스로 만든 선임을 잘 안다. 그래서 자신의 선을 어디까지 그을지 스스로 선택하고 책임진다. 법상의식은 경계선이 대상에도 '나'에게도 없다는 것을 안다. 그들에게 경계선이란 법칙과 원리에 따른 선이다. '나'의 선도 '너'의 선도 아닌 모두의 선이며 함께 조화를 만들어 가는 선이다.

공상의식에는 선이 없기에 경계 또한 없다.

각각의 의식 수준에 따라 스스로 그은 경계선은 각 의식이 살아가는 영토이자 제한된 세계이다. 한정된 경계선 안에서는 안전감을 느낀다. 그래서 그것을 지키는 삶은 외부의 경계와 부딪치는 저항과 분열, 갈등의 삶이 된다. 경계선이 가지는 의미를 올바르게 이해할 때 우리는 의식이 짓는 문제와 고통에서 쉽게 해방될 수 있다. 인간의 모든 문제와 고통은 거짓된 경계가 만들어낸 환영에서 비롯되기 때문이다. 거대한 하나의 의식에 새로운 선들이 그어질 때마다 '나'라는 의식은 축소되고 제한된다. 의식 성장에 따라 진실에 대한 자각이 커질수록 생각이 그은 경계선의 실체가 허상임을 깨달아서 쉽게 놓아갈 수 있다.

2. 개인의 의식은 '스펙트럼의 연속선상上'에 존재한다

빛을 분광기로 분해했을 때 빛은 굴절률에 따라 가시광선, 자외선, 적외선 따위로 펼쳐진다. 이는 빛의 파장과 성분이 다르기에 일어나는 것을 차례로 배열한 것이다. 물리학에서는 이를 빛의 '스펙트럼'이라고 한다. 의식도 이와 비슷하다. 전체의식이 작용의 세상에서 상황을 만나게 되면, 개인이 지닌 카르마의 무게에 따라 대상, 아상, 법상, 공상의 순서로 배열된다. 상황에 반응하는 개인의 특징적 의식은 4가지 상相의 의식 중에서 하나로만 드러나는 것처럼 보이지만, 사실은 4가지 상相의 의식이 스펙트럼상上에서 전체가 동시에 작동하고 있음을 알아야 한다.

4가지 상相의 분포도는 각 개인이 지닌 의식의 진화 정도에 따라 서로 다르게 펼쳐진다. 예를 들면 대상의식의 사람들은 상황에 반응할 때 대상의식의 빛이 60% 이상을 차지하고, 나머지 40%를 아상의 빛과 법상의 빛, 공상의 빛이 서로 다르게 배열된다. 대상의식의 사람들 사이에서도 대상의식의 크기를 중심으로 나머지 의식의 분포도는 천차만별이다. 그리고 아상의식의 사람들이 상황에 반응할 때는 아상의식을 중심으로 60% 이상이 일어나고, 나머지 40%를 대상, 법상, 공상의 빛이 서로 다르게 배열된다. 또한 법상의식의 사람들은 법상이 전체의 60% 이상을 차지하고 나머지 40%를 대상과 아상, 공상의 빛이 수준에 따라 서로 다르게 배열된다. 그리고 공상의식의 사람들에게는 공상이 전체의 60% 이상을 차지하고 나머지 40%를 대상과 아상, 법상

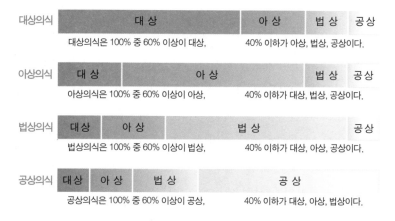

〔그림 4-1〕 4가지 상에 해당하는 의식의 스펙트럼과 분포도

이 각각의 수준에 따라 서로 다르게 배열된다. 아래 그림 4-1은 4가지 상의 의식에 해당하는 각 의식의 스펙트럼과 분포도를 그림으로 표현한 것이다.

예를 통해 알 수 있듯이 의식은 스펙트럼처럼 연속선상에서 각자 의식의 진화 정도에 따라 서로 다르게 배열된다. 대상의식에 속한 사람이라고 아상과 법상과 공상이 없는 것이 아니고, 아상의식에 속한 사람이라고 대상, 법상, 공상이 없는 것이 아니다. 그것은 법상의식과 공상의식에 속한 사람들도 같다. 스펙트럼상에서 우위를 차지하는 의식은 현실적 상황에서 강하게 주도하는 의식이다. 하지만 나머지 의식은 없는 것이 아니라 잠재적으로 존재하면서 무의식적으로 작동하고 있다.

같은 대상의식의 사람이라도 스펙트럼의 분포도는 엄청난 차이를 보인다. 어떤 사람은 아상의식의 분포가 대상만큼 커서 작은 계기로 아상으로 넘어서려는 사람일 수도 있다. 또, 어떤 사람은 대상의식이 너무 커서 아상이나 다른 의식의 분포가 없는 듯이 보이기도 한다. 그것은 아상과 법상과 공상에서도 같다. 의식은 연속선상에서 스펙트럼의 흐름처럼 작용하고 있기에 사람들이 가진 의식의 분포도는 천차만별일 수밖에 없다.

3. 의식과 무의식에 관한 이야기

의식한다는 것은 외부세계를 인식, 생각, 기억, 판단하는 과정 전체를 말한다. 현실에서 우리가 경험하는 모든 물리적, 심리적 현상 전체가 바로 의식에서 일어나는 현상이라고 할 수 있다. 반면 무의식은 알고는 있지만 지금 생각나지 않는 것, 망각한 것, 감각에는 인지되나 의식적으로는 인식되지 않는 것을 말한다. 사실 의식과 무의식을 구분하기는 쉽지 않다. 애초에 무의식을 '의식되지 않는 것'으로 정의한 것에서도 드러난다.

19세기 프로이트 이전까지 인간은 의식된 것을 관찰하여 그것을 중심으로 물리적, 심리적 현상을 분석하고 관찰했다. 프로이트는 '무의식'에 관한 개념을 최초로 제시하며, 인간의 정신 활동이 의식뿐 아니라 무의식적 동기로도 영위된다고 했다. 프로이트를 이은 융은 아직 의식화되지 않은 모든 인간의 심리적 현상을 '무의식'으로 보았다. 그는 무의식을 개인 무의식과 집단 무의식으로 나누었다. 개인 무의식은 개인의 출생 이후 경험을 바탕으로 이루어지며 개인에 따라 모양과 내용물이 다르다고 했다. 집단 무의식은 개인의 경험과는 상관없이 시간과 공간을 초월하여 존재하는 인류의 보편적 특성으로 보았다.

19세기 프랑스의 심리학자 피에르 자네Pierre Janet는 '정신이 건강할 때는 의식의 통합력이 강해져서 모든 정신 현상이 하나의 인격 안에 통합되나, 정신이 건강하지 못하면 통합능력이 약해져서 인격 분리가 일어나고 무의식의 영역이 커진다.'라고 했다. 즉 '나'라는 의식이 현실을 지배하는 힘이 약해지면 무의식이 커진다는 것이다. 이런 관점은 의식되는 영역은 정상이고, 의식되지 않은 영역은 뭔가 비정상적인 것으로 보는 견해이다. 그래서 무의식을 모든 정신적인 문제의 원인으로 생각하여 통제하고 관리해야 할 영역으로 보았다.

하지만 우리가 겪는 모든 정신적 문제의 뒷면에는 의식의 성장을 바라는 근본적인 충동이 있다. 고통은 낮은 의식 수준에서 바라보는 부정적인 감정과 왜곡된 해석에서 생겨난다. '번뇌가 보리이다.'라는 불교에서 유래된 말이 있다. 깨달음인 '보리'에 도달하려는 사람은 '번뇌'라는 괴로움을 잘 이해하고 수용해야 한다는 뜻이다. 번뇌가 무의식의 영역에 속하는 것이라면, 의식의 진화과정은 무의식의 영역을 점점 의식화해 가는 과정이라고도 할 수 있다. 깨달음은 의식과 무의식 사이의 방어벽을 점차 내려서 완전히 하나로 다시금 합일되는 것이다.

　　무의식은 말 그대로 의식할 수 없거나 의식의 빛 자체가 없는 것이다. 부처님이 깨달은 12연기緣起의 원리에 따르면 이를 '무명無明'이라고 했다. 그는 인생의 모든 문제가 무명에서 시작된다고 했다. 그래서 12연기의 첫째에 무명을 놓았다. 무명은 현재의 의식에서 인지되지 않는다는 뜻이지 없는 것은 아니다. 무의식 또한 엄연히 활동하고 있는 정신세계임을 명심해야 한다. 왜냐하면 인간의 모든 행동에는 우리가 그것을 자각하든 자각하지 못하든 전체의식이 하나로 작용하고 있기 때문이다. 전체의식은 인간의식의 세계에 존재하는 거대한 영토이다. 인간은 각자의 의식 수준에 따라 의식이 한계짓는 자신만의 영토 안에서 살아간다. 부처님은 아직 의식화되지 못해서 모르는 세계를 '무지無知'라 하고, 무지로 인해 반복되는 잘못된 습관을 모든 고통의 원인으로 보았다. 또, 수행이란 무의식을 의식화하는 과정이며, 깨달음이란 무의식이 없어져 의식의 빛을 의식 전체에 두루두루 밝게 비추는 상태로 인식했다.

무의식과 의식의 관계를 잘 설명하는 최면에 관한 이야기가 있다. 어떤 심리학자가 한 젊은 환자를 대상으로 실험을 했다. 그는 환자에게 "당신이 최면에서 깨어 박수 소리를 세 번 들으면 왼발을 세 번 구르게 될 것이다."라고 강한 후최면암시後催眠暗示를 했다. 환자는 깨어난 후 인사를 하고 문으로 걸어갔다. 그때 갑자기 심리학자가 박수를 세 번 쳤다. 그러자 환자는 자신도 모르게 왼발을 세 번 굴렀다. 그때 심리학자가 그를 불러서 물었다. "당신은 왜 갑자기 왼발을 세 번 굴렀나요?" 환자는 곰곰이 생각하다가 "발이 저려서 풀려고 발을 굴렀다."라고 대답했다. 환자의 현재 의식에서는 자신이 한 행동의 동기가 무엇인지 전혀 알지 못했다. 그의 행동은 최면으로 의식에 심어진 암시로 인한 반응이기 때문이다. 하지만 그는 어떤 이유라도 대답해야 한다는 생각에서 나름의 설명을 만들어냈다.

최면은 환자의 의식에 걸린 것인가?
아니면 무의식에 걸린 것인가?

환자가 최면으로 받은 암시는
그의 의식에 심어진 것인가?
아니면 그의 무의식에 심어진 것인가?

4. 의식과 무의식의 경계선을 강화하는 방어벽

　의식에 관한 4가지 상相의 법칙에서는 의식과 무의식의 관계를 어떻게 설명할 수 있을까? 각각의 수준에 따라 의식은 그 작용과 모양, 영토의 크기가 서로 다를 수밖에 없다. 거대한 전체의식은 원래는 하나이다. 그것에는 어떤 분리도 없다. 하지만 이원성의 세상에서 전체의식이 작용할 때 분리가 일어나 의식과 무의식으로 나눠진다. 대상의식의 세계에서는 아상, 법상, 공상의 영토는 의식으로 건너갈 수 없는 미지의 영토이기에 무의식의 세계이다. 아상의식의 세계에서는 대상의식은 당연히 인식되나, 법상과 공상의 영토는 신비로운 환상과 같은 무의식의 세계이다. 법상의식의 세계에서는 대상과 아상의 영역은 법상의식

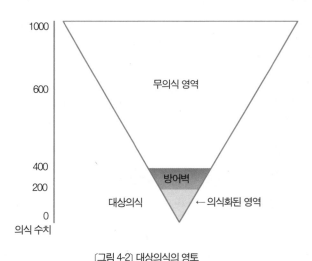

〔그림 4-2〕 대상의식의 영토

안에 당연히 포함되어 있다. 하지만 공상의식의 세계는 있다는 것은 알지만, 의식적으로는 닿기 어려운 무의식의 세계이다.

대상의식에서 공상의식으로, 낮은 의식에서 높은 의식으로 성장한다는 것의 의미는 무엇일까? 그것은 무의식 영역이 점점 의식의 영역 안으로 편입되어 들어오는 과정이다. 의식이 높아 질수록 무의식의 영토는 점점 좁아지고, 의식화된 영토는 점차 늘어난다.

그림 4-2는 대상의식의 영토를 표현한 것이다. 각자의 의식 수준은 각자가 살아가는 영역의 크기이며, 의식과 무의식 사이 에는 보이지 않는 선이 존재하고 그 선을 중심으로 거대한 벽이 세워져 있다. 의식과 무의식 사이에 놓여있는 이 벽은 '나'라는 의식이 스스로 자신의 영토를 지키거나 보호하기 위해 쌓은 '방 어벽'이다. 이것은 아직 자기동일시에 속하지 않은 것들에 대한 막연한 두려움으로부터 방어하기 위해 만든 의식의 벽이다. 현 재 의식은 자신의 영역에서 모르는 영역을 포함시킬 때 엄청난 혼란으로 생존에 심각한 영향을 미치기 때문에 방어벽은 꼭 필 요한 것이라고 믿는다.

하지만 익숙한 의식에서 다른 의식으로 성장하려는 사람들 은 보이지 않는 벽을 답답해하면서 마침내 벽을 깨고 다른 영역 으로 의식의 영토를 확장해 나간다. 이들은 힘들고 무섭지만, 용 기를 가지고 방어벽을 깨어 부수고 의식의 한계를 넓힌 사람들 이다. 의식화의 과정은 인식하지 못하고 저절로 표출되는 생각, 말, 행동의 습관을 알아차리는 것으로 시작한다. '알아차림'은 의식에게 이쪽과 저쪽의 경계 사이에서 선택하는 힘을 준다. 새로운 것을 선택하는 용기는 낯선 영토를 탐험하게 하여 점점 새로운 영토에 익숙하게 만든다. 이렇게 새롭게 의식화된 무의식의 영토는 자신의 영토로 편입된다. 그곳은 더 이상 미지의 영역이 아니며, 점점 관리되고 통제되는 자신의 영역이 된다.

5. 대상의식에서 아상의식으로의 영토확장

대상의식에서는 아상의식이 요구하는 개인적인 감정과 욕구를 불편하게 느낀다. 그런 요구가 의식의 내면에서 일어나면 통제하거나 저항해서 무의식화하려고 한다. 대상의식이 사는 세상은 외부에서 배운 개념과 관념에 의해 만들어진 세계이다. 그들은 이미 만들어져 있는 규칙과 기준을 배워서 잘 따르는 것이 생존에 유리하다고 믿는다. 스스로 하고 싶은 것을 찾기보다 사회에서 요구하는 것을 해야 한다고 생각한다. 스스로 좋아하는 것보다 남들이 좋다고 하는 것을 가져야 한다고 믿는다. 자신의 바람직함보다는 사회와 남들의 바람직함이 생존에 더 유리하다고 생각한다.

앞에서 설명한 후최면암시後催眠暗示의 사례로 돌아가 보자. 밖으로 나가다가 발을 구른 환자는 사실 자신이 발을 왜 굴렀는지 몰랐다. 하지만 그는 '모르겠다'는 말을 할 수가 없다. 그는 상대가 원하는 정답을 내놓으려고 했다. 왜냐하면 그가 모른다고 진실을 말하면 상대는 '방금 네가 행동을 해놓고 모른다고 하니 정말 멍청하구나. 너는 네가 한 행동도 설명하지 못하는 어리석은 사람이구나.' 하는 말을 들을지도 모르기 때문이다.

대상의식의 사람들에게 주변의 부정적인 평가와 판단은 생존에 지대한 영향을 준다. 그래서 어떻게 해서라도 정답을 내놓으려 한다. 사실 발을 구른 이유는 최면의 영역이기 때문에 지금 그에게는 무의식의 영역이다. 그래서 그는 어쩔 수 없이 평소에 경험하거나 배워서 알고 있는 익숙한 정답을 생각해 낸 것이다. 대상의식은 더 나은 생존을 위해 지식을 계속 습득한다. 대학을 나오고, 다양한 자격증을 소유하고, 최신 정보를 가지려고 한다. 하지만 그것을 가지더라도 현실의 문제를 모두 다 잘 해결하는 것은 아니다. 문제의 해결은 수평적인 지식의 양만의 문제가 아니라 수직적인 질質의 문제이기 때문이다. 수직적인 질의 변화가 바로 의식 수준의 변화이다.

대상의식에게 아상의식에서 일어나고 있는 것은 알지 못하는 미지이자 무의식의 세계와 같다. 대상의식은 문제의 동기 자체를 모르기에 문제를 해결할 수가 없다. 그래서 이 방법, 저 방법으로 계속 문제의 표면에만 초점을 두고 결과를 바꾸려고 노력한다. 하지만 모르는 것에 대해서는 어떤 해답을 말하더라도 후최면에 걸린 환자의 대답처럼 난센스가 된다. 대상의식에서는 일어난 사건의 원인이 자신의 인식 세계에 포함되어 있지 않기 때문에 찾을 수가 없다. 그러기에 문제를 해결하려고 아무리 열심히 노력해도 제자리걸음 하듯이 고통스럽기만 하다.

대상의식에서 문제가 해결되지 못하는 것은 자신의 느낌과 감정에서 일어난 문제를 이미 남들이 만든 해답으로 맞추려고 하기 때문이다. 느낌과 감정은 생명 에너지 자체이다. 느낌이 무시되고 감정이 억압되는 곳에는 어떤 즐거움도 살아있음도 없다. 대상의식의 세계가 조화造花라면 아상의식의 세계는 생화生花와 같다. 대상에서 아상으로 도약하기 위해서는 의식의 내면에 있는 두려움이라는 방어벽을 넘어서야 한다. 사회 관념이 원하는 바람직한 것을 선택하지 않고 자신의 원함을 선택한다는 것은 익숙한 집단으로부터 버림받는 걸 감수해야만 하는 두려움이다. 부모나 주변 사람이 좋아하는 것을 하지 않고 자신이 좋아하는 것을 선택하면 때로는 부모나 주변의 인정을 포기해야만 한다.

두려움 앞에서 대상의식은 익숙한 방어벽을 작동시킨다. 실제 일어난 느낌을 부정하거나, 감정을 억압하거나, 자신의 문제를 다른 사람에게 투사하거나, 문제의 초점을 다른 곳으로 전환하거나, 일어난 느낌과 감정을 실제보다 최소화하거나 정당화한다. 방어벽은 자신이 진짜 감정을 느낄 때마다 일어나는 고통을 회피하거나 무감각하게 만드는 역할을 한다. 하지만 어느 순간 방어벽이 약해지고, 무의식에 들어있던 느낌과 감정이 한꺼번에 올라오면 통제할 수 없는 공황 상태에 빠지고 만다. 대상의식이 고통스러워하는 신경증이나 정신적 문제는 대부분 이런 상황에서 생겨난다. 방어벽으로 잘 지켜지던 이쪽의 세계를 저쪽의 어떤 것이 벽을 뚫고 침범해 들어오는 느낌이다. 벽을 넘어오는 새로운 감정이나 느낌은 더 이상 대상의식에서 알고 있던 지식이나 정보로는 막을 수가 없다. 이런 상황을 만나게 되면 대상의식의 사람들은 인식하지도 못한 채 갑자기 표출되는 느낌과 감정에 의해 심리적 혼란이 생기고, 자신과 주변을 당황스럽게 만든다.

　기존의 것을 지키려는 방어벽이 두터울수록 자신 안에 있는 고통과 상처의 진실로부터 멀어질 수밖에 없다. 대상의식의 방어벽은 어린 시절 미숙한 의식에서는 생존의 두려움으로부터 지켜주는 안전망의 역할을 했기 때문에 중요했다. 하지만 성인이 된 상태에서 방어벽은 자신을 한계 안에 가두는 역할을 한다. 벽 안에서는 문제를 해결하지 못하기 때문에 결국 벽을 깨고 밖으로 나갈 수밖에 없다. 이렇게 아상의식의 영역인 감정과 욕구의 문제는 대상의식에서는 해결하지 못하기 때문에 다양한 신경증과 중독 현상을 일으키는 원인이 된다.

　그림 4-3은 아상의식의 영토를 표시한 것이다. 내 것이 무엇인지 알지 못한 채 사회가 만들어 놓은 기준과 관념에 맞춰 살아

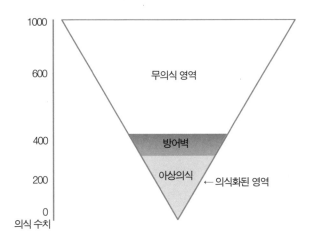

〔그림 4-3〕 아상의식의 영토

온 사람들은 대체로 아상의식이 취약하다. 그들은 부모가 말하는 옳고 그름에 맞추고, 학교에서 배운 정답에 따라 행동하고, 사회가 요구하는 관념에 익숙하다. 그래서 삶의 중요한 문제를 결정할 때 자신보다 부모나 다른 사람들은 어떻게 생각할까에 초점을 맞춘다. 자신의 견해가 있더라도 다른 사람들의 견해에 쉽게 흔들린다. 자기 것을 포기하고 대상과 좋은 관계를 유지하려다 나중에 피해자나 희생자가 되기도 한다.

대상의식의 사람들이 자신의 원함을 드러낸다는 것은 남들에게 이기적이고 자기중심적으로 보여 배척당할지도 모른다는 엄청난 두려움을 감당해야만 한다. 그래서 자신이 무언가를 원한다는 사실이 드러날 때 이들은 엄청난 수치심과 죄책감을 느낀다. 이들은 그냥 착한 아이, 좋은 사람이 되려고 한다. 부모나 주변의 사랑과 인정을 얻기 위해 자신의 원함을 통제하고 억압한다. 하지만 개인의 욕구와 감정이 통제되고 억압될 때 생명은 살아있지 못하고, 삶의 진실에서 멀어지게 된다. 건강하고 행복한 삶을 살아가려면 자기만의 중심을 바로 세우는 아상의식으로의 성장은 꼭 필요하다.

대상에서 아상으로 도약하는 과정을 심리학에서는 '의식의 개별화Indivi-duation 과정' 이라 한다. 아상은 내 것과 다른 것을 구분하여 자기만의 특성을 가진 자율성과 독립성을 기반으로 한다. 독일의 철학자 딜타이는 의식의 개별화를 "상대와의 관계에서 자기만의 독특성을 갖는 것으로 후천적인 노력으로 얻어낸다."고 했다. 이에 반해 심리학자 융은 개별화를 "모든 씨앗 속에는 이미 어떤 꽃으로 피어날지 그만의 가능성을 가지고 있다.

코스모스가 장미로 피지 않고 코스모스로 피는 것이다."라고 정의했다. 그는 씨앗이 자기만의 꽃으로 피어날 가능성을 하나씩 발달시켜 나가는 과정을 개별화의 과정으로 보았다.

아상의식의 중심 잡기는 한 개인이 자기만의 비전을 세우고, 그것을 현실화해 가는 과정이자 자기치유의 과정이다. 치유는 과거의 무의식화된 패턴을 의식 차원으로 끌어올려 새롭게 해석하는 것이다. 무의식에는 과거 경험으로 조건화된 감정적인 문제와 해결되지 못한 심리적인 장애들이 숨겨져 있다. 이런 장애들이 왜곡된 생각을 만들고, 상황을 있는 그대로 받아들이지 못하게 만든다. 대상의식은 안전하게 생존하는 것이 가장 중요했기에 스스로 통제할 수 없는 것은 자기의식에서 배제하고, 통제 가능한 것만 자신과 동일시했다. 심리치유의 길은 대상의식에 내재된 부정적인 에너지, 어린 시절의 상처, 역기능적 관계의 패턴, 억압된 욕망과 두려움의 습관에서 벗어나는 것이다. 이것을 통해 아상은 대상이 지닌 방어패턴과 조건화된 인격에 묶여 있던 익숙한 습관을 버리고 자기만의 개체성을 회복한다.

6. 아상의식에서 법상의식으로의 영토확장

후최면의 사례처럼 대상의식의 사람들은 사회가 만들어 놓은 다양한 최면에 걸려 그 암시에 따라 꼭두각시처럼 살아간다. 광고나 각종 유행, 뉴스나 SNS의 정보 등은 사회가 보이지 않게 우리에게 거는 최면의 대표적인 사례들이다. 아상의식에서 자기도취나 욕망에 빠진 사람들은 자신의 욕망과 감정적 충족을 위해서 대상의식의 사람들을 통제하거나 이용한다. 후최면 사례에서 최면을 건 심리학자처럼 자기중심을 가지고 사는 아상의식의 사람들은 아무리 남들이 좋다고 해도 자신이 좋아하는 것을 한다. 텔레비전이나 매스컴에서 아무리 유혹을 조장해도 자신의 길을 묵묵히 걸어간다.

대상의식에서는 남의 태도와 감정까지 눈치 보며 책임지려 하기에 삶이 버겁고 힘이 든다. 하지만 아상의식은 삶에서 일어나는 일 중 내 것은 내가 책임지고 네 것은 네가 책임지면 된다고 믿는다. 상황을 해석하고 선택하는 인식의 주체가 외부의 대상이 아닌 바로 자신이 된다. 대상의식에게 아상과 법상과 공상의 세계가 무의식이듯 아상의식에게도 법상과 공상의 세계는 인식되지 않는 무의식의 세계다. 개별화 과정을 거친 아상의식

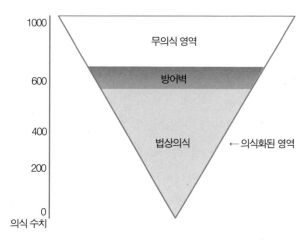

〔그림 4-4〕 법상의식의 영토

은 점차 법과 원리를 중심으로 세상을 인식하는 법상의식으로 성장 발전해 간다.

그림 4-4는 법상의식에 해당하는 영토를 표현한 것이다. '나'와 동일시된 것은 의식이 되고, 동일시에서 벗어난 것은 모두 무의식이 된다. 법상에서는 이것(아상)이냐 저것(대상)이냐가 아니라 '나라는 의식'이 동일시하는 에고의 구조와 원리를 정확하게 인식하는 영역이다. 후최면 사례에서 최면에 걸린 환자가 대상이라면, 최면을 거는 심리학자가 아상이고, 최면 기술 자체가 바로 법상이다.

우리가 사는 세상은 의식으로 만들어진 세상이다. 그러기에 세상은 의식의 바깥에 있는 것이 아니라 의식 내면에 있다. 외부는 언제나 있는 그대로이다. 같은 상황도 때에 따라 옳기도 하고 틀리기도 하며, 여건에 따라 부족하기도 하고 넘치기도 한다. 조건에 따라 불안하기도 하고 편안하기도 하며, 일에 따라 잘 될 때도 있고 안 될 때도 있다. 법상의 세계는 되고 안 되고의 결과나 내용물에 대한 인식이 초점이 아니라 상황과 조건의 뒷면에 작용하는 법칙과 원리를 인식하는 영역이다.

본래의 의식은 이쪽과 저쪽 양변 모두를 포함하고 있다. 의식 자체는 원래 헤아릴 수 없이 거대한 하나의 바다와 같다. 하지만 아상의식은 많은 생각과 감정 중에 좋은 것은 내 것으로 삼고, 싫은 것은 내 것이 아니라고 배척한다. 이때 작용하는 것이 바로 '동일시'라는 법과 원리의 구조물이다. 의식에서 어떤 감정이 일어나면 그것에 '나'를 갖다 붙이는 것이 아상의 세계이다.

인간은 누구나 자신이 해결해야 할 문제와 고통을 가지고 살아간다. 고통이 없는 사람은 없으며 문제가 없는 인생이란 없다. 무엇을 '나'라고 하는가? 에고 의식은 끊임없이 무엇인가를 붙잡는다. 에고 의식은 붙잡지 않으면 존재할 수 없다. 붙잡은 무엇과 동일시해야만 '나'라는 에고는 존재한다. 아상의식은 동일시한 것을 자신으로 여기고, 그것을 키워나가는 것이 삶의 목적이다. 아상의식이 동일시하는 것은 바로 욕망과 두려움이다. 욕망은 내가 원하는 대로 되기를 바라는 자기 중심성의 확장이며, 두려움은 싫은 것에 저항하는 자기 중심성의 방어이다.

하지만 법상의식의 수준은 동일시된 '나'를 키워나가고 확장하는 것이 아니라 깎고 내리는 단계이다. 이것은 에고의 입장에서는 너무나 괴롭고 힘든 과정이다. 그래서 법상의식으로 가는 과정은 에고에게 수행이자 고행이다. 내 뜻대로도, 남의 뜻대로도 아닌 법칙에 맞는 습관을 기른다는 것은 쉬운 일이 아니다. 먹는 것, 자는 것, 입는 것부터 생활의 사소한 부분까지 자신이 원하는 대로가 아니라 법칙과 규칙에 맞게 생활한다는 것은 쉽지 않다. 그래서 수행자는 먼저 올바른 계율을 세우고, 그것에 맞는 습관을 꾸준히 길러, 자연스러워질 때까지 훈련해야 한다. 아상의식은 에고의 확장이 목적이기에 아무리 열심히 노력해도 자기 중심성의 확장밖에 되지 못한다.

법상의식에서는 에고가 세운 정체성의 기준과 동일시를 바로 알고, 그것을 내려놓는 과정을 진행한다. 아상의식은 에고를 지키기 위해 기준을 세우고, 기준 안으로 들어오는 것은 받아들이고 기준에서 벗어난 것은 저항했다. 아상의식은 기준의 거울로 대상을 비추면서 거울에 비친 대상을 탓하거나 그들을 바꾸려고 시도했다. 하지만 법상의식에서는 대상을 비추던 기준의 거울을 거두어 기준 자체를 비추게 한다. 이를 '관찰' 또는 '수행'이라 한다.

삶에서 일어나는 상황들은 대상과 '나'의 뒷면에 숨겨진 법과 원리가 작용한 모양이다. 관찰과 수행은 밖(대상)과 안(나)을 비추던 빛을 돌이켜 법과 원리를 비추는 것이다. 우리가 삶의 경험을 있는 그대로 만나지 못한 것은 의식이 아직 낮은 수준에 묶여 있기 때문이다. 인생의 배후에서 작동하는 법칙과 원리를 보는 법상의식에 도달하면 외부와 자신에 대한 비교와 시비가 끊어진다. 그리고 그것을 그것으로 있게 하는 법칙과 원리를 보게 된다.

아상의식에서 삶은 끝없는 욕망의 성취와 두려움에 대한 통제이다. 그들에게 삶은 자기 확장을 위한 무한투쟁의 장이다. 확장의 정지는 우울과 무기력이며, 확장의 축소는 긴장과 두려움이다. 아상의식은 언제나 자신이 중심이 되어 모든 상황과 문제를 해결해야 했다. 세상의 중심이 자신이기 때문이다. 그래서 그들은 모든 경험을 관리하고 통제해야 하며, 그것에 대한 무한책임을 짊어져야 하기에 잠시라도 쉴 수가 없다. 그들은 지혜로워야 하고, 유능해야 하고, 훌륭해야 하며, 잘해야 하고, 성공해야만 하는 강박에 휩싸인다. 삶을 살아가는 아상의식의 짐은 점점 무거워져만 간다. 하지만 법상의식에서는 상황을 결정하고 책임지는 것은 '나'가 아닌 바로 법과 원리이다. 아상의식에서는 아직 법과 원리가 삶을 해석하고 책임지는 인식의 주체로서 발견되지 않는다. 그들에게 법상의식의 세계는 아직 무의식의 세계이다. 그래서 법과 원리는 관계 맺어야 할 대상이 아니라 관리하거나 통제해야 할 대상으로밖에 인식되지 않는다.

　삶을 해석하는 인식의 주체가 아상에서 법상으로 도약하게 되면 모든 경험은 법과 원리에 의해 자연스럽게 경험되고 있음을 알게 된다. 이때서야 비로소 아상은 법상 안에서 편히 쉴 수가 있다. 일어나고 사라지는 모든 것은 '나'가 하는 것이 아니기에 '나'는 책임질 것이 없다. 모두가 법과 원리에 따라 조건적으로 일어나고 사라지는 것이다. 이때 우리는 '나'의 뜻보다는 순리의 뜻을 따르는 것이 좋다는 것을 알게 된다. 이는 '내가 ~을 한다'는 관점이 내려지고, 법과 원리에 따라 '법칙대로 ~이 일어나고 사라진다'는 관점으로 변하게 된다. 법과 원리와의 새로운 만남이 법상의식으로의 도약이다.

　후최면의 사례에서 일어난 상황을 책임질 사람은 최면에 빠진 환자도 아니며 최면을 건 심리학자도 아니다. 최면이라는 기술이 상황의 조건에 따라 그냥 펼쳐졌다. 최면이 원래 그런 기술이다. 아상의식의 삶은 "나는 왜 그랬을까?", "나는 어떻게 해야 하는가?"와 같이 모든 것을 자신이 해야 한다는 약한 암시에 빠져 있다. 그래서 삶을 '내가 산다', '내가 한다'는 무한책임을 지려고 한다. 하지만 법상의식에서는 '나'가 하는 것이 없다. 그들에게 중요한 질문은 '내가 무엇을 해야 하느냐?'가 아니라 '지금 무슨 일이 일어나고 있는가?'이다.

　　법상의식에서 공상의식으로 도약한다는 것은 세상을 해석하는 중심이 행위 중심에서 존재 중심으로 전환되고, 인식의 패러다임이 선형적인 인식체계에서 비선형적인 인식체계로 전환하는 것이다. 인식의 주체가 되는 존재의식은 '나'라는 이름과 모양의 동일시에서 완전히 벗어난다. 이때의 '나라는 의식'은 모양과 내용물이 아니라 삶에서 일어나고 반응하는 모든 것을 바라보는 '자각'과 '순수의식' 자체이다. 에고 의식에서는 외부로 투사해서 비치는 것을 통해 자신의 존재함을 인식했다. 하지만 공상의식에서는 외부의 형상을 보는 것이 곧 자기 존재를 보는 것과 같다.

　　법상의식에서는 대상도 '나'도 아닌 경험되는 '나'와 대상 너머의 법과 원리의 탐구와 알아차림이 있었다. 하지만 공상의식에서는 세상을 이루는 근본 원리조차 만들어진 관념과 개념임을 알아차린다. 상대적인 공空 너머의 절대적인 공空의 체험이 일어난다. 그래서 공상을 종교나 명상, 영성에서는 '의식의 본질을 본다', '공空과 무無의 세계로 들어섰다', '천국의 문으로 들어갔다'라고 표현했다. 이것은 의식에 내재된 빛이 의식의 내부를 온전히 비추면서 더 이상 비출 것이 없는 '텅 빈 의식' 상태를 표현한다.

　　공상의식으로의 전환은 무언가를 채우거나 얻는 것이 아니라 이미 있는 무한한 존재의 본질이 드러나는 과정이다. 이것은 삶에서 일어나는 모든 형상의 배경이 되는 순수한 현존이자, 비

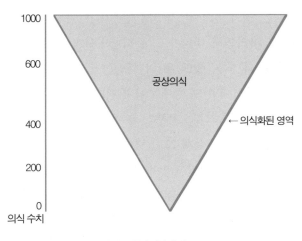

〔그림 4-5〕 공상의식의 영토

선형적인 존재의식 자체가 바로 '의식' 임을 자각하는 것이다. 움직이지 않으면 모두가 '의식' 뿐이다. 움직이면 모두가 '작용' 뿐이다. 삶의 모두가 의식에서 분리되지 않은 의식 자체임을 통찰하면, 지금 여기가 바로 사랑이요, 행복이요, 천국임을 경험하게 된다.

그림 4-5는 공상의식의 영토를 표시한 것이다. 공상에게 무의식은 더 이상 없다. 모든 영역이 의식화되었다. 법상에서 공상으로 나아갈 때는 법과 원리의 작용과 실재를 직접 경험으로 확인하면서도 다시금 그것의 실체를 의심하는 것이 필요하다. 이 과정에서 절대 무너지지 않는 은산철벽銀山鐵壁 같던 법칙과 원리 또한 세상의 밑바탕을 이루는 관념임을 발견하게 된다. 거대한 은산철벽도 의심이라는 미세한 바늘구멍 하나로 무너진다.

의식은 점차 성장해 가면서 비추어 알아차리고, 탐구하고 발견하고, 버리면서 채워가고, 물러나면서 앞으로 도약하며, 있는 것(소유)과 되는 것(행위)의 허망함을 꿰뚫어, 진실에 눈을 뜨게 된다. 의식에 어떤 장애물이 비친다면 그것에 집착하게 한 원인을 관찰하여, 그것으로부터 놓여나야 한다. 삶과 상황에서 일어나는 모든 것은 실제 그런 것이 있는 것이 아니라 '나'라는 의식의 해석임을 비추어 분별과 미망에서 벗어나야 한다.

의식은 원래 텅 비어 있기에 비추어지는 모든 것은 진실이 아닌 의식의 자기투영이다. 의식의 본바탕이 자신임을 깨닫지 못하면, 의식은 대립을 만들고 저항하면서 참된 진실에서 벗어난다. 의식에서 일어나는 온갖 생각이나 감정, 관념과 편견에 사로잡히지 않을 때 본래 생명은 저절로 살아난다. 이런 생명을 현실에서 쓰기 시작하면 본디 한계 없는 진리를 방해하던 무지와 미망의 제약들이 차례로 풀려나간다. 공상으로의 성장은 의식이 스스로 의식에 묻은 때를 풀어내는 과정이다.

의식이 공상으로 각성되어도 생각과 감정은 일어난다. 하지만 생각과 감정을 붙잡는 판단과 분별에 더 이상 집착되지 않는다. 이때 '나'라는 의식은 행위에서 존재의 영역으로 들어서게 된다. 이 상태를 순수의식 상태, 존재의식 상태라고 부르기도 한다. 순수의식에서는 좋은 것과 싫은 것, 성스러운 것과 속된 것, 나쁜 것과 선한 것과 같은 이원성의 강한 벽에 구멍이 뚫리면서 벽이 무너진다. 그러면 갑자기 의식의 내면에 들어있던 찌꺼기가 한꺼번에 쏟아져 나간다. 이때 새로운 세상이 펼쳐진다. '나'라는 의식이 지은 긴 꿈에서 깨어난다. 새로운 눈은 내부에 있는 모든 것을 초연하게 바라보는 관찰과 주시의 눈이며, 외부에 드러난 것 뒤에 숨겨진 법칙의 정수를 통찰하는 지혜의 눈이다. 지혜의 눈이 떠지면 의식의 빛이 내면과 외면을 동시에 비춘다. 의식에 비친 투명한 거울에는 '나'가 산을 보고, 산이 '나'를 본다. 주체가 대상을 보는 것이 아니라 주체 또한 대상이 되어 함께 보여진다. '나'라는 의식 안에는 더 이상 비출 것이 없는 텅 빈 '거울'만 남게 된다. 이렇게 되면 의식의 동일시는 사라지고 정묘한 지혜의 빛이 드러나서 무지의 원인인 집착이 저절로 떨어지게 된다.

한숨이 들어오고 한숨이 나감에 세상의 모든 이치가 담겨있듯이 자연스럽게 일어나는 모든 현상은 이것이 있어 저것이 있는 연기緣起와 같다. 생로병사生老病死, 성주괴공成住壞空, 생주이멸生住異滅, 삶은 일어났다 사라지며, 상황에 따른 반응만이 있을 뿐이다. 얻으려는 마음이 부족감을 만들고, 되고자 하는 마음이 열등감을 만든다. 고통과 쾌락은 같은 곳에서 나왔으며, 문제와 해답은 하나이다. '나'라는 의식이 스스로 누구인지 아는 곳에는 해결해야 할 문제와 얻어야 할 해답이 없다. 문제는 의식이 생겨남이요, 해답은 의식이 사라짐이다. 의식이 붙드는 '나'와 동일시된 스토리와 관념의 진실을 보는 순간 사실만 있으며, 모든 것이 연기煙氣처럼 일어났다 사라진다.

'나'라는 붙들었던 모든 것이 단지 상相임을 본다면, 삶에는 아무런 문제가 없다. 문제는 '나'라는 의식의 잘못된 동일시와 무지의 산물이다. '나'라는 주체가 없으면 '너'라는 객체가 없으며, 나와 너를 작용하게 하는 법과 원리 또한 허공에 그은 한 생각임을 알아차리면, '나' 라는 의식을 묶을 어떤 선도 없다.

무無나 공空은 이제 무無도 아니고, 공空도 아니다.
무無는 실체가 없으며, 공空은 모양이 없다.
그러기에 깨달음과 앎은 깨달음이 아니고, 앎이 아니다.
모양 없고, 실체 없는 앎과 깨달음이지만
또한 없는 것도 아니다.

알 수 없는 '이것' 에 이름 붙일 수 없고,
실체 없는 '이것' 은 모양 지을 수 없다.
공도 없고, 무도 없다.
하지만 모두가 공이고, 모두가 무無다.

표현할 수 없는 '이것' 을 드러내는 말과 언어는
모두가 손가락이지만,
드러내는 말과 언어마다 '이것' 은 생생히 살아 움직인다.

'진리가 무엇인가?' 손가락 하나를 들어 보인다.
'도란 무엇인가?' 돌아가는 선풍기의 바람 소리이다.
'깨달음이 무엇인가?'
밖에서 재잘거리는 소리와 한바탕 웃음이다.

놓으면 텅 비어 침묵이요, 움직이면 한바탕 작용이다.
침묵은 창조와 다르지 않고, 창조는 침묵의 아들이다.
모든 것은 단지 그럴 뿐이다.

05

4가지 상相의 법칙과
의식의 우회

정도正道, 차근차근,
끈기와 꾸준함으로 나아가라.
진실이 그대를 자유롭게 하리라.

1. 의식의 우회

동양과 서양은 세상과 상황을 인식하는 행위의 주체인 '나라는 의식'을 바라보는 관점이 서로 다르게 발전했다. 서양은 개인의 욕구와 감정을 중시하여 욕망을 충족하거나 심리적 불안을 해결하는 것을 삶의 실질적 문제로 보았다. 그래서 초월적이거나 관념적인 문제보다 물질적이고 현실적인 눈앞의 삶을 중시하여 문제를 해결하려고 노력했다. 이런 태도는 개인의 생존보장과 심리적인 보호를 위해 자본주의 경제와 물질과학과 법체계를 발전시켰다.

이에 반해 동양은 개인적인 욕구나 감정보다는 공동체의 생존과 유지를 더 중요하게 생각했다. 이런 태도는 개인의 현실적인 문제를 직접 해결하기보다 수직적이고 초월적인 관점의 정신적이고 영적인 문화를 발전시켰다. 동양에서는 인간의 모든 고통이 '나'에 대한 집착에서 생겨난다고 보았다. 그래서 현실적이고 구체적 문제에 대한 해결책보다는 문제를 바라보는 '나'가 지닌 집착을 해결하는 것이 중요했다. 이런 문화적인 차이는 의식의 발전과정을 보는 관점과 해석에도 많은 차이를 나타낸다. 서양이 개인의 감정이나 욕구를 강조하는 아상의식을 중시했다면, 동양은 분리되고 속박된 개인을 비실재적인 것으로 여겨 아상의식을 부정하는 쪽으로 나아갔다.

심리 치료사인 존 웰우드John Welwood는 『깨달음의 심리학』이라는 책에서 '영적 우회Spiritual Bypassing'에 대해 처음으로 언급했다. "영적 우회란 자신을 힘들게 하는 현실의 혼란과 문제에서 벗어나기 위해 인간의 기본적인 욕구와 감정, 심리적인 발달과제를 회피하거나 조급하게 초월하려는 시도를 말한다." 영적 우회를 시도하는 사람들은 자신의 참된 진실을 찾으려고 몸부림치면서도, 자신을 포기하는 것을 강요하는 가르침과 수행에 쉽게 이끌린다. 이들은 의식의 성장 과정에서 고통스러운 문제를 직면하지 않고, 포기하거나 회피하는 쪽으로 가기 쉽다. 자기 중심이 약하거나 자기 신뢰가 부족한 사람들은 감정의 혼란이나 현실적인 문제를 직면하기 어려워한다. 그래서 이들은 개인적인 감정과 욕구의 문제를 무시하고, 바로 공상의식으로 도약하려는 영적 우회에 유혹당하기 쉽다.

'4가지 상의 법칙'으로 의식의 성장 과정을 설명하는 이 책에서도 영적 우회와 비슷한 개념인 '의식의 우회Consciousness Bypassing'라는 개념을 제시한다. 이는 의식 성장 과정에서 각 수준에 해당하는 의식의 정상적인 단계와 과정을 밟지 않고, 공상의식으로 바로 건너뛰려고 하는 경향성을 말한다. 의식의 우회에는 두 가지 패턴이 있다. 하나는 대상의식에 속한 사람들이 아상과 법상으로의 순차적인 단계를 건너뛰어 바로 현실을 초월하여 공상의식에 도달하려고 시도하는 '현실의 우회Reality Bypassing' 이다. 그리고 다른 하나는 아상의식이 법상의 단계를 무시하고 공상의식으로 바로 넘어가려고 시도하는 '영적인 에고Spiritual Ego'이다.

2. 현실의 우회Reality Bypassing

만들어진 개념과 관념의 세계에서 구속당하고 힘들어하는 대상의식은 자신이 책임져야 할 현실적인 문제나 감정적 부딪침의 문제를 직면하기 두려워한다. 이때 대상의식이 바로 위 수준의 의식으로 차례대로 성장하지 않고, 아상과 법상의 단계를 우회해서 공상의식으로 한꺼번에 도약하고자 하는 태도가 바로 '현실의 우회'이다. 이런 시도를 하는 사람들은 자신의 현실적인 문제도 해결하지 않은 채 '참회하라, 사랑하라, 용서하라'라는 법상과 공상의 가르침을 머리로 받아들인다. 이들은 경전과 진리의 말씀을 배워서 아는 것처럼 떠들지만 이는 사실 자신의 작은 문제조차 해결하지 못하는 공염불과 같다. 실재하는 현실적인 문제를 직면하지 않고 이상으로 달아나는, 현실의 우회를 시도하는 사람들은 결국 부정적인 방어패턴을 강화해서 정상적인 의식 성장을 더욱 어렵게 만든다.

이런 사람들은 개인의 실제적인 문제를 회피하기 위해 배움

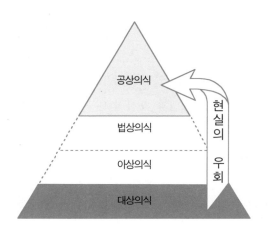

〔그림 5-1〕 4가지 상의 법칙과 현실의 우회

으로 다양한 지식을 소유하거나 종교나 명상에 깊이 심취하기도 한다. 하지만 이들의 이런 시도는 현실적인 열등감을 지적 우월감이나 영적인 자기기만으로 충족하려는 어리석음이다. 자신의 현실적인 문제조차 해결하지 못하는 배움과 지식은 이미 죽은 지식일 뿐이다. 그리고 자기중심이 없는 상태에서 신앙생활이나 수행으로 정신적인 초월 세계를 경험하더라도 현실로 돌아오면 그런 경험은 전혀 힘을 발휘하기 어렵다.

그림 5-1은 4가지 상의 법칙에서 대상의식에서 공상의식으로 바로 도약하려는 현실의 우회를 그림으로 표현한 것이다. 대상의식에 속한 사람들은 어릴 때는 집이나 학교에서 인정받으며 잘 살았는지 모른다. 그때는 모두가 배우는 단계에 있었기에 잘 배우고 빨리 배우면서 시키는 대로 잘 따르면 인정받고 문제

가 없었다. 하지만 자신의 올바른 중심을 세우지 못한 채 성인기에 들어서면 현실과 관계에서 문제가 생기고 점차 고통은 커지기 시작한다. 그들은 물론 열심히 하고 잘하려고 노력했다. 하지만 상황에 맞지 않은 선택과 자신의 욕구가 채워지지 않는 삶은 자신감을 떨어뜨렸고, 그럴수록 자신이 느끼는 감정을 숨기거나 억압하고 통제했다. 그들이 느끼는 삶은 무겁고 어두운 잿빛이다.

이런 사람 중에서 몇몇은 어려운 현실의 문제를 해결하는 방법으로 현실의 우회Reality Bypassing라는 잘못된 방법을 선택한다. 이들은 많이 배우고 학력도 좋고 사회가 요구하는 자격증도 많다. 하지만 현실에서는 그냥 장식품일 뿐이다. 이들이 자기만의 이상적인 생각의 망상에 빠져있을 때는 좋은 생각이나 긍정적인 감정으로 모든 문제가 해결된 듯이 느껴져 고양된다. 하지만 그것은 현실이 아닌 생각이기 때문에 현실에서 상황이 생기면 쳇바퀴 돌 듯이 익숙한 문제로 되돌아가기를 반복한다. 이들에게 삶은 풀지 못한 문제와 갈등의 연속이며, 스스로 삶의 현실에서 안착하지 못해 허공에 붕 떠 있는 느낌이 들 때가 많다.

3. 영적인 에고Spiritual Ego

아상의식에서 의식의 우회를 시도하는 사람들은 법상의 단계를 거치지 않고 바로 공상의 단계로 넘어가려는 사람들이다. 이런 시도에 대해 티벳의 영적 스승인 쵸감 트룽파는 '영적 물질주의Spiritual Materialism'라는 말로 표현했다. 이것은 아상의식이 만들어 낸 가짜 깨달음을 말한다. 에고는 욕망과 두려움의 세상 이다. 부풀려진 에고는 영적인 가르침을 자신의 것으로 소유하 거나, 깨달음의 체험을 자신만의 특별한 경험으로 가져온다. 그리고 그것을 더 크고 힘 있는 에고를 위한 수단으로 삼는다. 진정한 영성의 세계는 '나'라는 에고 의식이 추구하는 자유로움이 아니라 나라는 에고 자체로부터 자유로워지는 것이다.

법상으로의 성장은 에고의 미망을 깨뜨리고, 부풀려진 에고의 자만이나 자기기만을 있는 그대로 정직하게 드러내고 깎아 가는 과정이다. 깨달음은 에고의 노력으로 얻어지는 것이 아니라 에고의 미망을 깎아 내는 고통스러운 과정이 지나면 저절로 생겨난다. 하지만 영적인 에고를 추구하는 사람들은 에고를 버리라는 가르침을 배우면 기꺼이 버리는 시늉을 하고, 또 그렇게 되려고 노력을 한다. 왜냐하면 이런 가르침이 에고를 더 크고 멋지게 만든다는 것을 잘 알기 때문이다. 참된 영성의 길로 들어서려면 진실과 에고 사이에 있는 자기기만과 자기합리화의 벽을 반드시 뚫고 나가야 한다. 아상의식이 법상의 과정을 무시하고 건너뛰면, 아상의식은 환상적인 초월의 경험을 에고의 것으로 만들어 '영적인 에고Spiritual Ego'가 된다.

영적인 에고를 지닌 사람들은 심각한 자아도취에 빠져 진실을 받아들이거나 진리에 헌신하는 것이 아니라 에고를 숭배하고 자기 중심성에 헌신한다. 이들은 진실을 찾기보다 에고를 빛내줄 특별한 힘을 얻는 수행에 집중하면서, 조작적인 수단으로 영적 에너지를 강제하여 특별한 변성의식 상태를 추구한다. 또

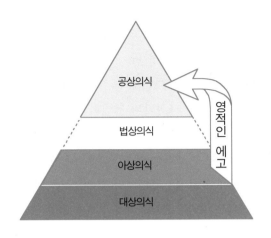

〔그림 5-2〕 4가지 상의 법칙과 영적인 에고

한, 이들은 합리적인 믿음과 이성을 부인하기에 정신적으로나 물질적으로 유혹과 타락에 빠지기 쉽다. 그래서 이들은 자신이 심각한 정신적 착란이나 비이성적인 망상 상태에 빠져있는 줄도 모르고, 이기적인 자아도취에 심취되어 특별의식과 우월감에 집착한다. 이들은 양의 탈을 쓴 늑대가 되어 사이비 교주의 행세를 하거나 신격화를 추구하기도 한다. 이들은 진리에 복종하는 것이 아니라 에고가 신이 되려는 욕망이 강한 사람들이다. 의식의 성장 과정에서 영적인 에고에 빠진 사람들은 더 이상 의식 성장이 어려워진다.

그림 5-2는 아상의식이 법상의 단계를 건너뛰고 공상의식으로 바로 도약하려고 시도하는 영적인 에고를 그림으로 표현한 것이다. 정상적인 의식의 성장 과정에서 법상의식으로 성장하려

는 아상의식의 사람들은 에고의 두꺼운 옷을 벗어야 하고 자기 중심성을 포기해야만 하는 매우 고통스러운 과정을 겪어야 한다. 에고를 지켜왔던 방어벽을 해제해야 하고, 옳음과 유능함을 포기해야만 하고, 이미 죽은 앎들은 모두 놓아야 하는 굴복 Surrender의 과정을 거쳐야만 한다. 그래서 아상에서 법상으로 건너가는 과정은 힘들고 고통스럽기 때문에 '수행' 또는 '고행'이라고 한다.

수행은 법과 원리에 맞지 않는 에고의 습관적인 생각, 말, 행동을 깎아 내는 과정이다. 이런 과정은 에고의 입장에서는 자신의 살가죽을 한 겹씩 벗겨내야 하는 고통이자 괴로움이다. 수행의 과정은 욕망을 성취하려는 습관과 두려움으로 방어했던 가면과 갑옷을 모두 내리고 벗어야만 하는 과정이다. 이때 가장 필요한 마음가짐이 바로 겸손이다. 겸손은 모르는 마음으로 배우려는 자세와 태도를 말한다. 이런 태도를 지니고 에고의 방어벽 뒤에서 숨 쉬는 힘없고 약한 순수한 내면의 아이가 드러나야 한다.

하지만 에고는 약해지고 싶지도 않고, 죽고 싶어 하지도 않는다. 에고는 겸손이 필요하지 않다고 생각한다. 에고에게 필요한 것은 자신을 무한확장하게 해주는 힘이다. 그기에 에고는 고통스러운 상황을 합리화해서 에고를 방어하고, 에고를 깎는 것이 아니라 강화하는 방향으로 경전이나 진리의 가르침을 해석해서 영적인 에고가 되려고 시도한다. 법상의 과정을 무시한 채 공상의식의 체험을 자신의 것으로 소유한 영적인 에고는 끝없이 자신을 속이며 진실로부터 멀어져간다. 티벳의 스승 쵸감 트룽파는 "깨달은 에고는 자신뿐만 아니라 주변 사람들에게 가장 위험하다."라고 경고했다.

진정한 공상의식에서 나오는 특성은 모든 것을 꿰뚫어 보는 지혜와 따뜻한 자비의 마음이다. 지혜는 에고의 기만과 미망을 꿰뚫는 통찰이며, 자비는 열린 가슴이 내어주는 사랑이다. 하지만 의식의 우회를 통해 법상의 과정을 무시하고 공상의식의 체험을 에고의 것으로 만드는 영적인 에고를 지닌 사람들은 매우 위험하다. 왜냐하면 특별해진 에고는 깨달음의 체험을 스스로 해결하지 못한 욕망을 채우기 위해 수단으로 이용하고, 마치 미숙한 감정적 문제를 넘어선 것처럼 자신과 주변을 속이기 때문이다. 이들은 자신뿐만 아니라 주변 사람에게도 물질적으로나 정신적으로 심각한 상처를 주기 쉽다. 이들은 거짓말로 이득을 챙기는 사기꾼이 되거나, 자아도취에 빠져 현실을 도외시하거나, 분리된 의식으로 인해 정신병자가 되거나, 때로는 가짜 영적 지도자가 되기도 한다.

올바르게 의식의 성장 과정을 잘 거친 사람들은 법과 계율을 중시한다. 그들은 계율을 무시해서 넘어선 사람들이 아니라, 계율을 지킴이 너무나 당연하고 자연스러워 계율이 필요 없는 것처럼 보이는 사람들이다. 이들의 자연스러움은 계율을 무시해도 좋을 만큼의 특별한 경지나 선택받음에서 온 것이 아니다. 이는 삶의 상황에 반응하는 행동을 법과 원리에 맞게 계속 반복하여 도달한 의식의 상태이다. 공상의식의 수준에 이른 사람들은 법상의식 수준에 있는 사람들과 관계를 맺을 때 그들에게 맞는 행동을 하고, 아상의식 수준에 있는 사람들과 관계할 때에는 그

들에 맞추어 관계하며, 대상의식의 수준에 있는 사람들과 함께
할 때는 그들의 수준에 맞게 교류한다. 이것이 공상의식이 지닌
걸림 없는 '텅 빈 의식'의 흐름이다. 그들은 겸손하며, 특별히
자기 것을 내세우지 않고, 상황에 물이 흐르듯이 자연스럽게 흘
러간다.

4. '의식의 우회Consciousness Bypassing'에서 벗어나야 한다

의식의 성장 과정에서 '의식의 우회'가 일어나는 경우는 대
부분 에고의 욕심과 무지가 원인이다. 의식은 그것의 단계에 맞
는 필요한 행위를 할 때 가장 빠르게 성장한다. 대상의식에서는
올바른 배움이 중요하다. 배움에는 많은 정보와 가르침들이 있
다. 그중에서 자신의 성장에 도움이 되는 것과 정도正道를 걷게
하는 정보를 잘 선별해야 한다. 무조건 유명하다고 따르거나 모
든 사람이 좋다고 따라 하는 것은 나중에 배움이 도리어 해害가
되기도 한다. 그리고 배운 것을 정도正道에 맞게 차근차근 실천
하려는 태도가 중요하다. 노력 없이 더 빨리 가려는 태도나 수고
로움 없이 공짜로 채우려는 욕심은 의식 성장에 도움이 되지 않
는다.

아상의식에서는 자신의 중심을 바로 세우는 치유의 과정을
올바로 걷는 것이 중요하다. 치유는 자기 신뢰의 회복이며, 자신
을 진심으로 받아들이는 마음을 길러내는 과정이다. 치유가 단
순히 욕망을 빨리 얻기 위한 수단이 되거나 두려움을 해결하는

방편이 되어버리면 진정한 자기 통합은 멀어진다. 치유의 과정은 철저히 자신의 모든 것을 받아들이는 자기 통합의 과정이다. 자신 안의 상처를 치유하여 부정적인 감정들을 통합할 때 감정은 연료가 되어 더 큰 힘을 발휘하게 한다. 내면의 불편한 느낌을 통합할 때 비로소 편안함이 무엇인지 알게 된다. 치유의 단계를 바르게 거치지 않은 깨달음은 진실한 깨달음이 아니다. 치유될수록 감정은 자연스럽게 흐르게 되고 생각은 유연하고 가벼워진다.

법상의식에서는 올바른 법과 원리를 발견하기 위해 세밀한 관찰과 탐구가 중요하다. 이때는 정답이 중요한 것이 아니라 질문과 의문이 더욱 중요해진다. 질문은 이미 있는 정답에 대한 의심에서 나온다. 이미 있는 정답을 당연시하면 의문이 생기지 않는다. 불편함을 그냥 참는 태도에서는 질문이 나오지 않는다. 올바른 질문은 그 사람의 의식 수준을 드러낸다. 질문이 없는 사람은 고정된 관념에 갇혀 있거나, 문제를 직면하고 싶어 하지 않는 사람인지도 모른다. 질문하고 의심하며 삶의 실제적인 문제에 집중해서 나아가는 과정이 바로 수행이다. 그래서 공상의식으로 나아갈 때는 비춤과 알아차림이 중요하다. 비추고 비추어서 알아차림이 반복되어 때가 되면 자각은 스스로 모습을 드러낸다. 그것은 새로운 무엇을 얻는 것이 아니라 원래 있는 것을 있는 그대로 만나는 것이다.

아상의식의 수준에서 법상의식의 단계로 건너가는 시기와 법상의식의 단계에서 법과 원리에 맞게 성장하려는 사람들은 진실을 있는 그대로 비추어 주는 눈 밝은 선생이 꼭 필요하다. 올바른 선생이 없는 탐구와 질문은 에고를 속이기 쉽다. 에고는 거짓말쟁이이자 사기꾼이며, 자신을 속이고 자신에게 속는 바보이다. 에고는 원래 진실과 허위를 구분하지 못한다. 그러기에 스스로 얼굴에 어떤 때가 묻었는지를 보려면 비추어 주는 투명한 거울이 필요하다. 법상의식으로 넘어갈 때 필요한 선생은 그 사람이 모르는 것을 더 알게 하거나, 부족한 것을 더 채워주는 사람이 아니라, 그 사람이 가지고 있는 것을 있는 그대로 진실되게 비추어 주는 거울 같은 사람이어야 한다. 이때 선생은 가르치고 보태주는 사람이 아니라 에고가 지닌 무지의 환영을 모두 빼앗는 사람이다.

대상의식과 아상의식의 수준에 있는 사람들이 필요한 선생을 찾을 때는 슈퍼마켓에서 필요한 물건을 고르듯이 한다. 그들은 이곳저곳을 기웃거리며 필요한 것을 얻거나 채우는 대상으로 선생을 대한다. 그래서 이들은 유명하고 이름난 선생을 쇼핑하듯이 찾아다닌다. 그들은 유명할수록 자신들의 원함을 채워줄 것이라고 믿으며, 들뜬 마음으로 더 많은 선생을 수집하려고 한다. 그들의 내면에는 수집한 선생들의 신비한 이야기나 특별한 가르침들이 빼곡히 쌓여있다. 그들은 그것이 늘어날수록 마치 대단한 의식의 공부를 했다고 착각한다.

법상의식의 단계에 도달하려는 사람들이나 법상의식에서 법과 원리에 맞게 에고를 깎으려는 사람들에게 선생은 에고가 날뛰거나 도망갈 수 없게 꽉 잡는 엄격한 판단자이자 무시무시한 감시자이다. 이들에게 선생은 익숙한 에고의 패턴이 숨고자 하지만, 완전히 노출되어 숨길 수 없고 벌거벗어야만 하는 상황을 연출하는 무서운 존재이다. 이들이 선생을 만나면 죄인이 법정에 들어서듯이 도망갈 수 없는 명명백백한 진실의 거울 앞에 서는 것처럼 느껴진다.

하지만 에고 의식이 점점 깎여 나가서 법상의 단계를 넘어 갈수록 선생을 만난다는 것은 들판의 큰 나무 아래에서 풀을 뜯는 소를 보듯이 편안하고 여유로워진다. 선생과 함께함이 너무나 자연스럽다. 에고의 업식들을 모두 비우고 비워서 선생 앞에서도 더 이상 걸릴 것과 숨길 것이 없기 때문이다. 그리고 공상 의식의 단계에 올라서면 선생은 그냥 길가에 놓여 있는 하나의 바위나 나무에 지나지 않는다. 그것은 가치가 없다는 말이 아니라 더 이상 필요로 하지 않는다는 말이다. 별로 눈길도 가지 않고 자신의 길을 가다 지나치는 풍경처럼 그냥 자연스럽다.

06

4가지 상相으로
바라본 세상

자기의식의 내용물이 투사되어 거울에 비칠 뿐,
외부의 세상은 언제나 있는 그대로 텅 비어 있다.
세상은 외부의 실재가 아니라 의식이 인식한 해석이다.

1. 세상은 의식의 해석이다

부처님은 "우리가 사는 세상은 실상實相인 것처럼 보이지만 사실은 무상無相이다."라고 했다. 이 가르침은 유일한 진짜 세계와 같은 것이 사실 존재하지 않는다는 충격적인 선언이다. 프랑스의 소설가 프루스트 마르셀Marcel Proust, 1871~1922은 『잃어버린 시간을 찾아서』에서 "세계는 모든 인간에게 참되지만 동시에 모든 인간마다 다르다. 사실은 단 하나의 세계가 아니라, 몇백만의 세계, 인간의 눈동자 및 지성과 거의 동수인 세계가 있고, 그것이 아침마다 깨어난다."라고 표현했다. 부처님과 프루스트에 따르면 인간에게 현실이란 외부에 실제 존재하는 것이 아니라, 의식 수준에 따라 각자의 내면에서 만들어지는 환상과 이미지의 세계이다. 따라서 현실의 문제와 고통을 인간 의식의 바깥에서 발견하고자 하는 노력은 착오의 연속일 수밖에 없다. 왜냐하면 각각 다른 의식 수준에서 살아가는 인간에게 객관적이고 중립적인 세계는 존재하지 않기 때문이다.

　오랫동안 함께 살아온 부부일지라도 사실은 서로 다른 세계를 살아간다. 부부 상담을 진행하다 보면 같은 시간과 공간에서 오랫동안 서로 함께 살았지만, 삶의 상황에서 일어나는 문제를 해석하고 받아들이는 태도에서는 너무나 차이가 크다. 이들이 주장하는 각자의 견해는 중간에 통역자가 없으면 대화가 되지 않을 만큼 차이가 난다. 인간은 세상과 사물을 있는 그대로 파악하고 이해하는 것이 아니라, 의식의 수준에 따라 다르게 설명하고 해석하는 존재이다. 그러기에 같은 사람, 같은 물건, 같은 사건을 대하더라도 의식의 수준이 다르면 그것을 대하는 견해나 해석이 전혀 다를 수밖에 없다. 해석의 다름이란 같은 세상을 보더라도 적록 색맹의 유전자를 가진 사람들이 보는 신록의 푸르름과 정상적인 유전자를 가진 사람들이 보는 총천연색 풍경의 차이와 같다.

　서로 다른 의식 수준에서 바라보는 세상은 어떻게 다른가. '사랑'이라는 말을 예로 들어보자. 대상의식에서의 사랑은 주는 것이 아니라 외부의 누군가에게 받거나 얻어야만 하는 것이다. 받기 위해서는 주어야 하니 항상 부족감을 느낀다. 아상의식에서의 사랑은 자기 사랑을 우선으로 둔다. 이들에게 사랑은 자신의 욕구와 감정을 스스로 채우는 노력이자 자기 돌봄이다. 그래서 욕망을 채우면 사랑이 커진다고 착각하기도 한다. 법상의식에서의 사랑은 감정적, 감각적인 충족이 아니라 법칙과 원리에 맞는 적절한 반응이다. 이들의 사랑은 감상적이기보다는 이성에 따른 보편성과 합리성을 기반으로 한다. 때로는 인정이 배제되어 냉정하게 보이지만 꾸준하고 신뢰할 만한 성숙한 어른의 사랑으로 드러난다. 공상의식에서는 모든 것이 사랑이다. 사랑은 단어나 모양이 아니라 의식 자체에서 흘러나오는 에너지이자 진동 자체이다. 이들에게 사랑은 있는 그대로 수용하고 반응하는 것이다. 이처럼 의식이 지닌 수준의 차이는 사랑이라는 말을 전혀 다르게 해석하고 실제 행동에서도 완전히 다르게 반응한다.

또한, 의식이 지닌 수준에 따라 같은 '개념'과 '관념'이라도 받아들이는 태도가 전혀 다르다. 대상의식의 사람들은 이미 만들어져 있는 개념과 관념에 묶여 살아간다. 이들은 '개념'이 같으면 같은 것을 보고 있다고 생각하고, 이미 있는 '관념'을 기준 삼아 옳음과 그름이 있다고 믿는다. 영화 〈트루먼 쇼〉에 나오는 짐 캐리처럼 이들은 이미 만들어진 개념과 관념의 세상에 갇혀 살아간다. 아상의식의 사람들은 개인의 욕구와 감정을 중시하며 살아간다. 이들은 같은 것으로 정의된 개념과 관념도 전혀 다르게 받아들이고 적용한다. 개념과 관념에 묶인 것이 아니라 상황에 따라 자신에 맞게 활용하기 때문이다. 법상의식의 사람들은 이것과 저것, 객체와 주체 양쪽에 동시에 작용하는 법칙과 원리를 중시한다. 이들은 개념과 관념이 고정된 어떤 것이 아니라 상황과 조건에 따라 만들어진 것임을 알고 있다. 상황이 변하면 그들 스스로 새로운 법칙이 적용되는 개념과 관념을 만들어서 사용한다. 공상의식의 사람들은 실상實相이 무상無相임을 안다. 이들은 인간에 의해 만들어진 모든 개념과 관념이 사실은 만들어지지 않은 세계 위에 지어진 '의식'의 환영이자 그림자임을 안다. 그들은 만들어진 의식의 내용물에 집착하지 않고 의식 자체의 고요함에 머물러 있다.

　우리는 같은 것을 경험하고 같은 상황을 만나더라도, 서로 다른 해석으로 서로 다른 세상을 보고 있음을 인정해야 한다. 대상의식은 아상, 법상, 공상의 세계를 이해하지 못하기에 받아들일 수 없다. 아상의식에게 법상과 공상의 세계는 알지 못하는 미지의 세계이다. 그 세계는 아상의식의 인식체계 안에 아직 들어와 있지 않다. 그들에게는 그것은 마치 존재하지 않는 세상과 같다. 그리고 법상의식에게 공상의 세계는 이해할 수도, 설명할 수도, 해석할 수도 없다. 그곳은 이성에 의한 객관이나 논리로는 닿을 수 없는 비선형적인 세계이다. 그러기에 뉴턴식의 기계적이고 선형적인 인식의 패러다임으로는 설명할 수 없다. 그 세계는 이성과 과학을 넘어선 신비의 영역으로 그 세계를 이해하려면 분리된 각각의 내용물이 아니라 전체를 하나로 움직이게 하는 맥락을 볼 줄 알아야 한다. 그것은 직관과 경험으로만 체험되는 주관적인 세계이다. 하지만 공상의식에서는 대상의 세계도, 아상의 세계도, 법상의 세계도 자연스럽게 이해되고 받아들여진다. 공상의식에서는 모든 세계가 자유롭게 살아 움직인다.

　인간은 누구나 의식의 내면에 신성과 하나님의 씨앗을 품고 세상을 살아간다. 인간의 탄생은 육체와 더불어 의식의 탄생이다. 의식은 인간 존재의 빛이며, 사랑의 꽃을 피워내는 생명 에너지 자체다. 의식 성장은 삶에서 자신만의 꽃을 피우고자 하는 생명의 목적이자 본능이다. 한 그루의 나무에 매년 수많은 열매가 맺히고 그 열매에서 무수한 씨앗들이 뿌려지지만, 그중에서 새로운 나무로 성장해서 꽃을 피워내는 씨앗은 너무나 적다. 우리의 삶도 수많은 의식이 태어나지만, 그중에서 자기만의 꽃을 피워내는 의식은 많지 않다.

인간은 의식의 성장, 진화에 따라 세상을 해석하고 바라보는 시각이 확연히 다르다. 세상은 외부에 실재하는 것이 아니라 4가지 상相에 따라 각자 다른 세상을 살아가고 있음을 명심해야 한다. 4가지 상相에는 각자의 수준에서 해결해야만 하는 자기만의 문제와 문제를 해결하는 핵심키워드들이 존재한다. 우리는 기존의 세상과 삶에 대한 다양한 해석들을 '4가지 상相의 법칙'에 견주어 새롭게 해석해 보고자 한다.

2. 4가지 상相의 법칙으로 바라본 '인간의 욕구'

인간은 스스로 만물의 영장이라고 주장한다. 하지만 인간은 태어날 때부터 타인에게 의존해야만 생존할 수 있는 불완전한 존재이다. 인간의 '나'라는 에고는 동물에서 진화해 왔다. 동물은 식물과 달리 태어날 때 내부의 에너지가 결핍된 상태에서 태어난다. 그래서 생존에 필요한 에너지원을 주변 환경에서 습득해야만 했다. 이를 위해 탐지하고, 처리하고, 기억하는 체계를 발달시킨 것이 진화의 과정이다. 인간은 누구나 어릴 때 미숙하고 무력했기에 생존을 위해서는 부모나 주변 사람들을 통해 반드시 채워야만 하는 기본적인 욕구들이 있다. 이런 기본적인 욕구들이 충족되지 못하면 인간 의식은 성장하지 못하고 퇴보하기도 한다. 그렇게 되면 불안, 우울, 관계 문제와 같은 신경증이나 분열과 반사회적인 성격을 형성하여 의식 내면에 심각한 문제를 일으키게 된다.

　인간의 기본적인 욕구는 적절한 때 적절한 순서로 충족되는 것이 자연스러운 방식이다. 어릴 적에 필요한 욕구가 잘 충족되면 아이는 성인이 되었을 때 자신과 세상에 대해 강한 신뢰를 지니게 된다. 이런 신뢰는 삶의 문제에 힘 있게 대처하게 한다. 하지만 충족되어야 할 기본적인 욕구가 충분히 채워지지 못하면 의식은 위축되고 부정적인 감정으로 인해 왜곡된 삶을 살기 쉽다. 이때 충족되지 못한 욕구들은 신체의 특정 부위에 억압되거나 감정적 응어리를 만든다. 우리는 이를 '상처'라 한다. 하지만 상처는 의식의 상태나 수준에 따라 그것을 해석하고 받아들이는 것이 다르기에 상당히 주관적일 수밖에 없다.

　인본주의 심리학의 대표자인 매슬로우는 "동기화 이론에 따른 욕구의 위계이론"을 주장했다. 그는 삶에서 인간이 성장 발달하기 위해서는 자신만의 동기가 중요하다고 하며 삶의 중요한 동기를 '욕구'에서 찾았다. 그리고 인간의 욕구를 단계화하여 각각의 욕구들 사이에는 보이지 않는 위계적인 질서가 존재한다고 주장했다. 그는 어떤 욕구는 다른 욕구보다 우선권을 가지며, 하위욕구가 어느 정도 충족되면 상위욕구로 이동한다고 했다. 그래서 매슬로우는 '욕구의 피라미드'를 만들어서 아래쪽부터 생리적 욕구, 안전의 욕구, 애정과 인정의 욕구, 자기표현의 욕구, 자아 초월의 욕구와 같이 욕구 간에 단계와 위계를 나누었다.

　인간이 건강하고 성숙한 인격으로 성장하기 위해서는 의식

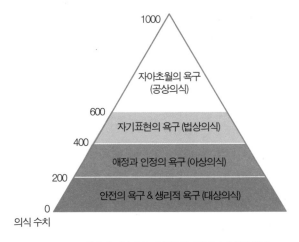

1000

자아초월의 욕구
(공상의식)

600

자기표현의 욕구 (법상의식)

400

애정과 인정의 욕구 (아상의식)

200

안전의 욕구 & 생리적 욕구 (대상의식)

0

의식 수치

〔그림 6-1〕 매슬로우의 욕구 단계와 4가지 상의 법칙

의 성장 시기에 따라 충족되어야 할 기본적인 욕구들이 있다. 이
것은 의식에 관한 4가지 상相의 법칙에도 그대로 적용된다. 그림
6-1은 매슬로우의 욕구 단계를 4가지 상의 법칙에 맞추어 그림
으로 도식화한 것이다. 대상의식에서는 안전과 생존의 욕구를
충족하는 것이 가장 중요하다. 아상의식에서는 생존과 안전의
욕구가 어느 정도 충족되었기 때문에 인정과 사랑의 욕구를 채
우는 것이 중요하다. 그리고 법상의식에서는 내면에서 일어나는
자신만의 특성을 표현하고자 하는 자기표현의 욕구가 중요하며,
공상의식에서는 자아를 초월하고자 하는 욕구가 우선시된다. 매
슬로우의 욕구 단계에 서로 위계가 있듯이 '4가지 상의 법칙'에
서도 각 의식 간에는 스스로 해결해야 하는 욕구의 단계와 위계
가 존재한다.

하위 의식단계에 해당하는 욕구가 충족되지 못하고 상위 의식단계로 나아가면, 하위의 욕구가 채워질 때까지 하위 의식은 상위 의식을 계속 아래로 끌어당긴다. 대부분 인생의 문제는 채워지지 않은 욕구 때문에 생겨나듯이, 심리적 고통은 해결되지 못한 욕구의 문제이다. 그러니 해결되지 못한 문제를 회피하면서 의식을 성장시키려는 태도는 모래성 위에 집을 짓는 것과 같다. 문제는 해결될 때까지 반복된다. 지긋지긋하게 반복되는 의식의 문제 뒷면에는 채워지지 못한 욕구가 있다. 하위의 욕구가 충분히 충족되면 의식은 자연스럽게 상위의 욕구로 올라간다. 이때 욕구의 충족 여부는 감정으로 드러난다. 충족된 욕구는 좋은 감정을 일으켜 긍정적인 의식으로 성장한다. 하지만 채워지지 못한 욕구는 불편한 감정을 일으켜 부정적인 의식으로 드러나게 된다.

(1) 대상의식의 욕구

대상의식의 욕구는 생존과 안전에 대한 욕구이다. 현실을 살아가는 생명체에게 가장 우선시되는 것이 생존과 안전의 문제이다. 인간은 다른 동물들과 다르게 생존을 위해 복잡한 체계를 조직하고 그것을 통합하는 지적 능력을 발달시켜 왔다. 인간이 세상에서 잘 생존하려면 이미 존재하는 지식과 정보를 많이 소유하는 것이 중요하다. 지식과 정보는 문제를 해결한 지적 결과물들이다. 그것은 개념과 관념의 형태로 존재하는 정답이자 해답이다. 대상의식이 느끼는 외부세계는 감각으로 실재하기에 정답이 객관적으로 존재한다고 믿는다. 그래서 인생의 불편과 문제에 직면했을 때 얼마나 빠르게 해답을 아느냐, 그리고 그것을 얼마나 정확하게 뱉어내는가가 중요하다. 대상의식에 해당하는 사람들은 내면에 기본적으로 두려움을 깔고 산다. 그래서 좋은 지식을 많이 배우고 소유해서 두려움으로부터 안전을 추구한다.

(2) 아상의식의 욕구

아상의식의 욕구는 인정받고 싶은 욕구와 사랑받고 싶은 욕구이다. 에고의 기본적인 구조는 결핍이다. 내 안에는 없기에 외부에서 얻어야 한다고 생각한다. 아상의식은 얻으려면 더 큰 힘을 가져야 하고, 더 큰 성취를 이루어야 한다고 믿는다. 그래서 이들은 사랑받고 인정받으려면 자기중심을 세우고, 그 중심에서 점점 더 자신이 커져야 한다고 생각한다. 또 자신에 대한 긍정적인 마인드를 기르고 자기계발에 힘써서, 더 나은 자신이 되어야 한다고 믿는다. 그런데 더 많은 인정과 사랑을 얻으려면 결국 자신이 더 큰 부담과 짐을 짊어져야 하기에 막상 외부로부터 사랑과 인정을 받아도 만족스럽지 않다. 사랑과 인정에는 어떤 객관적인 정답이 없다. 아무리 노력해도 그것을 얻지 못할 수도 있고, 별로 노력하지 않았는데도 그것을 쉽게 얻기도 한다. 대상의식에서 배운 지식과 정답으로는 삶의 문제를 해결할 때 더 이상힘을 발휘하기 어려운 부분들이 생긴다. 이때 우리는 객관에 맞추던 태도에서 자신을 우선시하는 주관적 태도로 돌아온다. 그래서 이미 있는 정답을 뱉어내기보다는 자신이 원하는 것을 질문해야 한다. '나는 어떻게 해야 사랑받고 인정받을 수 있을까?'

(3) 법상의식의 욕구

법상의식의 욕구는 내면에서 일어나는 자기만의 창의성을 표현하고자 하는 욕구이다. 자기표현의 욕구는 타고난 자기만의 달란트와 성향을 자유롭게 드러내고 싶은 욕구이다. 우리는 표현이 장려되는 환경에서 자기만의 타고난 관심사와 창의성을 자발적으로 표현할 자유가 있다. 이런 자유는 자신의 욕구가 다른 사람의 욕구만큼 중요하게 다루어질 것이라는 믿음과 서로 다른 것에 대한 존중에서 나온다. 표현하는 욕구가 억압되거나 통제되면 '나'라는 의식은 무력감을 느끼고 움츠리고 피해자가 되기 쉽다. 표현이란 내면의 진실을 드러내어 자연스럽게 흐르게 하는 것이다. 우리는 자신을 있는 그대로 표현하고, 삶의 주체로서 남들과 나누는 창조적인 삶을 살아야 한다. 현실에서 느끼는 대부분의 고통은 우리가 무엇을 가지지 못해서가 아니라 자기만의 창의성을 마음껏 표현하지 못해서 생긴다. 우리는 사랑을 받지 못해서 괴로운 것이 아니라 사랑을 하지 못해서 괴로운 것이다.

(4) 공상의식의 욕구

공상의식의 욕구는 자아에 대한 초월의 욕구이다. 자아 초월이란 '나라는 의식' 자체로부터 자유로워지는 것이다. 이는 나가 없어지는 것이 아니라 단지 나라고 동일시하거나 집착하는 것으로부터 자유로워지는 것이다. 즉, 개념과 관념으로 만들어진 모든 것에 대한 집착으로부터 자유로워지는 것이다. 외부와 내부는 서로가 연기緣起되어 함께 일어나고 함께 사라진다. 연기緣起되어 일어나고 사라지는 현상을 다루는 법을 '연기법緣起法'이라고 한다. 하지만 공상의식에서 연기법은 또 하나의 이론에 따른 해석일 뿐이다. 공상의식은 모든 것이 생겨나는 '텅 빈 의식' 자체에 대한 이해이다. 대상의식의 지식이 이상에서는 지성으로, 법상에서는 이성으로 그리고 공상에서는 영성으로 진화한다. 자아 초월의 욕구는 이원성을 뛰어넘어 온전한 하나Oneness의 세계로 나아가고자 하는 욕구이며, 의식이 몸을 입고 도달할 수 있는 최고의 욕구 단계이다.

3. 4가지 상相의 법칙에서 바라본 불교의 '육도윤회의 세계'

불교에서 바라보는 세계관은 오랫동안 많은 사람에게 영향을 끼쳐왔다. 의식에 관한 4가지 상의 법칙을 좀 더 자세히 이해하기 위해 불교에서 세계를 바라보는 관점과 비교하여 설명하고자 한다. 불교에서는 인간의 삶은 자신이 행한 생각과 말과 행동

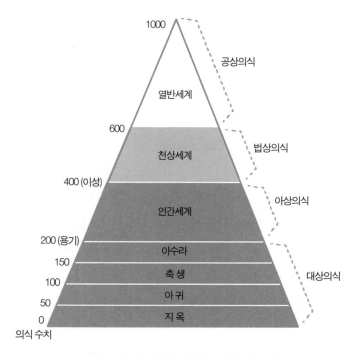

1000

공상의식

열반세계

600

법상의식

천상세계

400 (이성)

아상의식

인간세계

200 (용기)

아수라

150

대상의식

축 생

100

아 귀

50

지 옥

0

의식 수치

〔그림 6-2〕 불교의 6세계에 해당하는 4가지 상의 의식

의 습관, 즉 '업식業識'에 따라 6개의 세계를 끊임없이 윤회전생 輪廻轉生 한다고 한다. 6세계는 인간이 자신의 진실한 모습에 무 지無知하여, 주어진 의식 수준이 만든 한계에서 벗어나지 못하고 반복하는 세계이다. 인간이 지은 카르마業의 식識이 원인이 되어 결과로서 나타나는 6개의 세계는 지옥, 아귀, 축생, 아수라, 인 간, 천상이다. 6개의 세계는 현실적으로 실제 그런 세상이 존재 하는 것이 아니라, 현실을 경험하고 해석하는 불교관佛敎觀에서 보는 주관적이고 내적인 세계임을 명심해야 한다.

불교의 6세계는 현실을 대하고 문제를 해결하는 인간의 의식 상태나 수준을 잘 보여준다. 같은 경험을 하더라도 그것을 해석하는 의식의 수준에 따라 전혀 다르게 받아들여진다. 의식의 높이가 삶을 대하는 해석과 시선의 높이이며, 시선의 높이에 따라 같은 것을 보더라도 완전히 다른 것을 보고 다른 것을 느낀다.

그림 6-2는 불교의 6세계와 비교되는 4가지 상相의 세계를 서로 연결해 본 그림이다. 위 그림에 나오는 불교의 6세계를 데이비스 호킨스의 의식지도와 비교해 보면 지옥, 아귀, 축생, 아수라의 세계는 대상의식의 세계에 해당하며, 의식 수치는 0~200에 해당한다. 지옥계는 의식 수치가 0~50, 아귀계는 50~100, 축생계는 100~150, 아수라계는 150~200에 해당한다. 그리고 인간계는 아상의식의 세계에 해당하며, 의식 수치는 200~400이다. 천상계는 법과 원리가 적용되는 법상의식의 세계에 해당하며, 의식 수치는 400~600이다. 그리고 공상의식의 세계는 6세계를 만들고 존재하게 하는 근본 의식인 '텅 빈 의식'의 세계이며, 의식 수치는 600~1000에 해당한다. 불교에서는 이 세계를 열반과 해탈, 또는 공空이라 했다.

(1) 대상의식 - 지옥, 아귀, 축생, 아수라

* 지옥의 세계
삶을 지옥으로 느끼는 사람들은 지금 자신이 처한 현실이 절망과 우울, 희망 없음, 살려는 의지가 실종된 상태이다. 이들에게 현실은, 이래도 괴롭고 저래도 괴로운, 거대한 벽을 만난 것처럼 꽉 막혀서 꼼짝달싹하지 못하는 상태이다. 그곳에서 느끼는 부정적인 감정은 죽을 정도로 끔찍한 고통이 반복되는 느낌이다. 그래서 이들은 해결할 수 없는 문제의 괴로움에서 잠깐이라도 도피할 수 있는 잠이나 죽음으로 영원히 사라지기를 원한다. 하지만 아침에 눈을 뜨면 고통스러운 현실의 괴로움을 반복하는 의식 상태이다. 이들은 무지의 어둡고 차가운 감옥에 갇혀 진실과 거짓, 좋은 것과 나쁜 것이 무엇인지를 모른다. 이들의 삶은 마치 아무것도 없는 차가운 맨바닥에 내동댕이쳐진 느낌이다. 4가지 상의 법칙으로 본다면 대상의식의 의식 수치에서 50 이하의 가장 낮은 의식 상태에 해당한다.(그림 6-2) 이들이 삶에서 느끼는 감정은 자기 존재 자체를 강하게 부정하는 수치심과 모든 것이 자신의 잘못이라는 깊은 죄의식과 자기혐오의 부정적인 감정이 대부분이다.

• 아귀의 세계

아귀의 의식 수준에 사는 사람들은 내면에서 본능적으로 자원과 에너지원의 결핍을 느끼는 사람들이다. 이들은 에너지가 부족하기에 무력하며, 부족감을 채우려는 습관으로 항상 배가 고프다. 주로 생존을 위해 먹을 것이나 재물과 관련된 것이라면, 규칙이나 예의도 무시하고 주변을 의식하지도 않고 무조건 채우려는 습성을 가진다. '걸신이 들렸다' 는 말처럼 주변의 모든 것을 먹어치워도 배가 고픈 귀신과 같다. 먹어도 채워도 굶주림은 없어지지 않는다. 이들은 의식으로 막상 무언가를 먹으려고 해도 삼키지 못하고 삼켜도 소화하지를 못한다. 늘 배가 고프고 항상 남에게 빼앗긴다는 생각에 움켜쥐고 절대 놓지 않으려 한다. 그래서 먹지도 못하면서 먹을 것을 가지고 싸우는 것을 '아귀다툼'이라 한다. 이들은 과오過誤를 숨기고 집착을 채우기 위해 끝없이 주변을 탓하고 갈구하는 존재들이다. 4가지 상의 법칙에서 본다면 대상의식의 의식 수치에서 50~100에 해당한다.(그림 6-2) 이들이 삶에서 느끼는 감정 상태는 채워지지 않는 끝없는 갈증으로 슬픔과 우울과 무기력의 고통에 빠져 있는 상태이다.

* 축생의 세계

축생의 의식 수준에 사는 사람들은 생존을 위한 욕망 충족에 본능적이고 충동적이다. 이들은 동물처럼 식욕과 성욕, 자기 중심성의 충동에 휩싸여 채워지면 태만하고, 싫으면 떼를 쓰고, 뜻대로 안 되면 공격적으로 행동한다. 이들은 획득과 축적이 중요하기에 남들이 어떻게 보는지는 중요하지 않고 관심도 없다. 증폭된 욕망의 추구는 합리성이 거부되는 강박과 같다. 스스로 어디로 가고 있는지도 모르는 눈 뜬 봉사처럼 어리석고 무지無知하다. 인생의 뚜렷한 목표도 없이 강자의 힘 앞에서는 굴복하여 아첨하고, 약자에게는 잘난척하며 괴롭힌다. 이성보다는 감각과 충동에 휩싸인 이들의 말과 행동은 자신의 생존을 위해서 거짓을 유지하고 진실에는 전혀 관심이 없는 의식의 상태이다. 4가지 상의 법칙에서 본다면 대상의식의 의식 수치에서 100~150에 해당한다.(그림 6-2) 이들이 삶에서 느끼는 감정 상태는 욕망에 중독되어 만성적인 불만족과 시기, 질투, 갈망에 빠져 있는 상태이다.

* 아수라의 세계

아수라의 의식 수준에 사는 사람들은 항상 갈등과 분쟁이 그치지 않는 욕망과 분노의 세계에 사는 사람들이다. 이들은 이기심과 비뚤어진 우월감으로 남을 업신여기는 자만심이 가득하다. 이 세계는 욕망의 무한경쟁의 세상이다. 싸움에는 누가 지배하고 통제하느냐 외에는 특별한 목적이나 이유가 없다. 이들은 오직 이기는 것이 중요하며 싸움 자체를 즐긴다. 싸우면 이겨야 하고 최강자가 되어야 한다. 그래서 경쟁하고 혼란한 상태를 '아수라장'이라고도 한다. 이들은 몹시 공격적이고, 교만하며, 시기심이 강해 늘 투쟁을 일삼는다. 이들은 열등감을 숨기기 위해 허세가 심하고, 신경질적이며, 쉽게 화내는 비뚤어진 의식 상태이다. 4가지 상의 법칙에서 본다면 대상의식의 의식 수치에서 150~200에 해당한다.(그림 6-2) 이들이 삶에서 주로 느끼는 감정은 분노(150)와 자만심(175)이다. 이들은 축적과 욕심의 에너지장을 채우지 못하면 분노한다. 이들의 분노는 채워지지 않는 욕망에 대한 좌절감의 표현이다. 좌절은 지나친 욕망에서 오며, 분노가 증오로 전환되면 자신과 주변을 분노의 불꽃으로 태워버릴 수도 있다. 그리고 자만심은 부풀어 오른 자존심이다. 자존심은 약함을 부정하는 방어적인 태도이자, 진실을 거부하고 거짓을 합리화하는 수단이다. 이것은 참된 내면의 진실을 가로막는 장애이다.

(2) 아상의식 - 인간세계

인간계의 의식 수준에 해당하는 사람들은 생로병사의 번뇌를 안고서 좀 더 나은 방향으로 의식을 성장하고자 하는 사람들이다. 불교에서 인간계는 가능성의 세계이다. 부처님은 인생의 복을 첫째는 인간으로 태어난 것, 둘째는 인간으로 태어나 의식의 성장 기회를 만나는 것, 셋째는 의식의 본질을 깨닫는 것으로 꼽으며 이 중 의식의 본질을 깨닫는 것을 최고의 복이라고 했다. 인간은 행복과 풍요가 있는 천상의 세계로 의식이 도약하기도 하지만, 때로는 지옥, 아귀, 축생, 아수라처럼 더 낮은 의식의 세계로 떨어지기도 한다. 그래서 불교에서는 인간계를 다른 의식의 세계보다 불법을 닦고 법과 원리를 깨달아 해탈할 가능성이 가장 많은 세계로 보고 있다. 인간은 신과 동물의 중간에 위치하며, 고도의 지능으로 생각, 언어, 도구를 만들어 독특한 삶을 유지한다. 인간의 세계는 괴로움과 즐거움이 반반으로 존재하는 곳으로 탐욕과 분노와 어리석음이 잠재된 세계이지만, 자기치유를 통한 긍정적인 감정의 회복과 꾸준한 자기계발로 의식을 끊임없이 성장하게 하는 세계이기도 하다.

4가지 상의 법칙에서 본다면 인간계는 아상의식에 속한다. 데이비스 호킨스의 책 『의식혁명』에 따르면 아상의식의 의식 수치는 200~400에 해당한다.(그림 6-2) 이들이 삶에서 주로 느끼는 감정은 용기(200)에서부터 자발성(310), 받아들임(350)을 통해 이성(400)으로 문제를 처리하는 단계까지이다. 의식 수치가 200인 용기는 인생의 긍정성과 부정성의 분기점이라고 할 수 있다. 인간은 선택에 따라 200이라는 의식 수치에서 아래로 떨어질 수도 있고 더 높이 상승할 수도 있다. 그래서 의식에 관한 4가지 상의 법칙에서도 200을 아상의식과 대상의식의 분기점으로 중요하게 본다.

(3) 법상의식 - 천상세계

천상에 해당하는 의식 세계도 불교에서는 윤회하는 미혹된 세계이다. 이곳에서 살더라도 원인이 되었던 공덕이 다하면 다른 세계로 윤회하게 된다. 천상계는 불교의 이상향인 극락이나 최고의 경지인 열반涅槃보다는 한 차원 낮은 세계로 인지되고 있다. 번뇌가 적고 평온한 세계이지만 아직 모든 집착에서 놓여나 완전한 자유의 경지에 들어선 것은 아니기에 언젠가 수명이 다하면 윤회를 하게 된다. 하지만 의식이 여기에 머물지 않고 더욱 정진하여 올바른 법과 원리 너머를 깨달으면 본래의 '텅 빈 의식'과 하나가 되는 공상의식으로 나아간다.

4가지 상의 법칙에서 본다면 천상계는 법과 원리가 삶을 주관하는 법상의식에 속한다. 이들의 의식 수치는 400~600에 해당한다.(그림 6-2) 이들이 주로 느끼는 의식의 상태는 이성(400), 사랑(500)과 기쁨(540), 평화(600)이다. 사랑(500)은 책이나 텔레비전에서 말하는 남녀관계의 사랑이 아니라 조건에 좌우되지 않는 법칙성으로 문제의 핵심을 꿰뚫어 보는 직관이자 지혜의 사랑이다. 기쁨(540)은 자비의 상태에서 만물과 조화를 이루고 창조의 온전함에 눈뜨게 되는 상태이며, 평화(600)는 주관과 객관의 차이를 넘어선 지복의 상태를 말한다.

(4) 공상의식 - 열반세계

4가지 상의 법칙에서 본다면 공상의식은 의식 수치가 600~1000이다.(그림 6-2) 이 세계는 불교에서는 6세계와 윤회를 벗어난 열반과 해탈의 세계이다. 이들이 느끼는 의식 상태는 '나'라는 에고 의식을 초월하여 시간과 개별성을 뛰어넘는다. 이 수준은 인간의 몸을 입고 도달할 수 있는 최고의 단계이다.

불교의 6세계는 인간의 의식 수준에 따라 주관적으로 경험하는 세계를 말한다. '나'라는 의식은 결국 의식 수준에 따라 자신에게 맞는 세상을 경험하며 살아간다. 자신과 의식에 대한 진실을 알지 못하는 사람은 6세계의 의식 상태에 묶여 때로는 고통스럽다가 때로는 잠깐의 즐거움에 웃으면서 인생을 윤회하며 살아간다.

4. 4가지 상相의 법칙으로 바라본 '인간의 4가지 몸'

인간은 육체뿐만 아니라 다양한 몸을 가지고 있다. 고대로부터 전수되어 온 동서양의 신비주의에서는 인간의 몸을 크게 네 가지 차원으로 이해했다. 그림 6-3은 고대로부터 내려온 인간

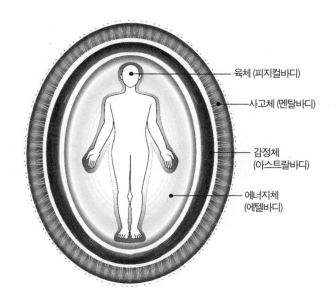

의 4가지 몸을 그림으로 표현한 것이다.

첫째는 물질 차원의 몸Physical body이다.(그림 6-3) 사람들은
보고 만질 수 있는 육체를 자신과 동일시하며, 생존을 위해 육체
를 잘 돌보는 것이 건강하고 잘 사는 것으로 생각했다. 이런 견
해는 주로 유물론과 물질적인 사고로 몸을 바라보는 현대의학
의 관점과도 비슷하다. 육체는 크게 뼈대와 근육, 장기와 혈액,
신경계와 호르몬, 두뇌로 이루어져 있다.

둘째는 에너지 차원의 몸Etheric body이다.(그림 6-3) 이는 주로
동양의 한의학과 인도의 아유라베다, 티벳 의학의 관점으로 육

체를 감싸고 있는 에너지를 중심으로 몸을 이해한다. 에너지는 물질의 외형을 감싸고 있다. 물질은 반드시 에너지의 단계를 거쳐서 외부로 표현된다. 즉, 물질은 외부로 드러난 에너지의 모양이다. 인간의 에너지체는 오감으로 볼 수도 만질 수도 없다. 하지만 에너지가 오감으로 느껴지지 않는다고 육체보다 실제성이 떨어지는 것은 아니다. 일반적으로 에너지체는 일상에서 느끼는 기분이나 활력과 관련이 있으며, 이것이 잘 충전된 사람은 생활에서 건강하고 자신감이 넘친다. 하지만 에너지체의 어느 한 부분이 막히거나 정체되면 그 부위에 해당하는 육체에도 문제가 생기거나 제한을 받는다.

셋째는 감정 차원의 몸Astral body이다.(그림 6-3) 인간의 감정체는 어떤 현상이나 사건을 접했을 때 의식에서 일어나는 느낌이나 기분이 좀 더 구체화된 것이다. 감정체는 에너지체와 사고체 사이에서 액체처럼 흐르는 물과 같다. 감정체가 밝고 긍정적이면 감정이 잘 흘러 감각이나 육체가 편안해지고, 사고체는 긍정적이고 유연해진다. 하지만 감정체가 어둡고 부정적이면 감정이 잘 흐르지 못해 육체의 건강을 해치고, 사고체는 왜곡되거나 방어적으로 변해 신경증이나 정신병에 노출되기 쉽다.

넷째는 사고 차원의 몸Mental body이다.(그림 6-3) 인간의 사고체는 자신에 대한 구분과 통합, 자기인식 같은 정신적 사고 영역과 연관된다. 사고체는 눈에 보이지는 않지만, 인간의 모든 삶을 관장하는 의식의 중심체다. 우리는 누구나 자신만의 사고체 안에서 생각하며 그것으로 다른 사람의 생각을 듣거나 상황을 판단한다. 호모사피엔스는 생각하는 인간이며 인간의 위대함은 사고체의 발달에 있다. 인간은 사고로 단단한 방어벽을 만들어 내면의 세계를 보호하고 있다. 건강한 사고체는 유연하고 탄력적이어서 긍정적인 사고와 잘 짜여진 구도를 가지며, 현실 문제를 잘 풀어내고 적절하게 반응한다. 하지만 건강하지 못한 사고체는 단단하고 고정된 틀과 같다. 이런 사고체는 외부를 향해 틀에 박힌 자동 반응을 하거나 생각으로 상황을 왜곡해서 현실적인 문제를 다루기가 쉽지 않다.

네 가지 차원의 몸은 항상 상호작용하고 있다. 또, 의식 수준과 특성에 따라 4가지 몸 중에 많이 활용하는 몸이 서로 다르다. 대상의식은 감각을 중시하는 육체와 에너지체Etheric body를 중심으로 살아간다. 그래서 감정체나 사고체에 대한 작용과 이해에는 무지無知하거나 둔감하다. 아상의식은 에너지의 느낌이 구체화된 감정체Astral body를 중심으로 활동한다. 감정체 수준에서는 육체적 감각과 충동을 어느 정도 관리하지만, 생각이 변하면 감정도 쉽게 영향을 받는다. 법상의식은 세상을 인식하고 설명하는 사고체Mental body를 중심으로 살아간다. 그리고 공상의식에는 특별히 고정된 몸이 없다. 고정된 몸이 없다는 것은 의식이 모든 체를 자유롭게 오간다는 뜻이다. 공상의식에서는 의식이 머무는 모든 곳이 몸이면서 의식이 놓이면 특별한 몸이 없다.

(1) 대상의식 - 육체Physical body, 에너지체Etheric body

대상의식의 수준에서 살아가는 사람들은 만들어진 개념과

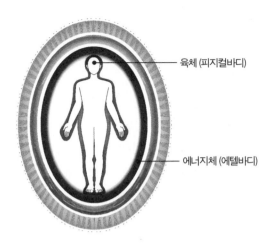

육체 (피지컬바디)

에너지체 (에텔바디)

〔그림 6-4〕 대상의식과 육체와 에너지체

관념의 일정한 패턴에 따라 자동 반응하거나 무의식적인 습관으로 삶을 경험하기 쉽다. 이들이 많이 사용하는 뇌는 본능의 뇌인 '뇌간'이다. 이를 '파충류의 뇌'라고도 하며 호흡과 신진대사, 심장박동처럼 생존을 위한 기초적이고 원시적인 충동을 조절한다. 이는 자극이 생기면 저절로 반응하는 '본능의 뇌'다. 이처럼 대상의식은 생존과 안전에 대한 충동으로 이미 만들어진 개념과 관념에 자동반응하며 살아간다. 이들은 이미 각인된 지식과 경험 안에서 그것을 사실이라고 보기 때문에 다른 가능성을 잘 고려하지 않는다.

그림 6-4는 대상의식이 주로 사용하는 육체와 에너지체를 그림으로 표현한 것이다. 살아있는 모든 생명체는 에너지로 고동친다. 에너지 시스템은 감정과 생각의 정보를 몸에 전달하는 역

할을 한다. 에너지체는 육체의 오감으로부터 받은 정보에 생존 본능에 따라 무의식적이고 충동적으로 반응한다. 대상의식에 있는 사람들은 생존을 가장 중요시하기 때문에 상황이 발생하면 여유롭게 감정을 느끼거나 상황에 대해 깊이 생각하지 않는다.

에너지체는 상위에 있는 사고체와 같은 틀과 모양을 가진 하위의 체이기도 하다. 사고체의 틀이 볼록하면 에너지체는 오목하게 한쌍을 이룬 틀처럼 작동한다. 대상의식의 사람들은 사고체가 유연하지 못해 단단한 바위와 같다. 대상의식의 에너지체는 사고체를 그대로 복사해서 모양과 형태가 단단한 틀처럼 유지된다. 세상에 반응하는 대상의식의 생각은 대부분 사실에 입각한 것이 아니라 개인의 주관적인 경험으로 받아들인 착각이거나 왜곡이 많다. 이들에게 진실은 중요하지 않다. 생존을 위

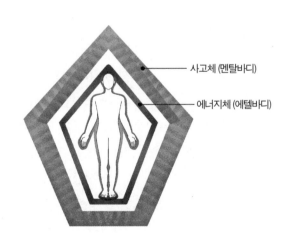

사고체 (멘탈바디)

에너지체 (에텔바디)

〔그림 6-5〕 대상의식에서 사고체와 에너지체의 관계

해 두꺼운 갑옷을 입고 전쟁터에 나가듯이 이들의 삶은 지키고 보호하는 것이 가장 중요하다. 개인적으로 받아들인 사고체의 틀을 생존상황에서 빠르게 적용하려고 한다.

그림 6-5는 사고체가 지닌 틀의 모양이 그대로 에너지체의 틀에 반영되고 있는 것을 보여준다. 그림처럼 에너지체는 사고체가 지닌 틀을 그대로 복사해서 실제 삶의 현장에서 드러낸다. 사고체가 왜곡되어 있으면 에너지체는 사고체를 그대로 복사해서 현실을 경험하고 느낀다. 그러면 에너지체와 사고체의 중간에서 흐르는 감정체는 정체되거나 왜곡될 수밖에 없다. 대상의식이 느끼는 육체의 문제와 에너지체의 고통은 상황에 따른 감정의 변화로 생긴 불편함이다. 이때 대상의식은 일어나는 불편한 감정을 있는 그대로 느끼기보다 감정을 무감각하게 만들거나 무언가로 중독시켜 감정이 흐르지 못하게 차단하려 한다. 대상의식은 감정에 민감하기보다 둔감해지려 한다.

육체적으로 아픔이 느껴지거나 에너지가 힘이 없고 불편하면 우리는 가장 먼저 약물이나 중독성 물질로 신경을 차단하거나 무디게 만들어 감각을 느끼지 않으려고 하는 경우가 많다. 이것을 치료라고 생각한다. 치료는 드러난 증상이나 질병 자체에 초점을 맞추어 질병 자체를 없애는 것이 목적이다. 하지만 치유는 증상과 질병을 만드는 원인인 인간 자체를 이해하거나 바꾸는 것이 목적이다. 약물의 효과는 시간이 지나면 사라지고, 중독 물질 또한 반복해서 사용하면 몸과 신경에 점점 무리를 주게 된다. 사실 대상의식이 느끼는 아픔과 고통의 문제는 육체적 감각이나 에너지체의 느낌에 문제가 있는 것이 아니다. 실제적인 원인은 상위에 있는 감정체의 억압이나 사고체의 왜곡에 있다. 그러니 우리는 고통을 만드는 진짜 원인인 감정체와 사고체를 탐구하려는 마음을 내야 한다. 이것이 진정한 치유의 길이다.

대상의식이 생존을 위해 주로 많이 느끼는 감정은 불안과 두려움이다. 하지만 이들이 불안을 많이 느낀다고 해서 불안이라는 감정에 민감한 것은 아니다. 이들은 불안에 저항하면서 그것을 느끼지 않으려고 방어벽을 단단하게 만든다. 이들은 삶의 현장에서 사람을 만나거나 일을 할 때 긴장하고 방어하는 것이 습관화되어 있다. 이런 태도는 에너지를 심하게 소모하여 항상 에너지의 부족감이나 피곤함을 느끼게 한다. 그래서 사람을 만나거나 일을 마치고 집으로 돌아오면 탈진할 정도로 고갈됨을 느끼는 경우가 많다.

사실 대상의식이 느끼는 고통과 불편의 진짜 원인은 감정체 너머의 사고체에 있다. 이들이 가진 사고체는 단단히 고정된 틀과 같다. 새로운 상황에 유연하게 대처하거나 넓게 인식하는 것이 어렵다. 이들은 이미 자신에게 새겨진 신념과 정보들에 묶여 새로운 변화에 저항하며, 익숙한 생각의 틀로 감정과 느낌을 무시하고, 습관적으로 같은 행동을 반복한다. 이들은 비록 상황이 고통스럽고 불편하더라도 변화보다는 익숙한 생각을 지키고 방어하는 선택을 한다.

대상의식의 사고체는 평소에는 이 생각 저 생각 잡념과 망상에 빠져 흐릿한 삶을 살고, 잡념이 없으면 멍한 상태에 빠지곤 한다. 이들이 사고체를 쓸 때는 이미 새겨진 틀에 따라 맞냐 틀리냐, 좋은가 나쁜가를 나누는 이분법적인 판단을 할 때뿐이다.

이들은 삶에서 올바른 이성과 합리성을 배제한다. 그래서 신앙생활을 한다면 종교 교리에 대한 맹신으로 가기 쉽고, 사회생활에서는 관념에 종속되어 이쪽과 저쪽으로 편을 나누는 이데올로기 논쟁에 걸려들기 쉽다. 생존을 위해 살아가는 대상의식이 느끼는 현실은 언제나 두려움이 가득한 고통스러운 세계이다.

(2) 아상의식 - 감정체 Astral body

아상의식 수준에서 주로 행동하고 반응하는 사람들은 욕구에 따른 감정을 중시한다. 이들이 많이 사용하는 뇌는 포유류의 뇌인 '대뇌변연계' 이다. 이것을 '감정의 뇌' 라고도 하며, 즐거움과 기쁨, 흥분, 고통과 같은 감정을 조절하는 뇌이다. 아상의식은 이미 법칙으로 규정된 세상을 살기보다 자신이 원하는 욕망을 충족하는 세상을 살고자 한다. 욕망의 충족은 생명 에너지 자체인 감정으로 드러난다. 아상의식이 주로 사용하는 몸은 감정체인데, 이는 에너지체와 생각체 사이를 흐르는 유동적인 물질과 같다.

그림 6-6은 아상의식에서 주로 사용하는 감정체를 그림으로 표현한 것이다. 감정체는 사고체로부터 가장 많은 영향을 받으며, 에너지체에 직접 영향을 끼친다. 왜곡되고 부정적인 생각은 감정을 흐르지 못하게 막아버리거나 엉뚱한 방향으로 흐르게 한다. 사고체가 단단하고 틀 지어져 있을수록 사고체를 그대로 반영한 에너지체 역시 단단하고 틀 지어져 있다. 이럴 때 에너지체

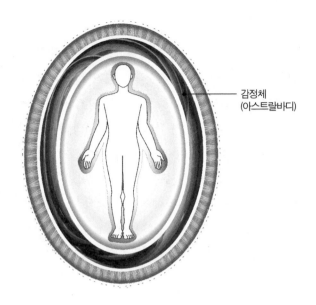

감정체
(아스트랄바디)

〔그림 6-6〕 이상의식이 주로 사용하는 감정체

와 사고체 중간에 끼인 감정은 흐르지 못하고 억압된 채 묶여버린다.

감정의 특성은 흐르는 것이다. 흐르지 못하는 감정은 무겁고 어두워져서 느낌과 감각을 힘들게 만든다. 부정적인 감정은 또다시 사고체를 단단하게 만든다. 감정은 에너지체와 사고체 중간에서 삶을 살아 움직이게 하는 연료의 저장고와 같다. 감정이 잘 흐르면 감각과 느낌은 긍정적이고 밝으며, 생각은 유동적이어서 긍정적인 방향으로 나아간다.

심리치유는 대부분 감정치유인 경우가 많다. 대상의식에서는 이미 만들어진 관념에 맞추는 것을 잘 산다고 믿어서 자신의 욕구나 감정을 드러내기가 어렵다. 우리는 어릴 때 부모나 사회의 잘못을 인정하기보다 차라리 우리가 잘못되는 것이 생존을 위해 안전하다고 믿었다. 좋은 사람이 되기 위해 감정을 통제해야 했고, 착한 사람이 되기 위해 욕구를 억압해야 했다.

아상의식에서는 어린 시절 흐르지 못하고 억압된 감정을 새롭게 통합하고, 스스로 자율적이고 주체적인 인간이 되어 삶을 책임지고자 한다. 대상의식에서 아상의식으로 도약하기 위해서는 감정체에 대한 새로운 이해와 치유를 통해 억압된 감정을 통합하는 것이 핵심이다. 감정의 통합은 우리 내면에 흐르지 못한 연료저장고에 연료를 가득 채워 새롭게 사용하는 힘을 획득하는 것과 같다. 흐르지 못하고 누적된 감정을 많이 통합할수록 생명력이 강해진다. 그 힘으로 우리는 원하는 삶의 목표를 향해 빠르게 항해할 수 있다.

아상의식에서는 내 것과 상대 것을 잘 구분해서 자신의 감정과 욕구에 잘 반응한다. 이들이 비록 긍정적인 생각이나 자기계발로 사고체의 지성을 잘 활용하지만 그렇다고 이성을 중심으로 법칙에 맞게 상황을 다루는 것은 아니다. 이들은 이미 있는 좋은 생각을 활용하여 좋은 감정을 만들어 낼 수는 있다. 이렇게 좋은 감정에 도움이 되는 생각을 '지성知性'이라고 한다. 반면에 대상의식은 삶의 문제를 해결하기 위해 이미 정답으로 존재하는 '지식知識'을 사용한다. 지식만으로는 좋은 생각을 만들기도 어렵고, 좋은 감정을 유지하기는 더욱 어렵다.

아상의식의 치유과정에서는 성숙한 지성을 지닌 내면어른

이 필요하다. 감정체 안에 들어 있는 욕구와 감정은 미숙한 내면아이다. 치유는 성숙한 내면어른이 미숙한 내면아이의 감정을 풀어주고 새로운 방향으로 이끌어주는 과정이다. 심리치유는 사실 감정을 상징하는 내면아이를 치유하는 것이 아니라, 지성을 상징하는 내면어른을 더 어른답게 성숙시키는 과정이다. 내면아이가 원하는 것은 믿고 의지할 수 있는 든든한 어른이다. 아이는 불안함을 편안하게 품어줄 수 있는 사랑이 가득한 어른, 진실로 믿고 따를 수 있는 지혜로운 어른이 필요하다. 이런 성숙한 지성을 가진 어른을 키우는 과정이 심리치유이다.

감정체는 사고체의 변화에 가장 많은 영향을 받는다. 법칙과 원리에 맞는 올바른 생각은 상황에 자연스럽게 반응하기에 감정체도 자연스럽다. 하지만 사고체가 고정된 틀에 묶이거나 외부와 차단되어 버리면 감정체는 저절로 무겁고 힘들 수밖에 없다. 반면 치유된 내면아이는 원래의 기쁨과 창의성을 삶에 자연스럽게 드러낸다. 감정은 에너지이며 삶의 연료탱크와 같다. 내면이 치유되어 갈수록 우리는 성숙한 지성의 힘으로 자신의 감정을 잘 돌보고, 욕구를 충족하는 삶을 살며, 긍정적인 감정을 키워간다.

(3) 법상의식 - 사고체 Mental body

법상의 수준에서 행동하고 반응하는 사람들은 본능적인 충동이나 감정에 잘 휘둘리지 않는다. 이들은 상황이 일어나면 그

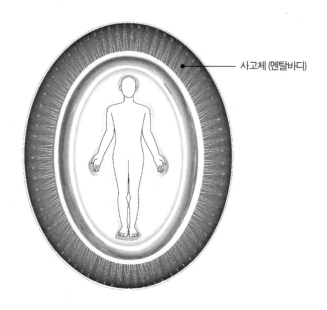

사고체 (멘탈바디)

〔그림 6-7〕 법상의식이 주로 사용하는 사고체

상황이 일어날 수밖에 없는 보이지 않는 법칙을 보려고 노력한
다. 세상의 모든 작용에는 그것을 있게 하는 원리와 법칙이 존재
한다. 이런 원리와 법칙을 인식하는 특성을 '이성理性'이라고 한
다. 법상의 사람들이 많이 사용하는 뇌는 영장류의 뇌인 '대뇌
신피질'이다. 이것을 '사고의 뇌'라고도 하며, 추론과 개념형
성, 계획과 감정적 반응을 조절하는 능력을 제공한다. 그리고 상
징을 창조하고 복잡한 문제를 해결한다.

　법상의 수준에서는 생각과 감정에 끌려다니지 않고, 이성으
로 생각과 감정을 사용할 줄 안다. 인간은 생각을 사용해서 문화

활동을 하고 문명을 건설했다. 생각의 수준이 곧 인식의 수준이며, 생각의 높이가 바로 의식의 높이이다. 인간은 다른 동물들과 달리 생각으로 보이지 않는 것에 의미를 부여해서 새로운 개념과 관념을 창조한다.

그림 6-7은 법상에서 주로 사용하는 사고체의 모양을 그림으로 표현한 것이다. 법상에서도 물론 에너지체와 감정체를 사용하지만 주로 사고체 중심으로 쓴다. 사고체는 감정체와 에너지체를 외부에서 감싸고 있다. 한 생각이 일어나면 감정도, 느낌도, 몸도 영향을 받는다. 불편하고 무거운 한 생각이 사라지면 감정도, 에너지도, 몸도 함께 풀려난다.

사고체는 우리를 규정하고 보호하는 단단한 갑옷과 같다. 갑옷은 나름의 신념과 관념, 도덕과 기준, 사상과 원리로 단단히 무장되어 있다. 어떤 사람이 전쟁터에서 갑옷을 벗거나 무장을 해제한다는 것은 죽음과도 같다. 그래서 인간은 누구나 자기 생각을 쉽게 바꾸려고 하지 않는다. 인간의 사고체는 선불교에서 이야기하듯이 은산철벽銀山鐵壁과도 같다. 그러기에 각자가 가진 익숙한 생각의 벽을 깬다는 것은 너무나도 힘든 일이다. 심리치유는 상처받았다는 한 생각의 단단한 벽을 깨는 것과 같다.

부정적이고 왜곡된 생각이 바뀔 때 정체된 감정은 자연스럽게 흐르게 된다. 과거에는 인지 심리치료가 유행했다. 이는 잘못된 생각을 바꾸어서 신경증이나 정신병을 치료하는 방법이다. 하지만 지금은 대부분 감정치유를 많이 사용한다. 그 이유는 생각의 단단한 벽을 바로 깨는 것이 너무나 어렵기 때문이다. 감정을 잘 흐르게 해서 자기 신뢰를 충분히 회복한 후에 생각을 유연하게 바꾸는 것이 요즘 심리치유의 흐름이다. 우리는 감정을 잘 흐르게 하고, 에너지를 정화하며, 몸을 건강하게 관리해서, 긍정적이고 좋은 생각을 유지하려고 노력한다. 이때 단단하게 고정된 사고체가 말랑말랑해지고 부드럽게 열린다.

법상의 수준에서는 기존에 붙들고 있던 생각의 방어벽을 강하게 고집하지 않고 법칙에 맞게 열기도 하고, 닫기도 한다. 이들의 사고체는 부드럽고 유연해서 필요에 따라서 놓을 줄도 알고, 잡을 줄도 안다. 법상의식의 수준에 올라서면 본능과 충동에 쉽게 휩쓸리지 않으며, 자기 중심성에서 일어나는 감정에 대한 집착에서도 어느 정도 벗어나게 된다.

인간은 생각으로 문文을 만들었고, 문文을 수단 삼아 자기 생각을 표현한다. 인간이 하는 문文의 활동을 문화文化라 하며, 문화적인 활동으로 만든 세상을 문명文明이라 한다. 인간은 문명을 건설해서 물건과 제도와 지식을 통해서 생존의 질과 양을 높여 왔다. 법상의 수준에 도달한 사람들은 문文으로 개념과 관념을 만들고, 새로운 문화를 창조하는 사람들이다. 법상의식은 이미 만들어진 지식에 끌려다니는 사람이 아니다. 이들은 집중적인 관찰과 탐구를 통해서 사물과 사람들 사이에 흐르는 보이지 않는 흐름과 패턴을 발견해서 새로운 흐름을 창조하는 사람들이다. 반면에 아상의식은 이미 만들어진 문화 안에서 만들어진 지식을 사용해서 이미 있는 제도나 물건을 잘 기능하게 하는 사람들이다. 그리고 대상의식은 만들어진 문화 안에서 생존을 위해 제도를 흉내 내고, 지식을 따라 사용하는 사람들이다. 대상의식에게 문화는 문명이 아니라 생존본능을 충족하기 위한 감각적이고 충동적인 수단에 지나지 않는다.

(4) 공상의식 -영성체

공상의식의 수준에 이른 사람들은 인간이 이미 만들어 놓은 개념이나 관념에는 관심이 없고, 본래부터 있었고, 인간과 관계 없이 계속 있을, 인간이 만들지 않은 것에 더 많은 관심을 가진다. 진리는 언제나 진리이다. 이미 있는 익숙한 에너지체, 감정체, 사고체로는 공상의식의 세계를 알 수도, 느낄 수도, 생각할 수도 없다. 기존의 앎이 완전히 빠져서 사고체가 투명하고, 감정체가 자연스럽게 흐르는 상태에서 '영성靈性체'가 드러난다. 영성은 본질을 보는 눈이자, 들리지 않는 소리를 들을 수 있는 귀이며, 알 수 없는 것을 느끼는 감각이다. 이것은 기존의 사고체가 지키던 방어벽을 모두 벗어버린 열린 의식에서 생겨난다. 이것을 이름해서 '공空' 또는 '무無'라 하며, 모든 것의 시작이자 끝인 '순수의식' 또는 '존재의식'이라고 한다.

공상의식이 도달한 '텅 빈 의식'에서 모든 법칙이 흘러나오고, 법칙에서 개념과 관념이 만들어지고, 새로운 개념과 관념이 새로운 지식을 창조한다. 이렇게 새로운 법칙과 개념, 지식이 만들어지면 이제까지와는 전혀 다른 새로운 세상이 창조된다. 인류의 삶에는 많은 문명이 생기고 사라졌다. 기존의 문명은 쇠퇴하고 또다시 새로운 문명이 생겨나기를 반복했다. 새로운 것이 흘러나오면 기존의 것은 뒤로 사라진다. 부처님은 공상의식에서 '연기법緣起法'이 흘러나오게 했으며, 노자는 공상의식에서 '무위자연無爲自然'이 흘러나오게 했다. 예수님은 공상의식에서 모세의 법을 파破하고 '사랑의 법'이 흘러나오게 했으며, 소크라테스는 공상의식에서 '너 자신을 알라'는 말과 '모름'이 흘러나오게 했다. 흘러나온 법칙은 그냥 법칙일 뿐 영원한 것도 반드시 옳은 것도 아니다. 자연에는 자연의 법칙이 흐르고, 인간에게는 인간이 만든 법칙이 흐른다. 이것이 좋은가 저것이 좋은가는 없다. 단지 상황에 따라 일어나는 대로 적절하게 반응하면 될 뿐이다.

5. 4가지 상相의 법칙에서 바라본 '깨달음의 길'

(1) '깨달음'이라는 단어

우리는 일상에서 '깨달음'이라는 단어를 자주 사용한다. 하지만 우리가 사용하는 깨달음이라는 단어에 들어 있는 의미와 해석은 의식의 수준에 따라 완전히 다른 것임을 알아야 한다. 깨달음에서 깨달음이라는 단어 자체는 중요한 게 아니다. 그것은 그냥 이름이자 모양이고, 단어일 뿐이다.

대상의식에서 보는 깨달음은 어떤 것을 생각하고 궁리하다 알게 되는 것, 잘 해결되지 않는 문제에 대한 새로운 정보나 지식을 알게 되는 것이다. 주로 모르는 것을 알게 되었을 때 많이 사용하는 단어이자 의미이다. 그리고 아상의식에서 보는 깨달음은 자신의 내면에 억압되었던 욕구의 패턴을 새롭게 발견하거나, 부정적인 감정의 흐름이 어떻게 해서 생겨났는지 알게 되거나, 왜곡된 생각의 틀 속에 들어 있는 신념구조를 자각하는 것이다. 주로 자신에게 있었지만 몰랐던 것을 새롭게 발견할 때 많이 사용되는 말이자 단어이다.

법상의식에서 보는 깨달음은 어떤 사물의 움직임이나 인간의 활동에 대해 일정한 패턴을 발견하거나, 어떤 지식과 학문적인 연구로 그것을 있게 하는 원리나 법칙을 알았을 때 사용하는 용어이자 단어이다. 아르키메데스가 부력의 원리를 발견하고 '유레카' 라고 지른 함성이 이와 같을 것이다. 일반적으로 대상, 아상, 법상의 인식체계 같이 에고의 세계는 뉴턴식의 선형적인 인식체계를 가지고 깨달음을 이해하려 한다. 하지만 깨달음을 지식이나 감정, 이성과 논리로 설명하거나 이해하고 받아들임에는 한계가 있을 수밖에 없다.

공상의식에서의 깨달음은 만들어진 '나' 에서 본래의 '나' 로 깨어나는 것을 표현한 말이자 단어이다. 그러기에 그 말에 들어 있는 의미는 본래의 '나' 로 깨어난 사람만이 이해할 수 있다. 깨어나지 못한 사람들이 깨달음에 대해 하는 말은 사과를 직접 먹어보지 않고, 사과의 모양이나 이름, 사과의 좋은 점과 특질, 사과의 영양성분을 분석해서 설명하는 것과 같다. 깨달음은 사과를 직접 먹어본 체험이다. 그래서 깨달음의 세계는 비논리적이고, 주관적이고, 경험적인 세계이다. 하지만 깨달음이 객관적이지 않고 과학적이지 않다고 실재하지 않는 것이라고 말할 수는 없다. 왜냐하면 사과를 직접 먹어 본 사람들은 누가 사과를 실제로 먹고 얘기하는지 서로 알기 때문이다.

공상의식의 깨달음은 깨달음을 실재적으로 체험하고 맛을 본 의식이다. 그들은 만들어진 '나'라는 의식의 실체가 무아無我이자 무상無常임을 알고, 본래의 '나'로 깨어난 사람들이다. 이들은 '나라는 의식'에 갇혀있던 무지에서 해방되어 본래 의식이 구현하는 평화와 행복의 경지에 도달한 의식의 상태이다. 불교는 깨달음을 자아의 관념이나 전도傳導된 몽상夢想에서 벗어나서, 번뇌의 불길에서 완전히 자유로워지는 것이라 설명했다. 이때 깨달음은 규정된 '나'라는 감옥에서 해방되어, 행위에서 존재로 나아가는 움직임이며, 몸과 의식에 누적된 익숙한 업식의 패턴에서 완전히 벗어난 상태이다.

이 책에서 설명하는 깨달음은 인간의 4가지 몸의 특성을 잘 이해해서 4가지 체가 완전히 통합된 상태를 말한다. 통합에는 육체 ⇒ 에너지체 ⇒ 감정체 ⇒ 사고체의 방향으로 통합하는 방법과 반대로 사고체 ⇒ 감정체 ⇒ 에너지체 ⇒ 육체의 방향으로 통합되는 2가지 방법이 있다. 전자는 생명生命의 길에서 본성本性의 길로 의식의 진화가 차례대로 올라가는 순행의 길이며, 후자는 본성의 길에서 생명의 길로 치고 내려오는 강력한 역행의 길이다. 이때 본성의 공부를 성性이라 하고, 생명의 공부를 명命이라 한다. 본성의 공부는 의식과 마음의 본질을 바로 깨닫는 길이며, 생명의 공부는 생명 에너지인 기운氣運의 장場이나 에너지 센터를 중심으로 의식을 차례대로 자각하는 길이다.

(2) 생명生命 공부의 길

인도의 고대 현인인 파탄잘리는 요가를 처음으로 체계화하여 '요가 수트라' 라는 저술을 남겼다. 요가Yoga라는 말은 '합일' 이라는 뜻이다. 이는 몸과 마음의 합일, 땅과 하늘의 합일, 음과 양의 합일, 이것과 저것의 합일처럼 이원성으로 분리된 세상이 하나로 통합될 때 온전함이 드러난다는 사상을 체계화한 것이다. 파탄잘리는 합일에 이르는 과정을 8단계로 나누어 차례로 수행해서 마지막 8단계인 사마디Samadhi에 오르면 의식이 참된 본성에 이른다고 했다.

요가의 8단계는 다음과 같다.
1. 야마Yama: 금계禁戒
   - 금해야 할 계율 : 살생, 거짓말, 도둑질, 성욕, 탐욕
2. 니야마Nyama: 권계勸戒
   - 권장하는 계율 : 청정, 고행
3. 아사나Asana: 좌법坐法과 체위법體位法
   - 몸을 이용하는 요가 동작
4. 프라나야마Pranayama: 호흡呼吸
   - 들숨, 날숨, 멈춤의 호흡
5. 프라치아하라Pratyahara: 제감制感
   - 오감五感을 억제하는 욕구 제어 수련법
6. 다라나Dharana: 응념凝念
   - 정신 집중법

7. 디아나Dhyana: 정려靜慮

    - 무념, 무상, 무심의 상태

8. 사마디Samadhi: 삼매三昧

    - 해탈, 깨달음의 경지

이런 요가 방편은 생활에서 계율을 잘 지키고(야마, 니야마), 몸을 잘 관리해서(아사나), 호흡을 통해 에너지를 정화, 강화하며(프라나야마), 감정을 치유하여(프라치아하라), 생각을 집중적으로 활용(다라나)하는 방법으로 나아간다. 그리하면 무심(디아나)과 해탈(사마디)에 드는 수행의 방편이다.

인간의 육체는 현실에서 안전하게 생존하는 것이 가장 중요했다. 생존에 대해 철저하게 책임지는 것은 지적인 배움과 그에 따른 몸과 에너지 관리와 활용에 있다. 이것이 대상의식 수준에서 해야 할 공부이다. 육체와 에너지체는 개인적인 건강과 삶의 활력에 직접적인 관련이 있다. 에너지체는 대상의식과 아상의식을 연결하고, 감각과 감정을 연결하는 매개체이기도 하다. 아상의식에서는 감정체가 중요 포인트이다. 아상의식의 수준에서는 자신의 욕구를 잘 이해해서 그에 따른 감정을 잘 흐르게 하는 심리치유가 핵심이다. 감정은 개인의 욕구를 표현하는 것이기에 감정의 중심에는 욕망과 두려움에 대한 문제가 항시 존재한다. 법상의식부터는 감정보다 생각의 활용이 중요해진다. 요가의 8단계에서도 사고체가 6, 7, 8단계를 차지하고 있다. 인간은 생각으로 세상을 설명하고 해석하며, 인간 의식의 모든 문제도 결국은 생각이 만든 문제이다.

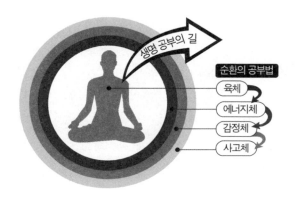

〔그림 6-8〕 생명의 공부방법

그림 6-8은 4가지 몸의 모양과 생명 공부의 방향을 그림으로
표현했다. 그림에서처럼 사고의 체는 바깥에서 모든 체를 감싸
고 있다. 생각의 변화에 따라 사고체와 연결된 감정체가 바로 영
향을 받고, 감정의 변화는 에너지체에 직접 영향을 미친다. 그리
고 에너지의 변화는 몸의 건강과 활력으로 바로 드러난다. 깨달
음은 궁극적으로 생각이 만든 환상의 이미지를 깨고 외부를 있
는 그대로 보는 것을 말한다. 이렇게 하려면 요가의 8단계처럼
몸과 에너지와 감정의 힘을 차례대로 강화해서 그 힘을 바탕으
로 잘못된 익숙한 생각의 벽을 깨야 한다. 단단한 생각의 벽을
뚫고 나가려면 많은 에너지가 필요하다. 이때 필요한 에너지는
바로 치유를 통한 감정체의 통합에서 생겨난다. 그러기에 감정
이 치유되지 못한 사람은 생명 에너지가 분산되어 사고의 벽을
깨는 데 충분한 힘을 발휘하기가 어렵다.

로켓이 대기권을 뚫고 올라갈 때 1단, 2단, 3단으로 충분한 추진력을 얻지 못하면 중력에 의해 다시 지구로 떨어진다. 이처럼 감정의 통합으로 충분한 에너지를 얻지 못한 사고체는 집중력(다라나)도 부족하고, 기존의 생각을 깨고(디아나), 새로운 생각(사마디)으로 나아갈 힘도 부족하다. 그래서 생명 공부의 길은 먼저 몸과 에너지를 건강하게 관리하고, 감정을 치유한 긍정적인 힘을 바탕으로 생각의 벽을 깨는 쪽으로 차례대로 나아가는 순행의 방법이다. 이것은 의식의 성장에서 대상의식에서 공상의 식까지 차례대로 올바른 단계를 밟아나가는 과정과 같다.

의식이 단계를 무시하고 한꺼번에 도약하려고 하면 충분한 힘을 받지 못해 쉽게 허물어진다. 사람이 가진 생각의 벽은 너무나 단단하다. 생각의 틀이 변하면 지금까지 살아온 세상이 거꾸로 뒤바뀌는 것과 같다. 사람들은 생각의 습관이 바뀌는 것을 보고 "죽을 때가 되었나. 이제 철이 들었나."라고 표현하기도 한다. 그만큼 생각의 습관을 바꾸기가 어렵다는 이야기다. 생각의 틀이 변하지 않는 한, 사고체에 둘러싸인 감정과 에너지와 몸은 언제나 익숙한 생각의 틀에 영향받을 수밖에 없다.

(3) 본성本性 공부의 길

본성을 바로 공부하는 수행법에는 불교의 참선參禪 공부법과 힌두교의 아드바이타, 티벳의 탄트라 공부법이 있다. 탄트라는 티벳의 밀교 수행법으로 금강승金剛乘이 그것이다. 금강승에서는

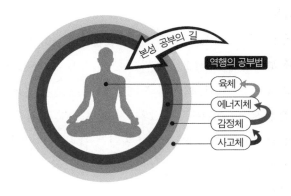

〔그림 6-9〕 본성의 공부방법

여래의 비밀스러운 힘이 밀교密敎에서 드러났다고 한다. 금강승 수행의 특징은 즉신성불卽身成佛의 성취이다. 힌두교의 아드바이타는 인도 정통 철학인 베단타 철학에 속하며, 불이일원론不二一元論을 주장했다. 그들은 이원론이란 없으며, 불이일원론만이 궁극적인 진리라는 이론체계를 주장했다. 이에 반해 선禪불교는 달마로부터 비롯되는 돈오법문頓悟法門이며, 수행의 단계를 거치지 않고 곧바로 깨달음에 이르는 직지인심直指人心과 견성성불見性成佛을 강조했다. 화두話頭, 공안公案은 깨달음을 얻은 옛 선지식善知識들의 말이나 행동의 이야기를 표준으로 삼은 것이다. 이 화두를 의심하고 참구參究하는 것이 바로 참선이다. 이심전심以心傳心, 불립문자不立文字의 수행법을 가르침으로 삼는다.

그림 6-9는 본성 공부를 통한 깨달음의 방향을 그림으로 표현한 것이다. 밀교나 아드바이타, 선불교의 방식은 생명 공부의

길과는 정반대의 길이다. 이것은 몸과 에너지와 감정의 단계를 차례대로 거치지 않고 바로 생각의 방어벽을 깨어서 즉시 깨어나게 하는 것을 목적으로 한다. 이들은 화두나 공안을 통해 의심하고, 참구參究하여, 기존에 붙들고 있던 생각이 지은 허상의 벽인 은산철벽銀山鐵壁을 바로 깨는 공부법이다. 생각의 벽이 모든 것을 감싸고 있기에 한 생각의 변화는 감정을 변화시키고, 에너지를 바꾸고, 몸과 현실을 변하게 한다. 그래서 선불교는 굳이 몸 수행이나 에너지 수행, 감정치유의 공부로 시간을 낭비하지 않고, 곧장 한 생각을 깨뜨려 모든 것이 한꺼번에 깨어나게 하는 공부법을 강조했다.

불립문자不立文字는 대상의식이 지닌 개념과 관념에 대한 지식의 환영에서 깨어나게 만들며, 이심전심以心傳心은 아상의식이 가진 감정적 억압을 해소하여 공감하고 소통하게 만든다. 그리고 직지인심直指人心은 법상의식이 지닌 법칙과 원리에 대해 즉각적으로 통찰하게 하여 견성성불見性成佛에 이르도록 만든다. 이런 공부법은 인간의 모든 체를 감싸는 생각의 방어벽을 한순간에 깨뜨려 즉각적인 깨어남으로 새로운 세상을 경험하게 하는 역행의 공부법이다.

하지만 이 공부법은 언하돈오言下頓悟처럼 경전이나 법문을 통해 에고가 지닌 업식을 곧장 쳐줄 수 있는 올바른 선생이 꼭 필요하다. 생각의 단단한 벽을 깰 때는 줄탁동시啐啄同時가 일어나야 한다. 줄탁동시는 병아리가 알에서 깨어나기 위해서 어미 닭이 밖에서 쪼고, 병아리가 안에서 쪼며, 서로 도와서 일이 순조롭게 완성됨을 의미한다. 의식과 생명의 꽃피움은 내부적 역량과 외부적 환경이 적절히 조화되었을 때 일어난다. 그러니 선불교에서는 익숙하고 단단한 생각의 벽銀山鐵壁을 밖에서 쳐줄 선생이 꼭 필요하다. 선생의 안내 없이 홀로 생각의 은산철벽을 깨려는 시도는 계란으로 바위를 깨려는 어리석음이며, 헛된 노력이 될 뿐이다.

때로 화두를 통한 선불교의 즉각적인 깨달음의 수행법이 최상승법이라고 주장하면서 가장 훌륭한 수행법인 것처럼 얘기하는 사람들이 있다. 하지만 이것은 의식의 진화 과정에 대해 이해하지 못하는 무지에서 나온 얘기임을 알아야 한다. 마음을 공부하는 개인의 의식 수준이 최소한 법상의식의 단계에 들어선 사람들에게는 사고의 벽을 바로 깨고 나오는 선불교의 방식이 크게 도움이 된다. 하지만 의식의 수준이 대상의식이나 아상의식의 수준에 있는 사람들에게 화두나 공안의 공부법은 공염불이 되거나 혼란과 좌절만 안기기 쉽다. 왜냐하면 한꺼번에 의식의 단계를 도약하려는 시도를 상황의 진실은 용납하지 않기 때문이다. 상황은 진실을 드러낸다. 상황이 발생하면 내면의 태도나 수준은 저절로 드러난다. 그래서 선불교는 먼저 도달한 선지식인들의 점검과 검증을 아주 중요시한다.

데이비스 호킨스의 의식지도에 따르면 지구 인구의 80%가 대상의식에 살고 있으며, 나머지 20% 중에서도 15% 이상이 아상의식의 수준에 머물러 있다. 그리고 법상의식의 수준에 있는 사람들은 사실 5%에도 미치지 못한다. 이렇게 보면 선불교의 공부법이나 아드바이타는 오직 인류의 5% 내외의 사람들에게 필요한 수행법임을 알아야 한다. 나머지 95%에 해당하는 사람들이 최상승법이라고 욕심내거나 무리해서 공부하게 되면 성과가 더딜 뿐만 아니라 공염불이 될 가능성이 크다. 최고의 공부법이나 비밀스러운 공부법이 특별히 있는 것이 아니다. 단지 자기의 식의 수준에 맞게 자기 문제를 해결하는 공부가 가장 최고의 상승법임을 알아야 한다.

실질적으로 화두나 공안을 의심하고 참구參究하는 사람들은 그만큼 현실에서 생존의 어려움과 감정적인 고통을 충분히 경험하고 넘어선 사람들이다. 이제 그들에게 필요한 것은 삶의 근원적인 문제를 해결하려는 강한 결심이다. 삶에 대한 고뇌와 근원을 탐구하려는 결심 없이 단순히 화두를 참구參究하는 것은 밑 빠진 독에 물을 붓는 것과 같다. 법상의식의 수준에 도달하지 못한 사람들이 화두를 참구參究하는 것은 현실의 문제를 회피하거나, 영적인 자아도취를 꿈꾸는 어리석음이다. 사실 본성의 공부법은 '4가지 상의 법칙'에서 볼 때는 생명의 공부법과 크게 다르지 않다. 인간이란 몸과 에너지와 감정과 생각이 통합된 하나의 의식적 존재이다. 그러기에 생각의 변화가 일어나더라도 감정적 치유는 꼭 필요하며, 에너지와 몸을 통한 현실적 지식과 배움도 꼭 필요하다.

가끔 우리는 자신의 의도와는 관계없이, 아니면 깨달음에 대한 충분한 정보 없이, 어느 날 갑자기 생각의 방어벽이 깨어져서 정신적으로나 감정적으로 혼란한 상태에 빠지는 경우가 있다. 의식의 단계에 대한 이해가 부족한 사람들은 그것을 신경증이나 정신병으로 착각하기도 한다. 하지만 정신병은 부정적 감정에 의한 자동 반응과 왜곡된 생각을 사실로 착각하는 것이지만, 의식의 갑작스러운 변화와 도약은 생각의 벽이 자신의 의도와 관계없이 갑자기 허물어져 생기는 혼란이다. 이때의 혼란은 의식의 갑작스러운 도약으로 현실 인식체계가 기존 인식방식과 달라서 생기는 일시적인 것이다. 혼란은 있지만, 이들에게는 그것에 끌려가지 않으면서, 알아차리고, 지켜보는 의식이 있다.

생각의 벽은 너무나 단단한 방어의 틀로 이루어져 있기에 한꺼번에 잘 무너지지 않는다. 사람들은 살면서 자신도 모르게 어떤 대상(돈, 직업, 명예, 인기, 집)이나 사람(가족, 연인, 배우자, 친구)과 너무나 동일시되어 살아간다. 그러다가 갑자기 한순간에 그것들이 사라지거나 믿고 의지했던 사람에게 배신을 당하거나 헤어진다면 엄청난 혼란을 겪는다. 이때 자신의 삶을 지키고 방어했던 생각의 벽이 한꺼번에 무너지면서 마치 자신이 없어지거나 인생이 끝장난 것 같은 느낌에 빠져들기도 한다. 생각의 단단한 벽이 허물어지면 감정도 무너지고, 에너지와 몸도 함께 무너진다. 인간은 생각으로 세상을 해석하고 바라보기 때문이다.

생명에서 본성으로의 길이든 본성에서 생명으로의 길이든 중요한 것은 생각의 방어벽이다. 생각의 벽이 바로 자신의 한계이다. 깨달음은 익숙한 생각의 벽을 깨고 나가서, 벽의 바깥에 생생히 살아 움직이는 온전한 생명과 교류하는 것이다. 깨달음은 고정된 생각의 방어벽이 무너지고 상황에 따라 유연하고 자연스럽게 반응하는 존재 상태이다. 각 분야의 고수와 깨달은 사람의 다른 점은 각 분야의 고수는 몸, 에너지, 감정, 생각 등의 어느 한 분야에서만 뛰어나지만, 깨달은 사람은 이 모두를 통합한 의식이다. 통합된 의식은 인간의 익숙한 생각의 벽을 넘어서서 생각 이전의 '있는 그대로'의 세상을 경험하게 한다. 한 분야의 고수도 뛰어나지만 통합된 의식은 더욱 높은 수준의 고수이다.

(4) 성명쌍수性命雙修의 길

'4가지 상의 법칙'에서는 의식의 깨달음을 위해서 성명쌍수性命雙修의 길을 제시한다. 그림 6-10은 성명쌍수의 공부 방향을 그림으로 표현한 것이다. 생각의 방어벽을 깨기 위해서는 아래에서 위로 올라오는 생명의 공부가 필요하고, 또한 위에서 아래로 내려오는 본성의 공부도 함께 필요하다. 성性과 명命의 2가지

〔그림 6-10〕 성명쌍수性命雙修의 공부방법

공부는 서로를 보완하며, 서로에게 부족한 힘을 보태준다. 좀 더 열린 생각과 올바른 자각을 가진 본성의 공부는 생명의 공부를 더욱 빠르게 키워준다. 감정치유에서 생긴 에너지와 힘이 뒷받침될 때 본성의 공부는 생각의 벽을 쉽게 깨고 새로운 의식으로 나아가기 쉬워진다. 하지만 생명의 공부든 본성의 공부든 의식의 수준과 단계를 보여주는 4가지 상의 법칙에서 벗어나지 않는다. 그러기에 '4가지 상의 법칙'을 중심으로 삼고 공부할 때 가장 빠른 효과를 낼 것이라고 확신한다.

6. 4가지 상相의 법칙으로 바라본 '사회와 국가의 모습'

	몸의 특징	의식의 수치	의식의 단계	성장을 위한 핵심 키워드	생각의 힘
대상의식	에너지체 (감각)	0~200	배움의 단계	배 움	지 식
아상의식	감정체 (감정)	200~400	기능의 단계	치 유	지 성
법상의식	사고체 (생각)	400~600	기술의 단계	수 행	이 성
공상의식	영성체 (직관)	600~1000	자각의 단계	의식 공부	영 성

〔도표 6-1〕 4가지 상에 해당하는 의식의 특성

(1) 4가지 상相에 해당하는 사회와 국가의 모습

개인은 서로 관계를 맺으며 집단을 형성하고 집단이 모여 사회와 국가를 이룬다. 집단의 의식 수준은 각 개인의식의 총합이며, 사회의식은 또 집단의식이 모인 총합이다. 그리고 집단들이 모인 가장 큰 사회의 모습이 국가이다. 데이비스 호킨스 박사는 2000년 이후에 인류집단의 평균 의식 수준을 204라고 했다. '4가지 상의 법칙'으로 보면 지구 전체 인류가 막 아상의식의 단계로 진입했음을 보여준다. 그래서 최근 인류의 중요 관심사는 심리학을 통한 자기치유이다. 하지만 국가마다 각각의 의식 수준은 많은 차이를 보인다. 선진국은 국가 전체 구성원의 평균 의식 수준이 400대의 법상의식에 도달한 나라이다. 그리고 중진국은 평균 의식 수준이 200~400 사이의 아상의식에 도달한 나라들이다. 후진국은 국가의 의식 수준이 200 이하의 대상의식에 묶여 있는 나라들이다.

국가가 지닌 의식 수준의 성장과 퇴보는 국가를 이끌어 가는 대통령이나 수상과 같은 지도자가 지닌 의식에 크게 영향을 받는다. 독재자나 자아도취에 심취한 자기중심적인 지도자를 가진 나라는 국가 전체가 힘들고 고통스러울 수밖에 없다. 그래서 최소한 법상 이상의 의식 수준에 도달한 지도자를 가져야 헌법에 따라 국민의 권리를 존중하고 국가 전체가 행복할 수 있는 의식 성장으로 나아갈 수 있다. 편협한 자기 중심성이나 자아도취에 빠진 지도자는 200 이하의 낮은 의식을 가진 사람들이다. 이들은 자기 중심성을 부풀리거나 독재 권력으로 국민과 국가를 통제하려고 한다.

우리나라는 중진국에서 선진국으로 들어서는 중진국 상위의 경계선에 서 있다. 의식 수준은 250~350 사이를 움직인다. 기업가나 학계, 일반인은 대부분 아상의식의 치유를 통해 긍정적 삶의 행복을 추구하고 있다. 하지만 몇몇 이기적인 사회 지도층이나 자기 중심성에 빠진 정치와 언론계 지도자들이 국가의 의식 수준을 성장시키기는커녕 심각하게 후퇴시키고 있다.

데이비스 호킨스에 따르면 "인류 전체의 의식 수준은 붓다 탄생 시점에 90이었다가 예수 그리스도의 탄생 무렵에 100까지 도달했다. 그리고 오랫동안 190 이하의 수준에 머물다가 200을 넘어선 것이 1980년대 말이었다. 2000년 이후 207까지 상승했다가 현재는 204의 수준으로 약간 하락했다. 인류 전체로 볼 때 200을 넘어선 사람들은 15%도 되지 않는다. 나머지 85%의 인류는 200 이하의 의식 상태로 측정된다. 미국의 경우에는 미국 인구의 55%는 200 이하이다. 200 이하의 인구집단이 가진 부정성을 200을 넘는 소수의 집단이 평균 균형을 맞추고 있다. 그 소수 집단의 긍정적인 힘이 200 이하의 낮은 의식이 내는 부정적인 힘보다 훨씬 크고 우세하기 때문이다."라고 했다. (데이비스 호킨스의 『현대인의 의식지도』(판미동))

인간이 살아가는 사회의 모습 또한 국가와 다르지 않다. 인간은 사회생활에서 어려운 문제를 해결하기 위해 이미 주어진 정답이나 개념을 먼저 배워야 한다. 사회 구성원들이 배움의 단계, 즉 대상의식의 수준에서는 빠르게 배워서, 빠르고 정확하게 뱉어내는 것이 중요하다. 하지만 문제가 좀 더 어려워지거나 익숙하게 적용되던 상황이 바뀌게 되면, 이미 있는 정답만으로는 문제 해결이 어려워진다. 아상의식의 수준에서는 다양한 지식을 많이 가지는 것보다 하나의 문제를 깊이 이해하는 것이 중요함을 알아서 그것에 시간과 에너지를 집중한다. 그렇게 선택한 분야를 익숙하게 반복해서 생긴 능력을 '기능'이라고 한다. 아상의식의 단계에서 나오는 기능인의 수준은 주어진 상황에서 최소의 투입으로 최대의 결과를 얻고자 한다.

반복해서 문제를 다루다 보면 보이지 않던 어떤 패턴이나 원리를 발견하거나 알게 된다. 원리를 알게 된 사람들은 원리를 이용해서 새로운 개념이나 물건들을 만들어내는 법상의 단계에 들어서게 된다. 이때 나오는 능력을 '기술'과 '과학'이라 하고, 그 중심에는 창의성이 있다. 여기에서 계속 성장하고자 하는 개인은 삶과 자신의 근원에 대한 물음을 던지기 시작한다. 그런 노력이 무르익을 때 내면에서 어느 순간 새로운 앎이 솟아나는데 이것을 '통찰'이라고 한다. 통찰은 전체를 꿰뚫어 보는 눈이며 공상의식의 수준에 도달한 사람들의 모습이다. 이렇게 사회에서 성장하기 위해 노력하는 개인의 여러 모습과 단계를 배움의 단계, 기능의 단계, 기술의 단계, 자각의 단계라 한다.

개인과 개인이 모여 이룬 사회의 발전 모습과 국가의 모습을 '4가지 상의 법칙'에 맞추어 설명해 보고자 한다. 도표 6-2은 4상의 법칙으로 바라본 사회와 국가의 모습을 표현한 것이다.

* 대상의식의 사회와 국가

대상의식의 사회 구성원들은 앞선 사람들이 만들어 놓은 개념과 관념을 배워서 사회 문제를 빨리 해결하려고 한다. '배움의 단계'에 있는 사회이며, 국가적으로는 '후진국'이라 부른다. 사회 구성원이나 국가 전체의 의식 수준은 200 이하의 낮은 수

	의식의 특징	사 회			국가
대상의식	배움의 단계	후진사회	소비사회	생존사회	후진국
아상의식	기능의 단계	중진사회	생산사회	기능사회	중진국
법상의식	기술의 단계	문화사회	기술의 단계	기술사회	선진국
공상의식	자각의 단계	이상사회			이상국가

〔도표 6-2〕 4가지 상으로 바라본 사회와 국가의 모습

준을 가지며, 생존을 중시하는 '생존 사회'라고도 한다. 생존 사회를 유지하기 위해 국가는 이미 만들어 놓은 제도와 기술, 물건을 선진국으로부터 수입해 온다. 하지만 이들 사회와 국가는 좋은 제도나 기술 자체에는 관심이 없고, 오직 생존을 위해 이미 만들어진 것의 소비에만 초점을 두는 '소비사회'이다. 지식에 대한 문맹률이 높고, 사회적 격차가 심하며, 기회가 균등하지 못한 '후진사회'이다.(도표 6-2)

* 아상의식의 사회와 국가

아상의식의 사회 구성원들은 이미 배운 다양한 것 중 자신이 잘할 수 있고 좋아하는 것을 자신의 경험 안으로 직접 가져온다. 그것을 반복적으로 실행해서 점차 지식과 해답이 저절로 생산되는 단계까지 올라선다. 이런 단계에 올라선 사람을 '기능인'이라 하고 이런 사회를 '기능사회'라고 한다. 국가의 단계로 본다면 '중진국'이라 할 수 있으며, 의식 수준은 200~400 사이

에 해당한다. 중진국은 선진국에서 생산한 제도나 기술을 그대로 가져와서 그것을 최대한 흉내 내고 따라 하려고 노력한다. 이들 사회는 기술을 사용해서 물건을 대량으로 만들어내는 '생산사회' 이며, 제도가 잘 기능하도록 하는 '기능사회' 이다. 이들은 좀 더 효율적이고 합리적인 사회를 유지함으로써 생존의 질과 양을 높이려고 노력하는 '중진사회' 이다.(도표 6-2)

* 법상의식의 사회와 국가

법상의식의 사회는 '과학' 과 '기술' 을 중시하는 사회이다. 이들 사회는 법과 원리로 서로의 다름을 인정하고 존중하는 통합된 사회이다. 이미 있는 정답을 무시하지 않고, 더 깊은 사유와 관찰을 통해 원리와 법칙을 알아낸다. 그 법칙으로 독창적인 물건을 만들거나 새로운 지식을 창조한다. 이런 단계에 이른 사람을 '과학자', '기술자' 라고 부르며, 이런 사회를 '기술사회', '과학사회' 라 한다. 국가의 단계로 본다면 '선진국' 이며, 의식 수준은 400~600 사이에 해당한다. 이들은 새로운 문화를 만들어가는 '문화사회' 이며, 합리성과 창의성을 중시하는 '창조사회' 의 모습을 보인다.(도표 6-2)

* 공상의식의 사회와 국가

공상의식의 사회와 국가는 우리가 사는 세상에서는 아직 만들어지지도 경험되지도 않았다. 인류의 몇몇 사람들은 이런 사회와 국가를 꿈꾸거나 이루려고 노력했다. 19세기의 철학자 칼 마르크스(Marx, Karl)는 변증법과 사상적으로 유물론을 정립하여 자본주의의 폐해를 넘어선 '공산사회'를 꿈꾸었다. 하지만 이론과 제도는 그것을 사용하는 구성원들의 의식 수준에서 펼쳐지기 때문에 아무리 좋은 이론과 제도라도 현실에서는 전혀 다르게 드러난다. 그것이 적용된 사회와 국가의 의식 수준은 200 이하로 드러났다. 우리가 살아가는 '자본주의 사회'는 에고를 극대화해서 욕망을 최대로 충족하고자 하는 아상의식의 사회이다. 제도적으로는 민주주의를 표방하고 있지만, 자본주의의 다양한 병폐를 보완하기 위해 북유럽을 중심으로 새로운 사회주의적 요소를 가미한 '사회적 자본주의'로 변모하고 있다.

높은 의식 수준에 도달한 사람들은 인간이 만든 개념과 관념을 넘어서서 아직 만들어지지 않은 새로운 세계를 꿈꾼다. 인간과 자연이 함께 조화를 이루며, 인류의 구성원 모두가 상생하는 그런 '이상사회', '이상국가'가 그들의 꿈인지도 모른다.(도표 6-2)

(2) 4가지 상相의 법칙으로 바라본 다양한 분야별 적용

우리 사회에는 다양한 분야에서 다양한 수준의 사람들이 살고 있다. '4가지 상相의 법칙'으로 기업 분야, 운동 분야, 예술 분야, 명상이나 종교 분야에서 살아가는 구성원들의 의식단계를 설명하고자 한다. 각 분야에서 활동하는 각각의 구성원들은 의식 수준에 따라 다르게 불리며, 사회적 역할과 책임에도 많은 차이가 있다. 누군가 나에게 이런 질문을 한 적이 있었다. '어떤

	기업분야	운동 분야	예술 분야	종교 분야	명상 분야
대상의식	구멍가게 수준	아마추어 수준	취미 수준	신 자	수행 방법 중심
아상의식	장사꾼 수준	프로 수준	전문가 수준	체험 중심	체험 중심
법상의식	기업가 · 상인	고 수	예술인	진리 중심	수행자
공상의식	큰 상인	최고수	도 인	성 인	

〔도표 6-3〕 4가지 상으로 바라본 다양한 분야별 특성

분야에서 고수나 달인의 경지에 올라선 사람들은 명상과 의식을 공부해서 깨달은 사람과 어떻게 다른가요?' 나는 비슷한 점과 다른 점이 모두 있다고 설명했다. 높은 단계에 오르려는 열정과 결심의 면에서는 비슷할 수 있지만, 어떤 분야의 고수는 자기 분야에 국한되어 있다는 점에서 모든 분야를 아우르는 의식 자체의 통합을 추구하는 깨달음과는 서로 다르다.

수행은 삶의 모습이지 특별한 수행법을 행하는 것이 아니다. 예를 들어 위빠사나, 요가, 호흡, 진언, 경전탐구, 참선, 기도 등을 열심히 한다고 깨닫는 것은 아니다. 수행법의 목적은 수행법을 잘 배워서(대상), 자신의 것을 만나고(아상), 다시 동일시된 자기 것을 내려서, 생기고 사라지는 원리에 잘 따르고(법상), 모든 것의 근본이 하나임(공상)을 알아가는 과정이다.

삶의 각 분야에서도 단순히 먹고 사는 생존을 위한 대상의식으로 임할 수 있고, 먹고 사는 것을 넘어서서 욕망의 확장을 꿈꾸는 아상의식으로 임할 수도 있다. 또, 내 것을 비우고 생명

이 움직이는 원리와 법칙을 보는 법상의식으로 임할 수도 있으며, 모든 것이 근본으로 돌아가는 공상의식으로 임할 수도 있다. 삶은 무엇을 하느냐가 아니라 어떤 수준에서 하느냐가 중요하다. 삶을 바라보는 시선의 높이가 삶의 질을 결정하기 때문이다. 도표 6-3은 4가지 상에서 바라본 사회의 다양한 분야의 특성을 표현한 것이다.

＊대상의식에 속한 사회 구성원들의 분야별 특징

대상의식 사회의 구성원들이 하는 기업 활동은 '구멍가게 수준'일 것이다. 이미 누군가가 만들어 놓은 물건을 가져와서 소비자에게 직접 넘기면서 약간의 이윤을 챙기는 것을 최대의 과제로 삼는 사람들이다. 이들은 열심히 일하고 노력하지만 큰 이윤을 가지지는 못한다. 이미 만들어진 물건을 이용할 줄만 알았지 만들어내지 못하기 때문이다. 이들은 물건을 만드는 사람들에게 종속되어 있고, 이윤을 얻는 면에서 처음 물건을 발명한 사람이나 그것을 생산하는 사람과 크게 차이가 난다.

운동 분야에서는 운동하는 것을 즐기는 아마추어 수준의 사람들이다. 이들의 운동 실력은 일반인과 비교해서 잘할지 몰라도 특출난 것은 아니다. 이들이 예술 분야에 재능을 가진다면 다양한 악기를 다루거나 그림, 조각 등 여러 가지를 시도하려 할 것이다. 이들은 일반인과 비교해서 재능은 있지만, 취미와 배우는 단계를 넘어서지는 못한다.

종교에 관심이 있다면 이미 있는 종교 교리를 믿고 종교단체를 의존하며 따르는 신자가 되는 사람들이다. 그리고 명상에 관심이 있다면 누군가가 좋다고 하는 다양한 수행법을 많이 배우는 것을 중요시한다. 이름이 알려진 유명한 사람 옆에서 배우는 것을 큰 배움이라고 생각한다. 이들은 대상을 믿는 사람들이지 자신을 신뢰하는 사람들은 아니다.

* 아상의식에 속한 구성원들의 분야별 특징

아상의식의 사회 구성원들은 잘하려고 노력하는 사람들이 모인 사회이다. 이들은 욕망이 크고 성취와 성공을 중시한다. 이 사회는 개인의 욕구가 잘 채워지고, 자신을 계발하려고 노력하는 '웰빙사회' 이다. 이들이 기업을 한다면 '장사꾼' 이 될 것이다. 누군가가 만들어 놓은 물건을 최대한 많이 적은 비용으로 가져와 최대의 이윤을 챙기려 한다. 이들이 제조 공장을 한다면 앞서 생산된 물건을 똑같이 만드는 모방꾼이 될 것이다. 또 어떤 일을 하든 숙달되어 그것을 누구보다도 잘하는 '기능인' 이 된다.

운동 분야에 재능이 있다면 최대한 잘하려고 노력하는 '프로' 가 될 수 있다. 프로는 그것을 생계로 삼는 사람들이다. 그것에 대해 많이 알고, 그것이 요구하는 동작과 움직임에 익숙해져 그 분야에서 '달인' 이 되고자 한다. 이들이 음악 분야에 재능이 있다면 하나의 악기를 능숙하게 다루는 사람이 된다. 피아노를 잘 치면 '피아니스트' 가 되고, 기타를 잘 다루면 '기타리스트' 라 불릴 것이다. 미술 분야에서도 조각가, 동양화가, 서양화가 등으로 불릴 것이다.

종교 분야에서는 신앙생활을 열심히 하여 신앙 체험을 하거나 은혜 입은 사람이 된다. 명상에서는 하나의 명상법을 열심히 익혀 좋은 경험을 체험한 사람일 것이다. 하지만 이들은 각 분야에서 최대한 숙달된 사람들이지 독창적이거나 창의적인 사람들은 아니다.

*** 법상의식에 속한 구성원들의 분야별 특징**

법상의식의 사회 구성원들은 무언가를 잘하려는 사람이 아니라 새로운 것을 창조하는 사람들이다. 새로운 것은 기존의 방식을 벗어난 전혀 다른 발상에서 생겨난다. 그것은 법과 원리에 대한 깊은 이해에서 생겨난다. 이들이 기업을 한다면 '기업가'나 '상인'이 된다. 새로운 발상으로 활로를 개척하는 상인이거나, 기존의 물건을 활용해서 이제까지 없었던 새로운 물건을 만들어내는 기업인들이다. 이들이 기업을 하는 목적은 더 많은 이윤을 얻는 것도 있지만 그보다는 새로운 도전과 창조를 위해서다.

이들이 운동 분야에 있다면 기존의 운동 동작이나 움직임에서 몸의 기본 원리와 법칙에 맞는 새로운 동작이나 기술을 만들어낸다. 이들이 악기를 익혔다면 그 악기를 통해서 음악의 전반적인 원리와 규칙을 깨달아 새로운 음악을 창조하는 사람이 된다.

종교 분야에서는 감정적이고 맹목적인 믿음이 아니라 합리적인 탐구와 관찰을 통해서 진리 자체에 접근하려고 노력한다. 이들이 종교를 대하는 태도는 종교의 교리나 믿음도 중요하지만, 그보다는 진리를 알고 진리가 되려는 마음을 중시한다. 그래서 비록 종교가 서로 다르더라도 진리의 길을 가는 사람들은 감정적 불편 없이 만남과 소통이 된다. 명상에서는 방법을 많이 배우거나 '나'를 확장하는 것이 아니라, 내 것을 비워서 진리를 찾아가는 진정한 '수행자'의 모습을 보인다.

* 공상의식에 속한 구성원들의 분야별 특징

공상의식의 사람들은 어떤 분야에 있든지 비슷한 인식을 보인다. 기업을 하든, 운동하든, 예술을 하든, 종교와 명상을 하든 이들의 관심은 인류가 가져야 할 보편적인 진리 자체이다. 그것은 사랑이며, 평화이며, 행복이고, 함께 잘 사는 조화이다. 그래서 우리는 그들을 '성인', '도인', '경지를 넘어간 사람'이라 부른다. 한 분야의 고수가 되는 것은 쉬운 일이 아니다. 유능한 재능을 가지고도 누구보다도 열심히 노력해야 하며, 자신의 익숙한 습관들을 하나하나 버리는 고통의 시간을 거쳐야만 한다. 최고 고수는 그 분야에서 최고로 잘하는 기능을 가진 사람이며, 기능을 넘어서 새로운 기술을 만들어내는 사람이고, 각 분야를 활용해서 사람들에게 조금이라도 도움이 되고자 노력하는 사람이다.

어떤 분야든지 최고 고수는 아무나 오를 수 있는 경지는 아니다. 자신이 한계 지은 감정과 생각의 벽을 넘어야 한다. 그래서 진정한 고수는 서로 만날 수 있는 지점이 있다. 왜냐하면 비슷한 의식 수준이기 때문이다. 종교가 다르고, 과학이 다르고, 학문이 다르고, 운동이 다르고, 예술이 다르고, 생존의 일이 다르더라도 그것을 대하는 의식의 수준이 같다면 우리는 같은 세상을 살아간다.

　이상사회는 인간 의식에 새로운 혁명이 만들어내는 사회이다. 인류는 그동안 농업혁명과 산업혁명으로 생존의 문제들을 해결했으며, 제도혁명과 문화혁명으로 사회와 국가의 틀을 만들고 삶의 질을 높여왔다. 그리고 과학혁명과 정보혁명으로 물질적인 풍요 단계에 도달했다. 이제 우리에게 필요한 것은 '의식혁명'이다. 지금 인류는 새로운 길 위에 서 있다. 어디로 갈 것인지는 우리의 의식 수준이 결정할 것이다. 많은 사람이 법상과 공상으로 도약해서 새로운 세상을 창조해야 한다.

　인류의 집단의식은 지금 아상의 낮은 단계에 있다. 에고를 깎아내어 법칙과 원리를 아는 법상의 단계에 올라선 사람들이 많아진다면 인류는 지금과 다른 새로운 길을 걸을 것이다. 그리고 많은 사람이 공상의식으로 도약해서 지금까지 만들어지지 않은 새로운 세상을 창조한다면 인류의 미래에는 어떤 세상이 펼쳐질까? 우리는 현재 인류의식이 해석한 세상을 살고 있다. 나와 나의 집단, 나의 국가는 현재 어떤 의식의 단계에 있는가?

07

4가지 상相과
정체성正體性 identity의 구조

나는 누구인가?
나의 진정한 정체는 무엇인가?
나는 무엇과 동일시하며 집착하는가?

속지 마라, 의식에 비친 환영과 그림자이니.

1. 의식의 자기 정체성正體性 identity

인간이란 무엇인가?

삶이란 무엇인가?

감정과 고통은 왜 일어나는가?

사람들과 관계한다는 것은 무엇인가?

어떻게 하면 자유롭고 행복하게 살 것인가?

인간이 살면서 생기는 모든 의문의 밑바닥에는 '나는 무엇인가'와 '나는 누구인가'에 대한 질문이 들어 있다. 자기 존재의 정체를 규명하는 것은 누구에게나 중요할 수밖에 없다. 왜냐하면 삶은 우리가 자신을 어떤 존재로 규정하느냐에 따라 완전히 달라지기 때문이다. 정체성正體性, identity은 존재의 본질, 또는 이를 규명하는 성질이다. 정체성은 오랜 기간 스스로 일관되게 동일성을 계속 유지해 온 것과 다른 존재와의 관계에서 어떤 특성을 계속 공유한 것 모두를 포함한다. 정체성은 삶을 바라보는 의식의 틀이다. 우리는 그것을 상相 또는 구조構造라고 한다. 심리학에서는 이것을 성격구조性格構造 또는 개인성향個人性向이라고 한다.

세상과 상황을 인식하고 해석하는 것은 의식이지만, 의식의 표면에는 보이지 않는 해석의 틀, 안경, 상相, 구조가 존재한다. 우리는 '텅 빈 의식'으로 상황을 보는 것이 아니라 보이지 않는 자기만의 틀과 구조를 가지고 세상을 해석한다. 이때 만들어진 '나'라는 에고는 특정 부분을 자신과 동일시하면서 그것을 '나'라고 집착한다. 사실 개인의 정체성이란 상황과 조건에 따라 특정 이미지나 역할에 대한 동일시이지, 실제 객관적으로 존재하는 것은 아니다. 정체성은 자신이 누구인지에 대한 선언이면서, 스스로 얼마나 순수의식에서 벗어나 있는지를 보여주는 의식의 틀이다. 이 틀은 상황에 빠르게 대응하게 하는 방어패턴이자, '나'라는 에고를 지키는 보호 수단이다.

심리학에서는 개인의 성격을 이해하고 분석하기 위해 에니어그램이나 MBTI, 혈액형 분석 등과 같은 다양한 심리분석 도구들을 사용한다. 이것은 각 사람만의 고유한 어떤 특징적인 구조를 지니고 있다는 생각에서 만들어진 것들이다. 이런 도구들은 인간의 심리적 특성을 몇 가지로 분류해서 개인의 정체를 그것으로 규명하거나 이해하려고 한다. 그런데 인간의 성격구조性格構造는 다양한 조건들이 모여서 만들어진 것이지, 어떤 고유한 성격으로 고정된 것은 아니다. 그것은 원인과 결과의 법칙처럼 그 사람의 과거 행위의 결과로 생긴 익숙한 습관의 틀이며, 어린 시절 부모나 환경의 심리적 역학으로 만들어진 특정유형이자 믿음체계이다.

삶은 조건의 변화에 따라 끊임없이 변화한다. 우리가 동일시하는 자기 정체성도 조건과 상황이 바뀌면 당연히 변해야만 더 잘 대처할 수 있다. 어릴 때 가진 정체성은 성인이 되거나 조건이 바뀌면 상황에 맞게 새로운 정체성으로 바뀌어야 한다. 삶의 조건이 바뀌었는데도 과거의 정체성을 계속 고집할 때 삶은 고통스러워진다. 우리가 삶에서 느끼는 대부분의 고통은 그동안 익숙했던 자기 정체성을 변화시키라고 요구하는 내면의 신호이다. 그때 우리는 상황에 맞지 않는 과거의 정체성을 버리고 새로운 정체성으로 나아가야 한다.

2. 정체성의 변화와 4가지 상相의 법칙

대상의식은 현실적으로 더 이상 유용하지 않은 과거의 정체성을 바꾸기보다 유지하려고 노력한다. 왜냐하면 변화는 기본적으로 두려움을 불러일으키기 때문이다. 대상의식은 내면의 두려움을 직면하여 스스로 지닌 정체성의 문제를 해결하기보다 문제를 외부의 탓으로 돌리려 한다. 내면의 두려움을 회피하려는 대상의식의 태도는 스스로 과거 정체성의 경계선 안에 고립되어 고통을 계속 반복하게 만든다.

대상의식과 아상의식의 정체성 사이에는 뚜렷한 경계선과 방어벽이 존재한다. 아상의식은 자기감정과 욕구의 경계를 바로 아는 주관을 가진 정체성이다. 반면에 대상의식은 자신을 방어하고 보호하는 경계가 약해서 자기 정체성이 쉽게 침범당한다. 고통은 지금껏 유지해 온 정체성의 경계가 더 이상 힘을 발휘하지 못하는 상태에서 생겨난다. 심리치유는 원래 약했던 경계선을 강하게 만들거나 오래되어서 흠집이 생긴 경계선을 새롭게 수리해서 튼튼한 방어벽을 갖도록 하는 정체성의 변화를 수반한다.

데이비스 호킨스의 의식지도에 따르면 대상의식에서 아상의식으로 넘어가는 의식 수치 200은 의식성장의 중요한 분기점이다. 200의 의식 수치에서 부정적인 감정에 휩싸인 의식을 긍정적인 감정으로 변화시키고, 거짓과 진실을 비로소 간파할 수 있는 능력이 생긴다. 200 이하에서 세상을 판단하고 해석하는 낮은 대상의식의 정체성은 지성적이기보다는 감각적이거나 충동적인 경우가 많다.

아상의식의 수준에 있는 사람들은 정체성의 변화 상황이 생기면 과거에 가졌던 익숙한 패턴을 내리고 새로운 정체성으로 나아가려고 노력한다. 이들은 언제나 더 나은 방법과 해결책을 찾아 성장하고자 한다. 하지만 이들은 상황을 있는 그대로 받아들이기보다 현재의 부족한 자신이 문제라고 생각하여 더 나은 정체성을 만들려고 시도한다. 아상의식은 자기 정체성을 더 크게 확장하는 것이 목적이기 때문에 정체성의 문제를 회피하지 않고 해결하려고 노력한다. 그래서 때로는 목표가 달성되어 정체성에 잠깐의 편안함이 생기기도 하지만 더 나은 정체성을 위해 쫓기는 삶의 패턴을 반복한다.

아상의식에서 법상의식으로 나아가려는 사람들은 정체성의 변화에 엄청난 어려움을 겪는다. 그들은 더 나은 '나'가 되려고 애쓰는 정체성을 내려야 하고, 현재 상황을 에고의 뜻대로가 아닌 법과 원리에 맞게 운용해야 한다. 하지만 에고의 자기 중심성으로 이루어진 아상의식의 정체성에게 자기 정체성을 내리거나 포기한다는 것은 매우 어려운 일이다. 법상의식의 정체성은 고정된 개념이나 관념, 자기 동일시가 아닌 상황에 맞는 법칙으로 삶을 운용한다.

법상의식에서 공상의식으로 정체성이 변한다는 것은 에고의 한정된 구조와 틀에서 완전히 벗어나 본래의 '텅 빈 의식'으로 돌아가는 것이다. 그곳에는 붙들고 있을 만한 정체성이 없다. 정체성이 없다는 것은 붙들거나 동일시하는 고정된 정체성이 없다는 것이지 생명의 본래 특성 자체가 없는 것은 아니다. 공상의식에 도달하더라도 사람마다 그들이 내는 정체성의 특성은 서로 다르다. 왜냐하면 순수의식 자체에는 정체성이 없지만, 그것이 작용하는 모양에는 엄연히 특성이 존재하기 때문이다.

의식의 성장과 변화 시기에는 언제나 심리적인 두려움을 내재하고 있다. 두려움은 익숙한 안정을 추구하고 새로운 변화에 저항한다. 하지만 삶은 언제나 변하기에 우리는 자신과 상황에 대해 열려 있는 자세로 의식의 성장에 따라 수준에 맞는 정체성을 새롭게 만들어야 한다. 그럴 때 지금의 혼란은 새로운 변화와 창조를 만들어내는 기회가 된다.

3. 에고의 자기 정체성은 욕망과 두려움의 구조 위에 서 있다

인간의 에고는 욕망과 두려움이라는 기본적인 구조 위에서 세상을 경험한다. '나'라는 의식에게 자기 정체성을 탐구한다는 것은 스스로 욕망과 두려움의 구조 위에 어떤 집을 짓고 있는지를 알아가는 과정이다. 예를 들어 욕망의 구조 위에 정체성의 집을 짓는 사람들은 상당히 자기중심적이고 자기도취에 빠져서 뜻대로 안 될 때 화에 집착하기 쉽다. 이들이 습관적으로 일으키는 흥분과 외부에 대한 비난은 법칙에 맞지 않는 자기 멋대로인 경우가 많다. 이런 반응은 내면에 죄책감과 후회, 수치심을 강화해서 화를 내는 습관을 더욱 반복하게 만든다.

반대로 두려움의 구조 위에 정체성의 집을 짓는 사람들은 상대적으로 민감하고 불안이 많다. 이들이 상황을 대할 때 일으키는 습관적인 반응은 대부분 긴장과 위축이다. 이들의 생각은 피해망상으로 부풀어 오르거나 신경증적이고 방어적인 태도로 반응하기 쉽다. 두려움은 의식의 성장을 제한하고 스스로 만든 자기 한계에 갇히게 한다. 두려움은 저항을 통해 증식한다. 그래서 두려움의 습관적 구조에서 벗어나려는 사람들은 두려움이 일어나면 일어나도록 허용하는 용기의 힘이 필요하다.

인간은 누구나 욕망과 두려움이라는 기본적인 구조 위에 정체성의 방 3개를 가진다. 첫째는 아상我相의 방이다. 아상은 '나는 누구야.'라고 스스로 만든 이미지의 정체성이다. 둘째는 아집我執의 방이다. 아집은 '나는 옳은 사람이야. 나는 좋은 사람이야. 나는 잘하는 사람이야.' 같은 자기주장과 기준의 옳음에 대한 정체성이다. 셋째는 아소유我所有의 방이다. 아소유는 '이것은 내 것이야.' 같이 무언가를 끊임없이 소유하려는 습관의 정체성을 말한다. 어떤 이는 이상이라는 방을 크게 넓히기도 하고, 어떤 이는 아집의 방을 크게 만들기도 하고, 또 어떤 이는 아소유의 방을 화려하게 꾸미기도 한다. 인간은 누구나 의식 안에 자기만의 독특한 정체성의 집을 짓는다.

나는 어떤 구조로 정체성의 집을 짓는가?
두려움을 가지고 축소된 정체성의 집을 짓는가?
욕망을 가지고 확장된 정체성의 집을 짓는가?

자신이 어떤 구조 위에 정체성의 집을 짓고 있는지를 모를 때 우리는 구조와 틀은 그대로 둔 채 내용물만 바꾸려고 시도한다. 하지만 내용물이 아무리 바뀌어도 구조가 바뀌지 않으면 현실에는 어떤 변화도 일어나지 않는다. 예를 들어 욕망의 구조 때문에 힘든 사람이 어느 날 '나는 너무 많은 욕심 때문에 힘들어. 그래서 욕심을 놓는 훈련이 필요해.' 하면서 욕심을 비우는 훈련을 한다고 하자. 하지만 그가 하는 말의 습관 뒤에 숨은 진실은 욕망으로 더 많은 내용물을 담으려 했다가 그것이 잘 안 되자 욕심을 버리는 척한다는 것이다. 구조와 그릇은 그대로 둔 채 내용물만 비우면 그릇에는 약간의 공간이 생긴다. 공간이 드러나는 순간 습관의 패턴은 그곳에 즉시 다른 내용물로 채우려고 시도한다. 욕망의 구조는 끝없이 채우려는 속성을 가지고 있기 때문이다.

욕망의 구조는 그대로 둔 채 내용물만을 바꾸려는 시도는 감정적으로 엉뚱한 결과를 일으키기 쉽다. 그것은 욕망의 습관 안에서 깎음과 놓음을 시도했을 뿐이다. 그것은 욕망의 또 다른 모습일 뿐 진정한 변화가 아니다. '나는 열심히 깎고 있으니 날 건드리지 마!'라고 소리치는 사람은 욕망을 깎을수록 더욱 화가 나고 괴롭다. 사실 무거운 짐을 내리고, 튀어나온 것을 깎아 내고, 힘들게 붙잡고 있는 것을 놓으면 더 가벼워지고 편해져야 한다. 하지만 욕망의 구조는 그대로 둔 채 외형만 깎았기 때문에 놓을 때마다 채워지지 않는 부족감으로 더욱 괴롭다. 욕망이 충분히 채워질 때 느껴졌던 빵빵한 충족감의 내용물이 빠지니 짜증이 날 수밖에 없다. 욕망의 그릇 자체는 그대로 둔 채 내용물만 바꾸려니 힘이 드는 것이다.

4. 익숙한 정체성의 구조를 넘어가는 지용智勇

에고의 욕구는 지금의 현실이 자신이 원하는 대로 되기를 바란다. 그렇게 되지 않는 현실을 모두 문제로 본다. 대상, 아상, 법상은 모두 '나'라는 에고 의식이 바라보는 세상이다. 대상의식이 부정적인 '나'에 대한 정체성이라면, 아상의식은 긍정적인 '나'에 대한 정체성의 확립이며, 법상의식은 이성과 합리성으로 법칙에 맞는 '나'에 대한 정체성을 가지는 것이 목적이다. 정체성의 변화에서 가장 큰 변화는 에고로서의 정체성에서 에고를 벗어난 공상의식이 가지는 정체성으로의 변화이다.

공상의식에는 특별히 '나'라고 동일시하는 정체성이 없다. 그것을 '무아無我' 또는 '나 없음'이라고 한다. 에고의 선형적인 인식체계로 바라보는 세상과 에고의 실체가 '없다'라는 비선형적인 인식체계로 바라보는 세상은 완전히 다르다. 그것은 같은 것을 바라보더라도 허상과 실상, 거짓과 진실, 꿈과 깨어남, 망상과 실재처럼 해석과 인식에 큰 차이를 드러낸다. 에고는 있는 그대로의 현실에 발을 딛고 있는 것이 아니라 에고가 지닌 신념과 관념의 구조 위에 서서 삶을 대하고 세상을 바라본다.

에고의 구조에서 벗어나고자 했던 지용智勇이라는 비구니가 있었다. 그녀는 수년 동안 에고가 만든 틀에서 벗어나고자 수행에 몰두했다. 하지만 법과 진리는 그녀에게 찾아오지 않았다. 괴로움의 나날을 보내던 어느 날 밤에, 그녀는 물이 가득 담긴 낡은 대나무 물통을 지고 가다가 물통에 둥근 보름달이 비치는 것을 무심히 바라보며 걸었다. 순간 엮어 놓은 대나무 물통의 틈새가 갑자기 벌어지더니 물통의 밑바닥이 저절로 빠져버렸다. 물은 모두 쏟아져 버렸고, 거기에는 더 이상 어떤 달도 비치지 않았다. 그때 지용은 문득 자신이 에고 의식의 틀에서 벗어나 있는 것을 깨닫게 되었다.

지용智勇이 들고 가던 낡은 대나무 물통은 바로 우리의 낡은 에고 의식과도 같다. 낡은 에고 의식에는 과거의 경험과 기억 그리고 다양한 지식이나 관념들의 내용물로 가득 차 있다. 물통 안의 내용물은 계속 바뀌었지만 낡은 물통 자체는 변함없이 언제나 그대로였다. 새로운 내용물들이 오고 갔다. 하지만 그것을 담는 물통은 새로워지지 못했다. 우리는 낡은 물통을 던져버리지 못한다. 더 많은 물을 담기 위해서는 더 큰 물통이 필요하다. 그릇을 바꾸지 않고 더 많은 물을 담으려는 시도는 결국 넘쳐 흐르게 한다. 우리는 더 많은 생각을 집어넣기 위해서 에고의 습관을 더욱 강화했다. 그래서 하늘에 떠 있는 보름달을 한 번도 본 적이 없는지도 모른다. 우리는 물 위에 비친 영상을 보듯이 에고 의식이 만든 틀의 내용물에 투사된 달의 그림자만 봤을 뿐이다.

모든 일은 어느 순간 갑자기 일어난다. 평소에 준비된 자는 자신이 원하는 것을 만날 것이다. 하지만 준비되지 않은 사람에게 그것은 하나의 해프닝에 지나지 않는다. 지용은 간절함으로 준비를 해왔다. 그리고 대나무의 물통이 벌어지고 밑바닥이 빠지는 순간 물통에 비친 환영의 달이 아니라 하늘에 언제나 떠 있던 진실한 달을 만났다. 에고 의식은 욕망의 물통 안에다 원하는 내용물이 담기면 만족감을 느끼고 그것을 행복이라 착각한다. 하지만 그런 만족감은 시간이 지나면 새로운 갈증으로 목이 마른 자아도취적인 만족일 뿐이다.

욕망의 그릇은 그대로 둔 채 내용물을 아무리 바꾸어도 욕망의 그릇 자체를 채울 수는 없다. 욕망은 아무리 담고 담아도 채워지지 않는 괴물과도 같다. 우리가 원하는 행복은 에고 의식이 만든 욕망의 구조相, 틀, 그릇 안에서는 아무리 많은 것을 담더라도 오지 않는다. 진실한 행복은 에고 의식이 만든 욕망의 물통이 깨어진 자리에 있다. 하지만 에고 의식은 욕망과 너무나 단단히 동일시되어 있다. 그러기에 욕망의 습관을 놓는다는 것은 에고 의식에게는 마치 죽을 것 같은 힘듦이다. 에고 의식의 익숙한 정체성은 욕망과의 동일시를 내리는 것이 아니라 강화하는 쪽으로 가기 쉽다.

자기탐구와 수행은 에고 의식의 근본 구조相와 틀을 정확히 이해하고 깎아 내거나 부수는 공부이지 내용물을 바꾸는 공부가 아니다. 그래서 진실로 에고 의식을 깎으려는 사람에게는 에고 의식의 습관적 구조를 바르게 비추어주는 안내자인 선생이 꼭 필요하다. 바른 선생은 에고 의식이 만든 욕망의 그릇 자체를 깨뜨리는 무서운 사람이다. 그는 에고 의식이 가진 모든 것을 빼앗는 사람이지, 욕망의 그릇에 새로운 내용물을 보태거나 특별한 가르침을 주는 사람이 아니다.

에고 의식의 경계를 벗어나서 공상의식의 영역으로 건너가려는 사람은 안내자에 의해 가진 것을 모두 빼앗겨야만 한다. 뭔가를 알았다고 하면 앎을 빼앗기고, 뭔가를 성취했다 하면 성취한 것을 빼앗기고, 특별한 체험을 했다고 하면 체험한 것을 모두 빼앗긴다. 의식이 붙들고 동일시했던 모든 내용물과 틀을 다 빼앗겨버리면 그때 비로소 의식은 투명해지고 가벼워진다. 붙들려는 습관적인 패턴과 욕망의 그릇이 깨어질 때 내용물들은 저절로 비워져서 우리는 에고 의식의 굴레를 넘어가게 된다.

비구니 지용도 그런 과정을 거치면서 노력했다. 의식의 그릇에 이런저런 내용물을 가득 채우거나 바꾸어도 보았다. 하지만 진실은 결코 만날 수가 없었다. 그녀는 지식을 채우고, 선현들의 어록을 읽고, 이런 저런 수행 방편을 다 써보았다. 하지만 그릇에 비친 달그림자만을 보았을 뿐, 온 누리의 허공에 빛나는 진실한 달을 보지 못했다. 내용물들은 모두 다 주체가 아닌 객체이자 대상들이다. 몸, 외모, 돈, 직업, 지식, 인기뿐만 아니라 감정이나 생각들도 모두 내용물이다. 내용물을 붙잡아 놓는 근본적인 그릇이 바로 에고 의식의 집착이다.

에고 의식은 욕망과 두려움이라는 근본적인 구조 위에서 살아간다. 이런 습관적 패턴을 모르고 자동반응하는 어리석음을 우리는 '무지無知'라고 한다. 인간이 느끼는 모든 고통의 밑바닥에는 무지가 깔려있다. 욕망의 구조적 패턴이 모두 무지로 인한 환영임을 깨달을 때 에고 의식은 공상의식으로 건너가게 된다. 지용이 들고 가던 낡은 물통이 깨어져 물이 쏟아지듯이 에고 의식이 지닌 근본적인 구조가 깨어지는 상태를 '통 밑이 빠지는 체험'이라고 표현한다. '쑥' 하고 에고 의식이 붙들고 있던 그릇이 깨어지고, 내용물들이 다 빠진 상태를 말한다. 이처럼 근본구조가 되는 통이 깨어져야 하는데 내용물만 그럴싸하게 바꾸려는 태도는 같은 패턴을 반복하게 한다. 수행과 고행은 구조相와 틀을 깨는 작업이다. 이것을 정확히 알아야 비로소 에고 의식을 넘어가는 공부를 시작할 수 있다.

5. 의식구조의 틀, 상相에서 깨어나라

어떤 사람이 삶이 너무나 괴로워서 한 선사를 찾아갔다. 그는 울면서 고통스러운 마음을 어떻게 해결해야 하는지 물었다. 그러자 선사는 잠깐 앉아서 차를 마시라며 찻잔에 차를 따라 주었다. 그가 차를 마시려고 찻잔을 들고 찻물을 보는 순간 찻잔에 있던 물이 커다란 호수로 바뀌었다. 그는 찻잔 속의 호수로 들어가서 호수의 아름다운 풍경에 심취했다. 그리고 그는 그곳에서 자신이 원하던 이상형의 여자를 만나 둘은 결혼을 했다. 그리고 아들과 딸을 낳고 4명의 가족은 행복하게 살았다. 하지만 어느 날 사랑하는 아들에게 병이 찾아왔다. 부부는 모든 노력을 다했다. 하지만 아들은 결국 어린 나이에 죽게 되었다. 시간이 지나 딸도 절벽에서 사고를 당해 죽게 된다. 그러자 부인은 너무나 고통스러워하다 자살을 했다. 갑작스러운 사건들에 더 이상 삶의 의욕을 잃은 그는 죽으려고 호수로 갔다. 그리고 그는 다시 찻잔을 들고 차를 마시는 지금의 현실로 돌아왔다. 찻잔의 차는 아직 따뜻했다. 그는 차를 마셨다.

그때 선사는 "세상의 모든 것은 의식 안에서 일어나는 잠깐의 생각일 뿐이다."라고 말했다. 잠시 찻잔을 들고 차를 마시려는 짧은 순간 의식에서 일어난 한 생각이 삶을 창조했다. 우리가 한 생각에 빠져있음을 모르면 생각이 만든 관념과 한계의 세계에 갇혀버린다.

한 생각에 대한 집착을 알아차리지 못하면 무명無明이요, 한 생각의 집착을 알아차리면 밝음明이다. 의식이 어떻게 작용하는지 모르고, 자동으로 일으킨 한 생각을 반복적으로 따르는 것을 '업식業識'이라 한다. 업식은 만들어진 의식의 구조相와 틀 안에서 습관적으로 반복하는 말이나 행동, 생각의 일정한 패턴을 말한다.

우리의 모든 고통은 업식이 만든 무지에서 생겨난다. 무지는 익숙한 습관을 반복하여 의식의 구조相와 틀을 강화한다. 업식에 빠지면 우리는 의식구조의 틀인 상相으로 세상을 보게 된다. 그러면 상相은 세상을 바라보는 인식의 틀이 되어, 그 틀의 모양으로 세상을 보게 된다. 우리는 어쩌면 의식구조相의 틀에 갇혀 눈과 귀를 닫고 익숙한 신념과 관념의 세계를 살고 있는지도 모른다. 하지만 진실은 언젠가는 드러나게 마련이다. 있는 그대로의 사실은 의식구조相와는 관계없이 언제나 있는 사실이기 때문이다.

그러기에 자신의 익숙한 의식구조相와 틀을 정확하게 이해하지 못하면 고통은 계속 반복된다. 의식구조相를 알려면 먼저의식 자체를 탐구해야만 한다. 인간의 근본적인 의식구조相의시작은 '집착'에서 시작된다. 모든 고통은 집착하고 붙드는 습관에서 비롯된다. '나'라고 주장하는 상相과 틀은 끊임없이 무언가를 붙잡고 동일시하려 한다. '나'라는 상相의 특성 자체가붙든 것과의 동일시로 이루어져 있기 때문이다. 그래서 상相은물건이든, 지식이든, 사람이든 무엇이든지 붙들려는 습관으로유지하고 활동한다. 그리고는 집착했던 어떤 것이 떨어져 나가는 순간 마치 자신이 없어지는 것과 같은 고통을 느낀다. 붙든것을 자기라고 착각하기 때문이다. 사실 모든 것은 계속 변화하기 때문에 붙들 수 있는 것은 아무것도 없다. 사람도 변하고, 물건도 변하고, 차도 집도 모든 것이 변한다. 붙들 수 있는 게 하나도 없는데 붙들려니 괴로운 것이다.

상相의 이런 집착구조는 욕망과 두려움에 대한 집착으로 이어진다. 욕망의 집착으로 더 많이 가지려고 하고, 두려움의 집착으로 더 많은 안전을 추구한다. 하지만 아무리 많은 것을 가져도 아무리 안전해도, 욕망과 두려움의 그릇은 채워질 수 없다. 욕망이라는 그릇 안에 얼마를 채워야 충족감이 일어날까? 다른 사람이 자신이 채운 것보다 조금만 더 채우면 욕망은 바로 부족감을 느낀다. 인간의 모든 문제는 외부에 있는 어떤 조건이나 내용물의 문제가 아니라 바로 의식구조相가 가진 집착의 문제이다. 불편한 상황을 피하거나 환경을 다르게 바꾸더라도 욕망과 두려움은 똑같이 일어나게 마련이다. 의식구조相는 변함없이 그대로이기 때문이다.

욕망의 구조相를 많이 쓰는 사람들은 욕망에 대한 집착을 내리고 깎는 공부가 필요하다. 욕망이라는 그릇 안에 더 많은 것을 채우면 행복할 것 같지만 욕망의 그릇은 아무리 채워도 채워지지 않는다. 그리고 두려움의 구조相를 많이 쓰는 사람들은 두려움이 환영임을 알아차려야 한다. 그러려면 두려움을 회피하지 않고 두 눈을 똑바로 뜨고 두려움을 직면해야 한다. 두려움을 막상 직면해 보면 실체가 없음을 알게 된다. 두려움은 상相이 지어낸 환영이기 때문이다.

미국은 세계에서 가장 물질적으로 풍요롭다. 하지만 정신적인 질병을 앓는 사람이 가장 많다. 우리나라도 과거와 비교하면 잘살게 되었다. 하지만 자살률은 월등히 높아졌다. 욕망의 의식구조는 더 달려가고, 더 가지려 하고, 더 소유하지 않으면 불안해한다. 그러기에 자신의 익숙한 의식구조相를 잘 알아서 그것으로부터 넘어가야 한다. 의식구조인 집착과 욕망의 틀을 가지고 집을 짓거나 내용물을 포장하는 것은 위험하다. 집안에 너무 많은 내용물이 들어차면 쉴 수 있는 공간이 부족하듯이, 필요 없는 내용물은 버리고 잘못된 의식구조相는 새로운 상相으로 넘어가야 한다. 하지만 내용물을 채우기는 쉬워도 구조相를 깎거나 버리기는 쉽지가 않다.

6. 정체성의 틀, 상相에서 벗어난 자유

중국 당나라 시대 유명한 마조 스님의 일화가 있다. 마조는 깨달음을 얻기 위해 열심히 좌선했다. 어느 날 회양이라는 선사가 찾아와서 마조에게 왜 그렇게 열심히 좌선하는지 물었다. 마조는 깨달아 부처가 되기 위해서 좌선한다고 했다. 그러자 회양은 암자 옆에 있는 벽돌을 가져와 갈기 시작했다.

이것을 보고 마조가 물었다.

"벽돌을 갈아서 무엇을 하려고 합니까?"

회양은 "거울을 만들려 한다."고 대답했다.

그러자 마조는

"벽돌을 간다고 어떻게 거울이 되겠습니까?" 하니,

회양은 "벽돌을 갈아서 거울이 되지 못한다면 좌선해서 어떻게 부처가 되겠는가?"라고 대답했다.

마조는 느끼는 바가 있어 그럼 어떻게 해야 하는지를 물었다.

이에 회양은 "소달구지가 가지 않으면 달구지를 때려야 하겠는가? 소를 때려야 하겠는가?"라고 대답했다.

사람들은 자신의 힘든 문제를 만날 때 "어떻게 해야 합니까?"라는 질문을 많이 한다. '어떻게'라는 질문은 소달구지가 가지 않을 때 소가 아닌 달구지를 때리려는 시도와도 같다. 마조가 회양에게 '어떻게'라고 질문했을 때, 회양은 몸으로 하는 좌선이라는 소달구지는 그만 때리고, '나'라는 의식의 소를 때리라고 했다. 문제를 만드는 것은 '나'라는 환영의 상相, 즉 정체성이다. 상相은 그대로 둔 채 내용물을 바꾸려는 시도를 마조는 오랫동안 좌선이라는 방편으로 계속해 왔다. 그는 수행으로 물건을 담는 그릇 자체 상相을 깨어야 했다. 하지만 그는 그릇은 그대로 둔 채 더 많은 내용물을 담으려고 했다.

문제의 핵심인 '나'라는 정체성相 자체를 바꾸려는 사람은 '어떻게'라고 질문하지 않는다. '나'라는 상相 자체가 바로 자신과 동일시된 모든 문제의 초점임을 알기 때문이다. 그러기에 우리는 내용물을 바꾸는 것이 아니라 상相을 깨고 나와야 한다. 내용물을 바꾸려는 사람은 '어떻게'라고 묻는다. 하지만 상相 자체를 탐구하는 사람은 스스로 비추어서 알아차린다. 자신이 집착하는 정체성을 알아차리지 못하면 우리는 상相을 바꾸는 것이 아니라 방법적으로 외부의 조건과 상황을 바꾸려 한다. 이것이 소를 때리지 않고 달구지를 때리는 행위이다. 좌선이라는 수행 방법으로 깨닫는 것이 아니라 상相에 대한 정확한 이해와 알아차림이 바로 소를 때리는 것이다. 이것이 바로 선불교의 핵심적인 가르침이다.

상相이 가진 틀(구조)을 바로 알지 못하면 욕망은 절대 내려놓을 수 없다. 상相과 틀은 집착으로 되어 있다. 상相과 틀이 바로

'나' 라는 정체성이다. 그래서 '나' 라는 상相은 틀을 내려놓을 수가 없다. 내려놓음은 내가 없어지는 '나' 의 죽음이기 때문이다. 내려놓고 싶지 않은 상태에서 이유와 방법과 원인을 찾는 것이 바로 '어떻게' 라는 질문이다. 사실 정체성의 틀 안에서는 정당한 이유를 찾아도, 올바른 방법과 원인을 알아도, 상相만 강화될 뿐이다. 자기 정체성에 대한 정확한 이해 없이는 자신이 묶여 있는 상相과 틀에서 빠져나오기는 쉽지 않다.

우리에게 삶은 끊임없는 문제투성이로 보인다. 하나의 문제가 해결되면 새로운 문제가 등장하고, 새로운 문제를 처리하면 또 다른 문제들이 생겨난다. '어떻게 해야 하는가' 라는 질문은 문제의 발생과 원인이 자신이 아닌 외부에 있다는 착각을 일으킨다. 하지만 진실은 상황을 문제로 바라보는 정체성의 구조相가 문제의 초점이다. 그때 일어나는 질문이 '나는 누구인가' 와 '나는 무엇인가' 이다. 자기탐구의 시작은 외부를 바라보는 눈을 의식의 내면으로 돌리는 것에서 시작한다.

상황과 불편이 일어났을 때 자기 안의 무엇이 그것을 문제로 보게 하는지를 알아차려야 한다. 외부를 바라보며 환경과 조건을 탓하는 것은 삶의 주체가 바로 자신임을 알지 못하는 어리석음이다. 어리석음은 정체성의 구조를 더욱 견고하게 만든다. 외부를 바라보며 '저 사람 왜 저래?' 가 아니라 상대가 그렇게 하는 것을 불편하게 보는 자신의 상相을 봐야 한다. 정체성을 유지하려는 상相을 탐구하지 않고, 외부를 변화시키려는 시도는 모래 위에 성을 쌓는 것과 같다.

우리는 이런 의식구조相를 정확하게 알아차려서 그것에서

벗어나야 한다. 그렇지 않으면 문제와 고통은 계속 반복된다. 의식구조인 정체성에 대한 집착의 환영에서 벗어날 때 우리는 자신이 누구인지, 행복이 무엇인지 비로소 알게 된다. 우리는 상相이 아니라 상相을 있게 하는 배경 자체이다. 전체 대지가 '나' 이지 대지 위에 세워진 한 채의 집이 '나' 가 아니다. 밝은 의식은 욕망과 집착의 의식구조를 알아차려 놓게 하며, 두려움으로 저항하는 의식구조를 알아차려 직면하게 한다. 구조相가 무너진 자리에는 원래의 '텅 빈 의식' 만 남는다. 진실한 '나' 는 텅 비어 있는 물들지 않은 의식 자체이다. 이것에 대한 확신이 없는 사람은 만들어진 구조相 위에 집을 짓고, 그것을 자신이라고 착각한다. 그래서 의식구조相가 지은 욕망과 두려움을 더 신뢰한다.

우리는 자신을 무엇이라고 규정하느냐에 따라서 자신의 인생을 만들어 가는 존재이다. '나는 이런 사람이야. 나는 이런 사람이 되어야 해.' 라는 스토리는 모두 의식이 지은 환영과도 같다. 우리의 진정한 모습은 구조相 위에 세워진 이미지나 내용물이 아니라 텅 비어 아무것도 아니지만 모든 것이 되는 가능성 자체이다. 하지만 에고의 의식구조相는 자신이 아무것도 아닌 것이 되는 것을 가장 두려워한다. 무언가를 붙잡지 않으면 없어지는 것이 에고 구조相의 속성이기 때문이다. 그래서 에고의 구조相 아래에 있는 의식은 끊임없이 특별해지려고 노력한다.

08

4가지 상相에 따른
'생각'의 차이

고요한 의식의 호수에 한 생각이 파문을 일으킨다.
일어난 것이 사라져 간다. 그것을 있는 그대로 본다.

명상이다!

1. 머릿속에서 들리는 목소리

교사인 A 씨는 방학을 맞았다. 하지만 아침에 눈을 뜨자마자 머리에서 다그치는 목소리 때문에 잠시도 편히 쉴 수가 없다. 목소리는 끝없이 지껄인다. '방학이지만 좀 더 일찍 일어나야 해. 시간을 낭비하면 안 돼. 빨리 씻고 계획한 일을 잘 해내야 해. 식사하면서 텔레비전을 보는 것은 좋지 않아. 좀 더 열심히 운동해서 건강관리를 해야 해. 빨리 움직여. 약속에 늦으면 안 돼. 좀 더 노력하는 태도를 보여야 해.' 등등. 아침에 눈을 떠서 밤에 잠들기까지 쉼 없이 다그치고 지껄이는 머릿속의 목소리에 대응하느라 A 씨의 하루는 온종일 쫓김과 갈등의 연속이다.

직장인인 B 씨는 오늘 하루도 잠을 깨는 것이 괴롭다. 눈을 뜨자마자 '오늘은 또 어떻게 하지? 잘 할 수 있을까? 나는 왜 이렇게 무능하고 힘들까? 일을 그만두고 그냥 쉬고 싶다. 아무도 없는 곳으로 도망치고 싶어. 왜 살아야 하지? 그냥 이대로 잠들어서 죽었으면.' 이라고 속삭이는 목소리를 쉼 없이 듣는다. 그리고 직장에 가면 목소리는 '아무도 너를 좋아하지 않아. 네가 말하는 것은 틀렸어. 아무도 너에게 관심이 없어. 사람들은 틀림없이 너를 이상하게 볼 거야. 너의 모든 행동은 잘못되었어.' 라고 속삭인다. B 씨는 들려오는 목소리에 위축되어 모든 관계에서 눈치 보는 자신이 너무 싫었다.

머릿속의 속삭임은 조금도 쉬지 않고 우리를 계속 따라다닌다. 밥을 먹을 때도, 잠을 잘 때도, 세수하거나, 화장실에 있을 때조차 계속 속삭인다. 누군가가 쳐다만 봐도 '저 사람이 너를 째려보고 있어. 널 무시할 거야. 빨리 경계태세를 갖추고 방어를 해야 해.' 라고 속삭인다. 때로는 상대가 호의를 베풀 때도 '조심해. 저 사람은 뭔가 꿍꿍이가 있어. 너를 이용할지도 몰라. 함부로 사람을 믿으면 안 돼.' 라고 속삭인다. 또는 사랑하는 사람과 통화를 하다가 그가 바빠서 양해를 구하고 먼저 끊으면 '저 사람은 너를 사랑하지 않아. 너를 무시하고 있어. 네가 조금만 귀찮게 하면 너를 버릴 거야. 그러니 무시당하지 않으려면 네가 먼저 그를 무시하고 버려야 해. 전화가 와도 받지 마.' 라고 속삭인다.

머릿속에서 들리는 이야기는 대부분 무의식의 극단적인 두려움과 과장된 욕망의 목소리이기 때문에 현실의 실제상황과는 전혀 다르다. 하지만 우리는 대부분 머릿속의 속삭임이 상황에 맞지 않는 해석이 아닐까 의심하면서도 그것을 믿고 따르는 경우가 많다. 그 목소리를 믿음으로써 생기는 막대한 폐해는 금방 잊어버리고, 언제 그랬냐는 듯이 다시금 목소리를 따라간다. 만약 우리를 돕는 조력자가 우리 문제에 엉뚱한 조언을 해서 상황을 뒤틀리게 했다면 우리는 어떻게 했을까? 아마도 그에게 손해배상을 요구하거나 그를 멀리했을 것이다. 하지만 머릿속에서 들리는 목소리에 대해서는 우리는 관대하다. 목소리가 중요한 상황에서 그렇게도 깽판을 치는데도 다음 날이 되면 또다시 목소리의 이야기에 끌려간다. 얼마나 황당한 일인가? 몇 번이고 그것이 맞지 않는 이야기임이 명백히 드러났음에도 말이다.

이렇게 머릿속의 목소리는 상황과 맞지 않는 터무니없는 해석이나 부정적인 이야기로 삶을 혼란스럽게 하고 뒤틀리게 한다. 머릿속의 목소리는 도대체 왜 거기에서 계속 지껄이는 걸까? 목소리는 과연 어디만큼이 진실일까? 왜 우리는 목소리의 소음에 고통을 받으면서도 그것에 계속 끌려다니는 걸까? 우리가 만약 머릿속의 목소리를 따르지 않는다면 어떻게 될까? 머릿속 목소리의 정체는 도대체 무엇일까? 이런 질문을 자신에게 던져 본 적이 있는가?

머릿속 목소리의 정체는 바로 '생각'이다. 인류의 조상인 호모사피엔스의 위대함은 생각을 사용함에 있었다. 하지만 스스로 관리하고 조절하지 못하는 생각은 사람을 가장 고통스럽게 만드는 원인이 되기도 한다. 의식의 수준이 낮을수록 생각의 주인이 되어 생각을 쓰지 못하고, 생각의 종이 되어 생각에 끌려다닌다. 강박증은 생각의 속삭임에서 벗어나지 못하고 조종당하는 사람들의 모습이다. 깨어있지 못한 의식은 습관적으로 올라오는 생각에 자동으로 끌려간다. 하지만 이들에게 일어나는 생각들은 진실과 관계없는 잡념이거나 망상인 경우가 대부분이다. 고정되고 틀 지어진 낮은 의식에서 일어나는 생각들이 욕망과 두려움의 망상을 반복하게 만드는 주범이다. 이들이 짓는 생각은 이성적이지도 않고 합리성도 부족하며 감각적이고 충동적이다. 여기서는 진실과 거짓을 구별할 수 없고, 때로는 거짓과 허위가 더 설득력 있게 수용된다.

대상의식과 아상의식은 기본적으로 욕망과 두려움의 구조 위에서 작동한다. 무언가를 이루려는 욕망과 뜻대로 되지 않는 것에 저항하는 두려움의 목소리는 의식의 수준이 낮을수록 더욱 강하게 들린다. 욕망이 억압되거나 두려움이 커질수록 머릿속의 목소리는 커진다. '이렇게 해야 했는데 왜 못 했어? 이렇게 하면 사람들이 뭐라고 할까? 욕하지 않을까? 버림받지 않을까? 저 사람은 왜 저래? 난 이게 좋아. 저건 싫어.' 등등. 머릿속의 목소리는 욕망과 두려움이 요구하는 것을 해달라고 떼를 쓴다. 하지만 이런 목소리는 상황에 적절하지 않은 헛소리이거나 감정과 에너지를 흐르지 못하게 하는 방해물로 작용한다. 이런 생각이 바로 모든 정신적인 질병과 고통의 원인이다.

보통 사람들은 하루의 생각 중 이런 목소리의 잡음이 거의 90% 이상을 차지한다. 나머지 10% 미만만 자신이 원하는 방향으로 생각을 쓰면서 살아간다. 하루 중 대부분을 생각의 노예가 되어 끌려다니는 강박증 환자들은 그래도 잠시지만 생각의 목소리를 벗어나기도 한다. 하지만 조현증이나 편집증과 같은 정신증을 지닌 사람들은 아예 생각의 목소리가 그 사람의 의식을 모두 지배해 버린 상태이다. 그들은 생각에 빙의되어 생각이 진실이나 사실인 것처럼 받아들여 좀비처럼 살아간다. 이런 생각의 속삭임에 끌려다니지 않고 우리는 살 수 없을까?

2. 망상과 왜곡으로 습관화된 머릿속의 목소리가 업식業識이다

얼마 전에 이사 온 아파트 출근길 도로변에 아침이면 나와서 크게 소리치는 60대 여성이 있었다. 그녀는 주변을 돌아보며 불특정 다수를 향해 큰 소리로 욕설과 비난의 말을 했다. 사람들은 대부분 그녀를 미친 사람으로 인식하고 그녀의 말을 무시하며 지나갔다. 나 또한 특별히 그녀와 얽히기 싫어서 그냥 지나치곤 했다.

그러던 어느 주말 아침에 아파트 앞에 물건을 사러 나왔다가 무심코 그녀가 도대체 무슨 불만으로 저렇게 욕설을 하는지 자세히 들어보았다. 그녀의 외침은 대부분 시댁에 대한 욕설과 남편에 대한 원망과 자신에게 상처 준 사람에 대한 비난이었다. 주변 사람은 보이지 않는지 스스로 질문하고 대답하며, 욕하고 반박하기를 계속했다.

그녀의 외모는 약간 통통하고 순박해 보였다. 그녀는 어쩌면 삶을 살면서 자신의 욕구와 감정을 희생하면서 사람들에게 맞추었지만, 결과는 배신이나 외면, 무시였는지도 모른다. 제대로 표현되지 못한 억눌린 감정이나 욕구가 상처가 되어 그녀를 고통에 빠뜨렸는지도 모른다. 그녀는 실제의 현실을 보지 못하고, 생각 속에서 피해망상의 세상을 만들었는지도 모른다. 이처럼 우리가 겪는 모든 신경증이나 정신적인 고통의 뒷면에는 억압된 욕망과 과장된 두려움으로 짜깁기한 왜곡된 생각의 목소리가 있다.

우리는 누구나 머릿속의 목소리를 들으며 살아간다. 때로 목소리는 잠잘 때조차 따라와서 우리를 괴롭힌다. 목소리는 왜 우리의 머릿속에서 계속 지껄이는 것일까? 자세히 살펴보면 머릿속 목소리는 실제의 현실을 살아가는 '나' 아닌 또 다른 인격체와 같다. 그것은 머리 옆에 딱 달라붙어서 모든 상황을 자신이 원하는 대로 이끌려는 무의식적이고 습관화된 에너지체이다. 이것을 다른 인격이 내면에 들어와 사는 '빙의憑依체' 라고도 하고, 불교에서는 '업식業識체' 라고도 한다. 21세기의 대표적 영성가인 에크하르트 톨레는 이것을 '고통체' 라고 불렀다. 이것은 욕망이 억압되어 흐르지 못해 정체된 에너지이며, 상처받은 감정이 응어리져서 만들어진 고통의 에너지이다. 이것의 에너지가 강해질수록 방심하는 순간 우리의 인생을 한순간에 깽판 쳐버린다. 사랑하는 관계를 사소한 일로 단절시키거나, 잘 되던 일도 한순간의 선택으로 엉망으로 만들며, 아무것도 아닌 일에 과도하게 분노를 폭발시켜 인생을 파탄지경으로 이끌기도 한다.

사실 머릿속에서 일어나는 어떤 목소리도 진실한 나는 아니다. 자신의 의도와 다르게 머릿속에서 속삭이는 목소리를 신경정신과에서는 강박과 같은 신경증이나 환청과 환시 같은 정신병으로 진단하기도 하고, 종교나 수행단체에서는 빙의憑依로 표현하기도 한다. 머릿속의 목소리는 삶의 갈등과 혼란을 일으키는 근원이자 모든 정신질환의 원인이기도 하다. 목소리가 심해지면 우리는 마치 그것이 진짜인 듯 그 소리에 자동으로 끌려간다. 진실로 삶은 언제나 있는 그대로이며, 문제가 없다. 하지만 머릿속의 속삭임은 삶을 자기 멋대로 해석해서 문제를 만들어낸다. 인생에는 원래 문제가 없지만, 인생이 마치 문제인 것처럼 만드는 것은 이런 멋대로 일어나는 생각의 목소리이다. 삶이 힘들다는 것은 머릿속의 목소리가 강해서 그것에 끌려다닌다는 뜻이다. 목소리를 따라가면 일도 망치고, 관계도 망가지고, 생활도 망치고, 심해지면 신경증이나 정신병이 되어 인생이 끝장이 난다.

목소리의 속삭임은 욕망과 두려움이 원하는 것을 빨리 처리해 달라고 소리친다. 두려움이 멀어지고 욕망이 충족되는 순간 목소리는 잠시 고요해진다. 감각적이든 감정적이든 욕망이 확 일어날 때 욕망이 충족되면 목소리는 잠시 고요하고 편안해진다. 불안과 위협의 순간에 목소리는 난리를 피우다가 안전함을 느끼는 순간 잠시 멈추게 된다. 우리는 머릿속의 목소리가 잠시 멈추는 그 순간을 편안함이라고 착각한다. 하지만 목소리는 그것을 용납하지 않는다. 욕망과 두려움의 구조 위에 서 있는 목소리는 욕망과 두려움의 불이 꺼져버리면 자신이 아무것도 아님을 느끼기 때문에 집착을 절대 놓지 않는다.

서양의 유명한 명상가인 에크하르트 톨레는 어느 날 머릿속에서 지긋지긋하게 속삭이던 두려움과 우울의 목소리에 대해 "더 이상 이렇게 살 수는 없어."라고 소리쳤다. 그러면서 그는 자신을 못마땅하게 여기는 목소리와 그 목소리와 싸우는 또 다른 목소리에 대해 이렇게 질문을 했다. "과연 어느 쪽의 목소리가 진정한 '나' 인가?" 오랫동안 그는 머릿속에서 목소리를 들었다. 하지만 계속된 고통의 순간 목소리에 던진 의문과 질문은 그를 오랫동안 구속하던 목소리에서 벗어나게 했다.

　머릿속의 목소리가 멈춰버리면, 삶은 언제나 있는 그대로 아무 문제가 없고 평온하다. 우리가 힘들다고 하면서도 머릿속의 목소리에 계속 끌려다니는 것은 목소리의 실체에 대해 한 번도 의문을 제시해 보지 않았기 때문이다. 일어나고 사라지는 목소리는 우리가 아니다. 우리의 진정한 실체는 머릿속의 목소리가 멈춘 곳에서 드러나는 고요와 침묵이다. 인간이 욕망을 충족하고자 하는 근본적인 이유는 무엇일까? 그것은 욕망의 충족 자체가 아니라, 욕망이 충족되는 순간 심리적 만족감에 들어 있는 잠깐의 멈춤을 누리고 싶기 때문이다. 두려움을 회피하려는 시도는 안전감이 주는 잠깐의 쉼 때문이다. 마약을 했을 때의 충만감, 도박에서 땄을 때의 전율, 새로운 여행 장소의 낯선 풍경에서 느껴지는 경이로움 등. 이 모든 것은 머릿속의 목소리를 잠시 멈추게 한다. 인간은 살면서 누구나 이런 멈춤과 고요의 편안함을 경험한다. 그리고 다시 그 느낌을 경험하고 싶은 충동이 강박적인 중독을 일으킨다.

3. 머릿속의 생각이 만든 망상에서 벗어나라

생각은 내가 아니다.
생각은 사실이 아니다.
생각은 전체가 아니다.

인간은 생각으로 사회를 만들고, 문명을 건설했으며, 제도와 국가를 만들었다. 인간의 불행도 한 생각의 일이고, 인간의 행복도 한 생각의 일이다. 생각은 감정을 지배하고 느낌을 주관하는 주인이다. '나'라는 정체성은 생각이 지닌 자기 한계이자 자기 한정이다. 인간이 지닌 생각의 구조와 틀은 보이지는 않지만 거대하고 단단한 벽과 같다. 생각이 통하지 않는 사람을 우리는 벽창호와 같다고 한다. 벽창호는 소처럼 고집이 세고 우둔하며 고지식하여 도무지 말이 안 통하는 사람을 가리킨다. 비슷한 말로는 고집불통, 독불장군이 있다. 생각의 구조에 높은 벽을 쳐버린 사람과는 소통도 공감도 불가능하다. 그런 사람들은 스스로 생각의 벽 안에 고립되어 귀를 막고 입을 막고 눈을 막고 살아간다. 이렇게 생각이 벽에 막혀있는 사람들은 벽 안에서 들리는 소리와 벽 밖에서 들리는 소리 사이에서 혼란스러울 수밖에 없다. 이런 혼란이 머릿속의 목소리로 드러난다.

우리는 일어나고 사라지는 생각이 자신이 아님을 알아야 한다. 진실한 우리의 모습은 생각을 지켜보는 '자각' 자체이다. 긍정적인 생각도 따라가지 않고, 부정적인 생각도 따라가지 않는 '알아차림'이 우리의 진정한 모습이다. 부정적인 목소리가 소리를 내든, 긍정적인 목소리가 소리를 내든, 목소리는 사실 똑같은 목소리일 뿐이다. 좋은 풍경이든 나쁜 풍경이든 풍경은 그냥 풍경일 뿐이다. 맛도 냄새도 소리도 이와 같다. 알아차리지 못하면 "내가 최고야! 잘했어." 같은 목소리에 끌려들어서, 의식은 들뜨고 자기도취에 쉽게 빠지게 된다. 반대로 "너는 할 수 없어. 너는 안 돼. 아무도 너를 좋아하지 않아." 같은 부정적인 목소리에 묶이면, 의식은 무겁게 가라앉아 무력감과 우울증에 쉽게 빠지게 된다. 이렇게 사고체는 감정체와 에너지체에 직접적인 영향을 미친다.

목소리의 내용이나 형식은 순간순간 바뀌고, 왔다가 사라진다. 하지만 목소리를 알아차리는 우리는 언제나 그대로이다. 우리는 생각에 물들지 않는 순수한 의식 자체이다. 긍정적인 생각도 망상이고, 부정적인 생각도 망상임을 알아야 한다. 그것은 모두 과거 경험이 만든 기억의 테이프에서 흘러나온 추억의 소리일 뿐이다. 진실은 생각이 쉬는 자리에 드러난 있는 그대로의 '텅 빈 의식' 자체이다.

하지만 상황에서 일어나는 목소리를 붙잡으면 우리는 목소리의 속삭임에 빠져 놀아나게 된다. '사람들은 나를 싫어해.'라는 목소리는 우리를 피해의식의 감정에 빠뜨리고, '저 사람은 날 무시해.'라는 목소리는 우리를 분노의 감정에 빠뜨리게 한다. 하지만 머릿속의 목소리는 특별한 것이 아니라 억압된 욕망과 회피된 두려움이 만든 감정의 웅어리일 뿐이다. 욕망과 두려움의 에너지는 삶에서 자연스럽게 드러나고 표현될 때 흐른다. 하지만 흐르지 못한 욕망과 두려움은 강력한 머릿속 목소리로 드러난다. 억압과 회피가 커질수록 머릿속의 속삭임은 커진다. 목소리가 커지면 목소리는 마치 나 아닌 또 다른 인격체가 되어 실제로 옆에서 얘기하듯이 들리고 보이기도 한다. 정신적인 분열을 겪게 되는 것이다.

머릿속의 목소리가 듣기 싫다고 그것과 싸우거나 멈추게 하려는 시도 또한 목소리의 다른 모습임을 알아야 한다. 머릿속의 목소리는 과거의 기억으로 상황을 판단하거나 좋고 나쁨의 호불호에 묶여있다. '싫어!', '좋아!'의 목소리에 따른 자동적인 반응은 있는 그대로의 사실을 왜곡하기 쉽다. '이렇게 했었지. 그래 맞아. 아니야! 저렇게 해. 아이코 실수했네. 큰일 났어.' 머릿속의 목소리는 쉬지 않고 재잘거린다. 목소리의 힘이 너무 커져서 자신도 모르게 소리를 입 밖으로 드러내는 사람을 우리는 이상하게 바라본다. 하지만 정도의 차이가 있을 뿐 사람들은 머릿속의 목소리에 쉴 새 없이 반응하고 있다.

인생을 파탄 내거나 관계를 단절시키는 주범은 외부의 상황이나 사람이 아니라 그것에 자동으로 반응하고 해석하는 머릿속의 목소리임을 잘 알아야 한다. 사실 머릿속의 목소리는 실제가 아니기에 목소리에 반응하는 자신을 제외하고는 누구에게도 영향을 미치지 못한다. 현실은 머릿속에서 들리는 목소리와 상관없이 흘러간다.

힘들다고 소리치는 목소리는 누구일까? 그리고 힘든 자신을 극복해야 한다고 소리치는 목소리는 또 누구일까? 불안을 일으키는 목소리가 있고, 그것이 힘들어 극복하려는 또 다른 목소리가 있다. 사실 두 개의 목소리는 모두 나가 아니다. 진실한 나는 목소리와 아무 관계가 없다. 진실한 나는 목소리를 바라보고 알아차리는 '알아차림' 자체이다. 우리의 진짜 모습은 모든 목소리가 사라진 자리에 있는 침묵이며, 목소리가 멈추는 순간 드러나는 비어있음이다.

우리는 목소리를 듣는 자, 알아차리는 자, 바라보는 자이다. 하나의 목소리가 들리면 그것을 알아차려서 그냥 보면 된다. 그렇지 않고 목소리를 사실로 받아들일 때 우리는 분열된다. 목소리를 그냥 구경하듯이 바라보라. 그러면 목소리는 과거의 기억과 미래의 기대가 만들어내는 모노드라마와 같음을 알게 된다. 목소리에 끌려가지 않고 내버려 두면 목소리는 구름처럼 사라진다. 우리가 머릿속에서 들리는 목소리에 더 이상 끌려가지 않는 의식의 상태가 바로 행복과 자유의 길로 가는 지름길임을 명심해야 한다.

4. 4가지 상相의 법칙에 따른 '생각의 진화'

머릿속의 목소리는 바로 '생각' 이다. 생각은 우리가 살면서 배우고 경험한 정보와 기억들의 집합이다. 하지만 생각을 다루거나 대하는 태도는 각각의 의식 수준에 따라 전혀 다르다. 대상의식에서는 머릿속의 목소리에 완전히 끌려다닌다. 가만히 있으면 온갖 생각들이 떠오르고 사라진다. 이것을 '망상妄想' 또는 '잡념雜念' 이라고 한다. 대상의식의 사람들에게는 인간이 가진 가장 놀라운 장점이 바로 단점이 된다. 생각을 의식으로 올바르게 쓰지 못하는 사람들은 일어나는 익숙한 생각에 자동으로 끌려다닌다. 상황에 대한 이들의 반응은 익숙한 생각에 따라 충동적이고, 감각적이며, 무의식적이다. 대상의식의 사람들은 생각에 끌려다니는 의식 수준이다.

우리는 삶에서 자신을 보호하고 지키는 생존의 무기로서 생각이라는 날카로운 칼을 가지고 있다. 대상의식은 생각의 무기를 전혀 쓰지 못하거나, 쓸 때도 바르게 쓰지 못해서 자신을 베어서 다치게 만든다. 그들은 보검을 가지고도 쓰지 못하듯이, 생각은 있지만 없는 듯이 살고 싶은지도 모른다. 그들은 이미 있는 생각이나 다른 사람들의 생각을 가져와서 맞추거나, 조금만 복잡해지면 생각하기를 포기한다. 이들이 사용하는 생각은 자신의 칼이 아니라 남들이 만들어 놓은 관념이나 정보를 받아서 그대로 뱉어내는 수준이다.

아상의식에서도 외부를 향한 머릿속의 목소리는 들리지만 더 이상 그것에 끌려다니지 않으려고 노력한다. 이들은 이미 만들어진 관념과 지식 중에서 자신의 욕구와 감정에 맞는 것을 골라서 상황에 대응하고, 내 것과 내 것 아닌 것을 구분한다. 이때 이들이 쓰는 생각을 '지성知性'이라고 한다. 지성은 자신의 욕구와 감정을 다른 사람들의 것과 분리해서 쓸 줄 아는 생각이다. 지성은 지식과 정보를 가지고 생각을 쓰거나, 생각으로 상황을 객관적으로 인식하고 분별하는 능력이다. 이미 만들어진 개념과 지식을 그대로 뱉어내는 생각이 아니라, 개인의 원함과 감정을 위해서 주도적으로 분석해서 쓰는 능력이다. 이들은 충동적으로 자동 반응하지 않고, 올바른 정보를 가지고 상황에 맞게 합리적으로 쓰려고 노력한다. 이렇게 자신의 원함대로 생각을 쓰려면 많은 훈련이 필요하다.

아상의식은 생각을 자신의 욕구나 감정적 필요에 따라 적절하게 사용한다. 하지만 이들의 머릿속에서도 목소리는 들린다. 이들에게 들리는 목소리는 대부분 이상적인 나와 현실적인 나 사이에서 일어나는 분열이자 갈등이다. 욕망과 두려움이 커질수록 아상의식의 목소리가 커지면서 원하는 대로 되지 못하는 현실의 '나'를 문제시한다. 이들은 이미 있는 생각을 잘 사용하지만 새로운 생각을 창조하지는 못한다.

법상의식의 사람들은 더 이상 머릿속의 목소리로 인해서 혼란스럽지 않다. 대상의식에서 들리는 목소리가 들판에서 멋대로 뛰어다니는 야생마라면, 아상의식에서는 붙잡혀 훈련받고 있는 말이다. 그리고 법상의식에서는 고삐가 단단히 채워져서 주인이 원하는 대로 잘 따르는 말이라고 할 수 있다. 말이 주인을 잘 따르면 주인은 말을 이용해서 많은 일을 할 수 있다. 그렇듯이 잘 훈련된 생각은 주인인 의식을 잘 따르게 된다. 이렇게 합리성으로 진화되고 논리적으로 성숙된 생각을 '이성理性'이라고 한다.

이성은 사물의 이치와 패턴화된 원리를 보는 생각의 높은 쓰임이다. 법상의식에서는 생각을 이성의 수준으로 끌어올려서 생각을 가장 효과적이고 적절하게 사용한다. 이들은 생각으로 사물을 자세히 관찰하고, 분석하고, 추론한다. 생각을 집중해서 사물들 사이의 보이지 않는 패턴과 원리를 발견한다. 그리고 그 패턴을 이용해서 기존의 것과 다른 새로운 정보와 지식을 창조한다. 생각이 일상에서 쓰일 때 이성은 지성보다 높은 차원의 힘을 발휘하고, 지성은 지식보다 한 차원 높은 힘을 발휘한다. 생각의 모임인 지식은 감정보다, 감정은 감각보다 높고 강한 힘을 발휘한다. 의식의 수준이 높아질수록 생각은 지식에서 지성으로, 그리고 지성에서 이성으로 점차 성장해 간다. 인간이 지닌 가장 강력한 힘은 생각에서 나오는 힘이다.

인간의 감정체가 액체처럼 흐르는 성질을 가졌다면, 생각체는 단단한 고체처럼 틀 지어져 있다. 생각체는 감정체와 에너지체를 둘러싸고 있다. 그래서 생각의 진화가 있어야 감정을 치유하고 에너지를 정화할 수 있다. 붕어빵틀처럼 단단히 고정되어 있는 생각체(고정관념)는 상황이 일어나면 붕어빵을 찍어내듯이 같은 감정과 행동을 반복적으로 생산한다. 하지만 의식의 수준이 높아질수록 단단한 생각체는 점점 유연해지고 부드러워진다. 생각이 유연하고 열려 있으면 방어벽의 문이 그만큼 열려 있어서 남들에게 다가가기 쉽고, 다른 사람들의 생각을 잘 흡수할 수 있다. 이것을 '소통'이라고 한다.

'공감'은 부드러운 생각체의 문을 열고 감정이 흘러나와서, 상대의 생각체의 문을 통과해서 감정체에 도달할 때 생겨난다. 그러기에 감정체의 흐름은 생각체가 가진 방어벽의 문이 열린 만큼 흐르게 된다. 의식이 높은 사람은 생각체가 유연하고 부드러워서 의식이 낮은 사람의 생각체를 쉽게 통과해서 소통하기가 쉽다. 하지만 의식이 낮은 사람의 생각체는 단단히 굳어 있고, 감정체가 흐르지 않아 다른 사람들과 소통하기가 쉽지 않다. 감정적 움직임은 지식의 객관성 앞에선 힘을 발휘하기가 어렵고,

단순히 암기하고 배운 지식은 지성 앞에서 힘을 발휘하기가 어렵다. 그리고 지성은 법칙을 꿰뚫는 이성 앞에서는 힘을 발휘하기가 어렵다. 이렇게 의식의 성장에 따라 생각도 함께 진화해 간다.

공상의식에서는 생각은 그냥 생각일 뿐이다. 생각이 나오는 자리에서는 생각이나 감정이나 감각이나 모두가 일어나고 사라지는 내용물에 지나지 않는다. 생각의 특성은 분별과 판단이다. 공상의식에서 일어나는 생각을 '직관直觀' 또는 '영성靈性'이라 한다. 생각은 삶에 가장 큰 영향을 미친다. 어떤 생각을 가지느냐에 따라 삶은 전혀 달라진다. 그리고 어떤 수준에서 해석하고 분석한 생각인가에 따라 상황을 보는 시각은 달라진다. 생각을 붙들면 그 생각 안으로 감정과 느낌이 생겨나고, 생각이 사라지면 생각이 만든 감정과 느낌도 동시에 사라진다. 그래서 공상의식의 수행법은 생각 자체를 끊어버리거나, 생각이 허상이자 망상임을 확연히 자각하게 하는 방편을 많이 사용한다. 지금 있는 진실을 바로 보면 삶에는 어떤 문제도 없다. 문제는 있는 사실을 왜곡되게 해석하는 낮은 의식의 생각에 있을 뿐이다.

09

4가지 상相에 따른
'단어와 말' 의 해석 차이

같은 상황과 사물을 보는 듯하지만,
의식의 높이가 다르니 인식도 삶의 수준도 달라지는구나!
같은 소리, 같은 모양 듣고 보지만,
천차만별인 해석의 세계!

1. 말이 아니라 의식의 높이가 핵심이다

우리는 일상에서 사람들과 대화를 나눌 때 같은 단어나 말을 사용하더라도 상대가 그것의 의미를 전혀 다르게 받아들여서 답답했던 적이 많다. 소통이란 같은 의식 수준으로 눈높이를 맞출 때 저절로 일어나는 것이다. 의식의 수준이 다르면 같은 단어나 말을 사용하더라도 상대는 다른 의미로 해석하기에 소통이나 공감이 어렵다. 이럴 때 의식이 높은 사람은 상대의 의식 수준에 맞는 단어나 말을 사용해서 눈높이에 맞는 소통을 가능하게 한다. 하지만 의식이 낮은 사람은 상대의 말을 자기 식대로 해석해서 엉뚱한 오해를 하거나, 단어의 의미를 잘못 해석해서 상황에 맞지 않는 부정적인 결과를 만들기 쉽다.

예를 들어 어린아이가 사용하는 말과 단어는 부모나 주변 어른들이 쉽게 알아듣고 소통한다. 하지만 부모나 어른들이 사용하는 말과 단어는 어린아이들의 수준에 맞지 않아, 아이는 어른들이 서로 무슨 말을 나누는지 이해하기가 어렵다. 아이들은 부모가 하는 말이나 단어의 진정한 의미는 모른 채, 부모의 대화 사이에 오가는 감정의 변화만을 느끼고 알아듣는다. 이렇게 아이가 자기 수준의 의식으로 상황을 해석하고 받아들일 때 심각한 오류가 발생한다. 아이가 잘못 받아들인 감정적 해석은 어릴 적 상처로 각인되거나, 부정적 감정이나 왜곡된 신념으로 기억에 남게 된다. 아이가 자라서 성인이 되어 비슷한 상황을 만나면 기억 속 잘못 해석된 정보로 상황을 엉뚱하게 해석하기도 한다.

심리상담이나 심리 치유의 현장에서 심리적으로 고통받는 사람들의 정신과적 진단은 크게 두 종류로 나뉜다. 하나는 신경증이고, 다른 하나는 정신분열(조현병)과 편집증 같은 정신증이다. 신경증은 정신증과 비교할 때 흔해서, 일반인도 정도의 차이는 있겠지만 누구나 약간씩은 가지고 있는 증상이다. 왜냐하면 신경증은 일상의 심리적 갈등이나 긴장, 외부의 스트레스를 다루며 생기는 증상이기 때문이다. 신경증은 정신증의 망상이나 환각, 괴상한 행동은 보이지 않지만, 일상생활에 지장을 초래할 정도로 불안정한 정서와 생활 태도를 드러낸다. 신경증을 지닌 사람들은 익숙하지 않고 불편한 증상에 괴로움을 느껴서 이 증상으로부터 빨리 벗어나려고 애를 쓴다. 신경증에는 우울증, 불안증, 공포증, 해리증, 전환증, 히스테리, 건강염려증, 신체화 장애, 심인성 통증 등이 있다.

이런 신경증과 정신증을 지닌 사람들의 가장 큰 특징은 현실을 올바르게 해석하는 것이 아니라, 자기 식대로 이해하고 받아들인다는 것이다. 이것은 어린 시절 정신적으로 미숙하고, 상황을 바르게 이해하는 지적 능력이 결핍된 상태에서 사건과 경험을 받아들인 결과이다. 의식의 수준이 낮을수록 상황을 부정적인 감정으로 받아들이거나 왜곡된 생각으로 보기 쉽다. 그들은 진실과 거짓을 구별하지 못하고, 감정은 거칠고, 적대적이거나 파괴적이어서 갈등과 다툼을 일으킬 수밖에 없다. 의식의 수준이 낮은 사람들은 상황을 실제와 동떨어지고 엉뚱하게 해석해서 스스로 심리적 고통을 만든다. 의식의 수치로 볼 때 신경증은 100~200의 의식 수준에서 일어나고, 편집증이나 정신분열과 같은 정신증은 100 이하의 아주 좁고 닫힌 의식에서 일어나기 쉽다.

우리는 심리적 질병을 치유할 때 과거의 상처나 어린 시절의 양육환경이나 대인관계를 살펴본다. 심리와 정신이 어디에서 어떻게 잘못되었는지 원인을 알아야 올바른 해석을 내릴 수 있기 때문이다. 어린 시절의 상처를 치유한다는 것은 그때의 힘듦이나 고통을 없애거나, 그것이 일어나지 않았으면 하는 감정적 충동을 만족시키는 것이 아니다. 과거의 상황은 언제나 있는 그대로이다. 단지 과거의 상황을 해석하고 받아들이는 현재 의식 수준을 높게 만들어야 한다.

어릴 때 우리는 누구나 의식 수준이 미숙했다. 그래서 상황을 사실대로 받아들이기보다 아이의 미숙함으로 오해하거나 잘못 해석하기 쉬웠다. 심리 치유는 잘못 받아들인 해석이나 상황에 대한 오해를 성숙한 어른의 의식으로 새롭게 해석해 주는 과정이다. 상황에 대한 오해가 풀려 이해가 생겨나면 문제는 저절로 사라진다. 진실이 드러나면 거짓은 힘을 쓸 수가 없다. 인간은 일어나고 사라지는 외부 세계를 사는 것이 아니라, 그것을 해석하고 설명하는 의식의 세계를 살아간다.

그런데 신경증이나 정신증과 같은 심리적 고통의 문제를 해결하기 위해 다양한 심리기법이나 약물로 오랫동안 치유하는 과정을 거쳐도 잘 해결되지 않는 경우가 많다. 그럴 때 환자는 심리치료사의 치유 방법이나 약물이 자신과 맞지 않는다고 생각해서 다른 곳을 찾아 전전하게 된다. 하지만 문제의 해결은 뛰어난 치유법이나 능력 있는 상담가나 새로운 약물의 효과에 있는 것이 아니라 문제를 대하는 환자의 태도와 의식의 높이에 있음을 알아야 한다. 문제는 의식의 외부에 있는 것이 아니라 의식의 내부에 있다. 치유 방법은 단지 자신의 문제를 보게 하는 방편이며, 치유사는 자신이 보지 못하는 것을 비추어 주는 거울이며, 약물은 고통스러운 신경을 잠시 둔화시키는 진정제에 지나지 않는다. 문제의 핵심에는 언제나 '나'라는 의식이 있다.

의식 수준이 낮은 사람들은 아무리 좋은 치유기법이나 뛰어난 상담가를 만나더라도 치유가 잘 일어나지 않는다. 치유는 철저히 자신에 대한 공감과 소통의 문제인데, 현재의 낮은 의식으로는 상처받은 자신을 공감하기도 힘들고, 약하고 미숙한 자신을 받아들이기도 쉽지 않다. 상처를 치유하는 것은 방법이나 상담가가 아니라 의식 수준의 변화이다. 높은 의식은 쉽게 소통하고 적절하게 반응한다. 하지만 낮은 의식은 말을 들어도 자기 식대로 받아들이고, 단어를 해석해도 전혀 다른 의미로 해석하며 오해하기 쉽다.

2. 4가지 상相으로 바라본 '책임' 이라는 단어

우리가 생활에서 쓰는 모든 단어와 말에는 긍정과 부정의 의미가 함께 내포되어 있다. 그래서 단어나 말이 중요한 것이 아니라 그것을 쓰는 사람의 의식 수준과 상황을 보는 태도가 중요하다. 의식의 수준에 따라 같은 말이나 단어라도 전혀 다른 해석이 일어나기 때문이다.

'책임' 이라는 단어의 사전적인 의미는 "맡아서 해야 할 임무나 의무, 어떤 일과 관련되어 그 결과로 지는 의무나 부담, 제재制裁"이다. 이런 사전적인 해석은 '책임' 을 상당히 힘들고 부담스러운 것으로 느끼게 한다. 이런 설명은 대상의식의 관점에서 바라본 해석이다. 이들에게 '책임' 이라는 단어는 어떤 것을 선택할 수 있는 권리와 자유도 없이 남들이 요구하는 것을 해야만 하는 의무의 느낌이다. 그들은 누군가로부터 '책임지라' 는 말을 들으면 무언가를 해야 하고, 잘못하면 제재를 받아야만 한다는 피해의식과 부담을 느낀다. 그래서 '책임을 진다' 는 말에는 상대방의 감정이 어떤지 눈치 보고 상대의 욕구에 맞춘다는 의미가 포함되어 있다. 반면 아상의식의 사람들은 '책임' 이라는 단어에서 의무보다는 자유에 더 많은 초점을 둔다. 그들에게 '책임을 진다' 는 말은 먼저 선택할 수 있는 권리를 가졌다는 의미이며, 자유는 선택에서 생기는 당연한 것으로 받아들인다. 이런 해석은 삶을 대하는 그들의 기본적인 태도가 긍정성, 받아들임, 자율성, 자신감에 바탕하고 있기 때문이다.

또한, 이들은 '책임지라' 는 말을 들으면 스스로 선택할 권리와 자유를 가지고 책임을 맡을 것인지, 맡지 않을 것인지를 먼저 보기 때문에 피해의식이 없다. 이들은 남의 것이 아닌 자신의 욕구와 감정이 중요해서 그것에 관심을 둔다. 그래서 책임은 상황에서 자신의 욕구와 감정을 바로 알고 자신의 것을 당당히 드러내고 표현하는 권리의 문제로 해석된다.

법상의식의 사람들에게 '책임'이라는 단어는 '반응response'이다. 영어로 책임은 response(반응하다)+ability(능력)= responsibility(책임)이다. '책임'은 문제와 상황에서 가장 적절하게 반응하는 능력이다. 대상의식의 입장이나 아상의식의 입장을 빼고, 이들은 상황에서 법칙과 원칙에 맞는 가장 적절한 반응을 하는 것을 '책임'으로 본다. 이는 이성과 합리성으로 적절히 반응하는 능력이기도 하다. 이들에게 '책임을 진다'는 말은 상대 것이냐 내 것이냐가 아니라 법칙과 원칙에 따른 적절한 반응의 여부이다.

공상의식의 사람들에게 '책임'이라는 말은 말 그대로 말이자 단어일 뿐이다. 모든 것은 있는 그대로 온전하다. 어떤 선택이든 온전함으로 받아들이기에 그 자체가 바로 '책임'이다. 그곳에는 해야만 하는 부담도 없고, 자신이 선택한다는 권리에 대한 인식도 없으며, 원칙에 맞게 한다는 의식 자체가 없다. 세상은 의식의 상태에서 바라보고 해석하는 것이지, 외부에 실제로 그런 세상이 있는 것이 아니다. 말과 단어는 그냥 말과 단어일 뿐이지, 말과 단어에 해당하는 특별한 모양이 실제 있는 것이 아니다. 그래서 같은 말이나 단어라도 의식의 수준이나 상태에 따라 그것을 이해하고 받아들이는 것이 다르다는 것을 명심해야 한다.

3. 4가지 상相으로 바라본 '배움'이라는 단어

'배움'이라는 단어에 대한 사전적인 의미는 "새로운 지식이나 기술, 교양을 얻는다. 남의 행동이나 태도를 본받아 따른다."이다. 이는 대상의식의 의미인데, 대부분 사전 속 단어는 대상의식의 수준에서 해석하고 설명한 것이다. 왜냐하면 일반인의 80% 이상이 대상의식의 수준에 속해 있기 때문이다. 대상의식의 사람들에게 '배움'은 정보의 전달이나 지식의 모방인 경우가 대부분이다. 이들은 배우는 지식이나 정보에 들어 있는 원리나 법칙에는 관심이 없고, 필요한 지식과 정보를 많이 소유하는 것이 목적이다. 이들은 상황에 따른 문제를 해결할 정답이 필요한 것이지 정답이 가지는 원리나 법칙의 이해에는 관심이 없다.

아상의식의 사람들에게 '배움'이라는 단어는 배운 것을 자신만의 것으로 익숙하게 익힌다는 의미를 내포하고 있다. 이들은 이미 만들어진 지식이나 정보 중에서 자신에게 필요한 것을 선택해서 집중하거나 열심히 흉내 내고 따라 해서 능숙하게 만든다. 이들은 새로운 판을 짜지는 못하지만 만들어진 판 위에서 최대의 효율로 지식을 생산하고 정보를 따라 한다. 이들은 새로운 규칙과 법칙을 배워서 자세히 익힐수록 경쟁력은 높아지고 생존력은 강화된다는 사실을 잘 안다. 하지만 이들에게 '배움'이란 때로는 더 많은 지적 욕망의 추구가 되어 에고의 확장으로 자아도취에 빠지게 한다.

법상의식의 사람들에게 '배움'이란 새로운 곳으로의 탐험과 새로운 경험을 향해 넘어가려는 용기가 들어 있다. 그들에게

'배움'은 자신과 현상을 자세히 관찰하고 깊게 사유하는 것이다. 관찰과 탐구는 그들에게 새로운 흐름과 패턴을 발견하게 하고, 그런 발견은 새로운 지식과 기술을 창조하게 한다. 이들은 기존의 개념이나 관념에 묶이지 않고, 그 개념과 관념을 만들어낸 원리와 법칙을 꿰뚫어, 새로운 개념과 관념을 창조한다. 그렇게 되면 세상은 그것이 생기기 전과는 완전히 다른 세상이 펼쳐진다. 예를 들어 텔레비전이나 휴대폰이 나오기 전과 이후의 세상은 완전히 다른 세상이며, 민주주의라는 정치제도가 출현하기 이전과 이후는 전혀 다른 사회이며, 예수님이나 부처님이 오시기 전과 후의 인간의 삶은 완전히 다르다. 우리가 누리는 문명의 편리함은 법상의식의 수준을 넘어선 몇몇 사람들이 만든 것이다.

공상의식의 사람들에게 '배움'이라는 단어는 그냥 다른 단어와 다를 바가 없는 모양일 뿐이다. 공상의식은 개념과 관념을 넘어선, 그것이 나오기 이전의 자리를 아는 의식의 높이다. 법과 원리 또한 공상의식에서 만들어져 나와 흐르는 그림자이다. 그곳은 어떤 배움과 찾음, 얻음으로도 도달할 수 없는 곳이지만, 모든 곳에 그것은 항상 명백하게 드러나 있다.

'배움'은 의식의 영토를 확장하는 가장 중요한 작업이다. 삶은 배움이자 경험이다. 우리는 삶의 모든 것을 경험할 수는 없다. '배움'은 경험을 쉽게 하고 더 많은 경험을 통해 의식을 성장하게 한다. 우리는 지금 '배움'이라는 단어를 어느 수준에서 바라보고 활용하고 있는가. 예를 들어 하나의 사과가 있다고 생각해 보자. 대상의식은 사과에 대한 다양한 지식을 잔뜩 가지고 있다. 사과에는 어떤 종류가 있고, 어떤 맛을 내고, 어디에서 생산하는지에 대한 이론과 지식을 가진다. 하지만 사과를 직접 먹어보지는 못했다. 지식이 아무리 많아도 직접 경험해 보는 것보다 못하다. 아상의식은 사과를 직접 체험하는 것과 같다. '내가 사과를 먹어보니 맛은 이렇더라.', '사과가 나에게 잘 맞는 것 같다.'라고 한다. 하지만 법상의식은 사과를 직접 생산하는 사람들이다. 어떤 것에 대해 단순히 지식으로 배웠는지, 아니면 그것을 직접 경험했는지, 아니면 그것을 직접 창조할 수 있는지는 각각 반영하는 의식 수준에 따라 다르다. 사랑하고 좋아하는 사람이 어떤 사람인지 아는 것과 직접 만나서 교제해 보는 것은 전혀 다르다. 그리고 교제하는 사람과 결혼해서 함께 생활하는 것은 또 전혀 다른 문제이다. 공상의식에서는 사과도 사랑도 모두 같은 의미와 말의 다른 모양일 뿐이다.

4. 4가지 상相으로 바라본 '공空' 이라는 단어

반야심경에 '색즉시공 공즉시색色卽是空 空卽是色' 이라는 말이 있다. '물질적 현상이 공空과 다르지 않고, 공空이 곧 물질적 현상과 다르지 않으니, 물질적 현상이 곧 공空이요, 공空이 곧 물질적 현상이다.' 라는 말이다. 공空이라는 단어는 인간이 만들어낸 말 중에서 가장 많은 의미를 내포하면서도 그것의 진실한 의미를 이해하기에는 매우 어려운 단어이다. 공사상空思想은 대승불교의 근본 사상으로 인간을 포함한 일체 만물에는 고정불변하는 실체가 없다는 사상이다. 부처는 보리수 아래에서 연기緣起에 기원한 새로운 진리를 깨달았다. 그는 "현상계를 유전하는 모든 존재는 인연因緣의 화합으로 생멸하는 존재이므로, 고정불변하는 자성自性은 없다."라고 했다. 일체 만물은 단지 원인과 결과로 얽힌 상호의존적 관계이다. 그래서 무아無我이며, 무상無常이기 때문에 공空이라 했다. 이때의 공空은 고락苦樂과 유무有無의 양극단을 떠난 중도中道이다. 이것이 부처가 깨달은 공空의 내용이다.

삶을 바라보는 우리의 시각은 너무나 다차원적이다. 1차원을 선이라고 한다면 점들의 모임이 이어져서 선이 된다. 2차원은 선이 이어짐으로써 면이 되고, 3차원은 면에 높이를 가진 공간을 창조한다. 그리고 4차원은 3차원의 공간에 시간성을 가진다. 이렇듯 우리는 의식 수준에 따라 전혀 다른 차원의 세계를 경험하고 인식한다. 예를 들어 1차원을 대상이라 한다면, 2차원은 아상, 3차원은 법상, 4차원은 공상으로 표현할 수 있다. 그러기에 의식 수준에 따라 삶에서 같은 상황을 만나더라도 인식하는 것에는 차이가 클 수밖에 없다. 그런 의미에서 공空이라는 단어도 의식 수준에 따라 어떻게 해석되고 있는지 알아보자.

사전적 의미로 공空은 '없다', '비었다'는 의미와 '고정된 실체가 없다'는 뜻으로 해석된다. 대상의식의 사람들은 '공空'에 대해 사전적 의미의 개념과 이론을 배워서 말한다. 이들은 공空에 관한 정보와 지식을 많이 알고 이해하면 공空을 안다고 생각한다. 이들은 부처님의 가르침이나 선사들의 법문을 외우고, 그들에 관한 정보를 많이 가질수록 공空을 안다고 착각한다. 그들은 깨달았다는 유명한 사람에게 배운 것을 자랑하고, 부처님이나 선사의 본래 가르침을 따르는 것이 정도正道라고 하면서 배운 대로 흉내 내고 따르려는 사람들이다. 이들의 공空은 죽어 있는 이론의 공空이요, 실제 생활에서는 활동하지 못하는 고정된 공空이다. 이들은 경전을 열심히 읽고 형식을 따른다. 하지만 이들의 수행은 전혀 자신과 관계가 없는 대상의 앎이자 정보일 뿐이다.

아상의식의 사람들에게 '공空'은 이제 직접 자신과 접촉된 공空이다. 그들은 "네 것은 네가 책임지고, 내 것은 내가 책임진다. 상대는 나와 '다르다'는 것을 안다. 다르기에 틀림은 없으며, 틀림이 없기에 문제가 없다. 문제가 없기에 공空이다."라고 인식한다. 이들은 대상이 문제가 아니라 대상을 보는 자신의 감정과 생각이 문제임을 자각한다. 그래서 '자기 생각과 감정에 따라 고정된 것은 없다.'라고 아는 것을 공空을 안다고 표현한다. 외부를 문제시하고 해결하려 했던 의도에서 외부는 사라지고 오직 '나'만 있다는 자각을 공空이라고 한다.

법상의식의 사람들은 "나는 없다. 세상은 보이지 않은 법과 원리의 흐름이자 작용이다."라는 자각을 공空을 안다고 표현한다. 세상과 자신이 무아無我임을 알았고, 연기법의 원리를 직접 체험했다. '나'가 없기에 더 이상 집착할 것이 없으며, 집착이 없으니 삶은 법칙대로 흐를 뿐이다. 나도 없고, 너도 없으며, 오직 법만이 작용함을 자각한다. 이것이 있으니 저것이 있고, 이것이 없으면 저것도 없다. 세상은 이것과 저것이 서로 연관되어 서로에게 의존되어 존재한다. 이것으로서의 본질과 저것으로서의 본질은 서로 연관되어 있기에 그 실체가 없다. 이는 소승불교가 도달한 공空의 원리이다.

공상의식의 사람들에게 공空은 소승불교의 연기법처럼 이것과 저것의 상관관계에 의한 공空이 아니라, 이것은 이것대로 공空이고, 저것은 저것대로 공空이다. 그러기에 '세상이' 원래 공空이고, '연관됨'이 원래 없는 공空이며, '연기법' 역시 공空이다. 모든 것은 단지 '의식' 뿐이다. 이것이 대승불교의 공사상空思想이다. 소승불교의 깨달음에 대한 인식에서 한 걸음 넘어간 사상이자 깨달음이다.

공空은 하나의 단어일 뿐임을 명심해야 한다. 공空이 실제로 이 세상에 존재하는 것은 아니다. 그것은 인간이 진실이 무엇인지, 실재가 무엇인지를 표현하는 과정에서 만들어 낸 하나의 단어일 뿐이다. 공空은 인간이 도달하려는 높은 의식의 수준을 표현하는 말이다. 공空이라는 단어를 사용한다고 모두 같은 것을 얘기하는 것이 아니다. '공空'과 '깨달음'에 들어 있는 단어들의 의미는 어떤 사람에겐 살아 움직이는 실제이지만, 어떤 사람에게는 감정적으로 허망한 공허감일 수도 있고, 또 어떤 사람에게는 아무 의미 없는 단어나 말일 수도 있다.

컵을 들어 보인다.
이것이 있는 것인가, 없는 것인가?

소승에서는 연관되어 있다.
그래서 컵은 공空이다.

대승에서는 있지만,
원래가 공空이다.

10

나의 삶으로 경험한
4가지 상相의 법칙

의식에서 의식으로의 여행,
안도 없고 밖도 없다.
처음 출발한 그 자리에 다시 섰을 뿐이다.
이제 비로소 삶을 향해 내딛는 첫발!
삶이라는 그 경이로움을 향해…….

내 지나온 삶을 돌아보며 삶에서 직접 경험한 것을 토대로 4 가지 상相의 법칙에 따른 의식의 성장 과정을 설명하려고 한다. 우리는 각자의 의식 수준이 다르고, 살아온 환경과 여건이 다르기에 '나' 라는 개인이 경험한 것은 오직 '나' 의 체험일 뿐이다. 다른 사람들의 경험과 다를 수밖에 없다. 경험의 내용에는 맞고 틀리고, 옳고 그름이 있는 것은 아니다. 단지 '나' 라는 개인에게 의식의 성장이 어떻게 일어났는지에 대한 참고로 보았으면 한다.

1. 대상의식에서 아상의식으로의 변화

나의 삶을 되돌아보면 10대 후반까지 집에서는 그냥 착한 아들이었고, 학교나 사회에서는 말 잘 듣는 모범생이었다. 어릴 적부터 가정형편이 어려워서 스스로 나의 원함이 무엇인지, 삶에서 겪는 고통이 무엇 때문인지에 대한 이해가 전혀 없었다. 그냥 하루하루 생존하는 것이 중요했다. 그 영향으로 고생하시는 어머님을 호강시켜 드리는 것이 내 삶의 최고목표가 되었고, 남들 눈에 욕먹지 않고 잘 사는 것이 전부였다.

1980년대 초반 혼란한 사회 분위기에서 대학을 다녔다. 처음으로 나는 내가 살아온 익숙한 심리적 현실과 새로운 사회적 환경 사이에서 갈등을 겪기 시작했다. 법대를 다녔는데 사법시험에 합격하여 주변의 인정을 받는 성공적인 삶을 살고자 했다. 하지만 사회적 혼란과 대학의 분위기 탓에 공부는 뜻대로 되지 않아 내적 방황과 갈등을 겪다가 군대에 입대했다.

2년 6개월을 강원도의 최전방에서 군 복무를 했다. 그 속에서 처음으로 오랜 기간 익숙한 집이라는 현실을 떠나 홀로된 '나'로서 자신을 돌아보게 되었다. '나는 진실로 무엇을 원하는가', '나는 어떤 삶을 살고 싶은가' 하는 질문으로 많은 밤을 고민했다. 이런 고민을 통해 그동안 내가 가졌던 익숙한 정체성을 탐구하면서 나의 내면은 나도 모르게 많이 변해갔다.

군대를 제대한 후 대학 도서관을 매일 오가며 과거에 세웠던 목표를 성취하려고 다시 열심히 공부했다. 하지만 언제인지 모르게 삶이 겉도는 느낌이 들기 시작했다. 열심히 공부하려고 노력할수록 무언가 채워지는 느낌이 아니라 심장이 죄이면서 답답하고 머리는 생각으로 혼란스럽고 집중이 되지 않았다. 나의 내면에 보이지는 않지만 조금씩 균열이 생기기 시작했다. 아무리 억누르고 벗어나려고 해도 어느 틈엔가 삶을 잠식하는 알 수 없는 내면의 혼란은 나를 깊은 방황 속으로 밀어 넣었다.

그때부터 나는 '삶을 왜 살아야 하는가'에 대한 의문과 '삶의 진실이 무엇인가'를 알고자 하는 마음 때문에 더 이상 공부에 집중할 수가 없었다. 오랜 꿈이었던 고시에 대한 열망이 점차 식고 그 자리를 철학과 종교 서적을 읽는 것으로 대신하며 새로운 삶의 목표를 찾아 방황하기 시작했다. 삶의 진실을 알고자 하는 열망은 가슴에서 새로움으로 가려 했지만, 현실의 익숙한 무거움과 굴레는 그것을 쉽게 허용하지 않았다. 주변 사람들에게 이런 나의 갈등과 혼란을 얘기했을 때 이해해 주는 사람은 없었다. 그렇게 대상의식의 익숙한 현실과 새로운 아상의식 사이에서 방황하면서 나는 점차 현실에서 많은 것을 잃어 갔다. 사회적 성공에 대한 열정은 점점 멀어지고, 주위의 기대는 실망감으로 변했으며, 사람들은 나를 이상한 생각에 빠져 정신을 못 차리는 사람으로 보았다. 나 또한 이런 괴로운 현실로부터 빨리 벗어나 보려고 발버둥을 쳤지만, 이미 심장에 생긴 균열과 빈틈으로 흘러나온 새로운 생명 에너지는 지난날의 익숙한 현실로부터 자꾸만 멀어지게 했다. 나는 어찌해 볼 수 없는 인생의 덫에 빠진 것처럼 절망했다.

그 시기에 우연히 명상의 세계에 입문했다. 여동생의 건강이 좋지 않아 여러 가지를 시도해 보다가 단전호흡 단체에서 하는 호흡명상이 건강에 좋다고 해서 내가 데려갔다. 호흡명상을 시작하고서 3일째 되던 날 내 안에서 무언가 알 수 없는 내면의 억눌린 생명 에너지가 폭발하듯이 일어났다. 텔레비전에서 '8.15 특집'으로 본 장면들이 명상 중에 펼쳐졌다. 강제징용과 노역, 위안부들, 만주에서 독립을 위해 싸웠던 사람들이 겪은 어려움의 모습들이었다. 힘이 없어 외세의 침략을 받았던 우리 민족의 설움과 아픔이 가슴으로 느껴지면서 눈물이 났다. 중심이 약한 민족의 고단함과 힘이 없어 고통받는 사람들의 아픔이 느껴졌다. 억압되었던 그들의 고뇌와 그것에서 벗어나고자 했던 선열들의 심정을 생각하자 가슴에서 뜨거운 기운이 눈물과 함께 점차 통곡이 되어 흘러나왔다. 명상하는 내내 척추 아래쪽에서 솟아 나오는 슬픔에 소리 내어 울었다. 울음은 아래쪽 어떤 영역을 건드리면서 뭔가 알 수 없는 에너지가 갑자기 폭발했다. 그 순간 에너지가 미친 듯이 폭주하며 온몸으로 돌아다니기 시작했다. 몸은 널뛰듯이 진동했고, 마치 미친 사람이 된 것 같았다. 하지만 '나'라는 의식은 이 모든 것을 깨어서 선명히 보고 느끼고 있었다.

지나고 나서 생각을 해보니 억눌린 조상의 심정이 바로 나의 심정이었고, 중심이 약해서 당했던 조상의 아픔이 바로 현실에서 방황하던 나의 고통이었다. 내가 진정으로 무엇을 원하는지도 모른 채 주변 사람과 사회가 요구하는 관념에 맞추면서 살아야 했던 억눌린 내면의 에너지가 저절로 폭발했던 것이었다. 그 뒤 폭발하면서 느꼈던 몸과 에너지의 심각한 변화는 어느 정도 가라앉았지만 이런 변화는 거의 3개월 이상 지속했다. 목욕탕에 가면 몸이 저절로 피부호흡을 했고, 그동안 이해하지 못했던 진리에 관한 경전 내용이 저절로 이해가 되었다.

이때 느꼈던 의식의 변화 체험은 현실과 이상 사이에서 방황하던 나에게 진리를 향한 새로운 꿈과 비전을 주었다. 몸의 내면에는 흔들리지 않는 중심이 세워진 느낌이 들었고, 척추가 바로 서면서 자세가 편해졌다. 그리고 무엇보다 이상과 현실 사이에서 갈등하던 마음의 방황이 끝나고, 내가 가야 할 삶에 대한 명확한 비전과 방향이 바로 섰다. 이제 누가 뭐라 하더라도 나는 나의 길을 갈 것이라는 확신이 생겼다. 비전은 존재에 대한 깨어남의 꿈이었고, 낮은 의식을 높은 의식으로 성장시키고자 하는 희망이었다.

2. 아상의식에서 법상의식으로의 성장

아상의식에서 법상의식으로의 도약은 철저히 나를 깎는 인고의 과정이었다. '나'와 동일시했던 것을 내려야 했고, 내 뜻대로 안 되는 좌절의 어둠 속에서 비전과 원리를 믿고 전진해야만 했다. 나는 그 당시 나를 이끌어 줄 선생을 찾아 명상공부에 입문했다. 선생은 이상과 실용주의가 겹친 새로운 비전을 강조했다. 선생의 이상과 비전을 나와 동일시하며 새로운 목표를 향해 열정을 가지고 나아갔다. 그 길은 나와 모두를 살리고, 세상을 좀 더 아름답게 만들며, 사랑으로 성장할 거라는 믿음이 있었다. 가족과 세상에 대한 인연을 모두 내리고 이상과 비전에 몰두했다.

순수한 열정과 소명의식으로 가슴을 단단히 무장하고 수행에 매진했다. 하지만 간절히 원했던 명상의 생활은 시간이 지나자 처음과 달리 즐겁지 않았다. 내 마음은 일반사회 생활에서 명상생활로 모양만 바꾸었을 뿐 내적 쫓김과 무의식의 갈등은 변하지 않고 그대로였다. 어쩌면 나는 현실을 책임지지 못하는 나 약함을 명상이라는 허울을 쓰고 회피하고자 했는지도 모른다는 의심이 들기 시작했다.

그러던 어느 날 내 안의 정신적인 우월감과 자기기만의 착각이 현실과 진실에 눈멀게 했다는 자각이 들기 시작했다. 나는 30대 중반의 나이로 다시금 사회와 현실로 복귀했다. 하지만 당장 무엇을 해야 할지, 어떻게 살아야 할지 모든 것이 막막했다. 갑자기 삶이라는 거대한 현실로 밀려난 느낌이었다.

돈이 없어 결혼식도 올리지 못한 채 아내와 월세 집에서 신혼생활을 시작했다. 그리고 주변에서 약간의 도움을 받아 만화방을 운영하게 됐다. 하지만 내 마음은 아직 현실을 있는 그대로 받아들일 준비가 되어있지 못했다. 만화방의 좁은 공간에 갇혀 자욱한 담배 연기를 마시며 손님들의 라면을 끓이고, 만화책 정리와 가게 청소를 하며 하루하루 생존을 위해 살아야 하는 현실을 받아들이기가 쉽지 않았다. 나의 인생이 마치 나락으로 다시 내동댕이쳐진 느낌이었다.

나와 달리 친구들은 법대를 졸업하고 사회로 먼저 나가 안정적인 직장과 경제적 여유를 누리고 있었다. 이런 친구들을 볼 때마다 나는 더욱 초라해졌고 위축되었다. 그 당시 나는 현실에서 아무것도 아니었다. 하루하루 생계를 걱정하는 만화방 아저씨였고, 이상과 꿈을 위해 열정으로 사는 사람이 아니라 꿈을 잃어버린 낙오자였다. 나는 세상이 원하고 인정받는 그런 인생을 살고 싶었고, 나를 표현하며 당당하고 멋지게 살기를 원했다. 나는 무지개가 되고 싶었고, 책에서 읽은 영웅의 위대한 삶을 꿈꾸었으며, 사회적으로도 인정받는 사람이 되고 싶었다. 나는 '현재의 부족한 나'가 아니라 '고상하고 멋진 나'가 되고 싶었다. 하지만 현실에서 나는 날개가 꺾이고 꿈과 열정은 차갑게 식어 갔다.

만화방을 하면서 보낸 10년의 세월은 인생에서 내적으로 가장 큰 좌절과 고뇌와 인고의 시간이었다. 현실적으로는 그렇게 적응하려 했지만, 마음 한편에는 언제나 채워지지 않는 목마름과 공허함이 존재했다. 성장하고자 하는 욕구와 나아지려는 추구는 나를 현실에 안주하도록 가만히 내버려 두지 않았다. 현실이 조금씩 안정되자 나는 닫혀버린 나의 가슴을 움켜쥐고 그것을 채워줄 인연을 찾아 전국을 헤매었다. 다시금 나를 이끌어줄 선생을 만나서 내 안에 피지 못한 꽃을 다시 피우고 싶었다. 남들과 비교하지 않고 오직 나만의 고유한 빛을 찾아서 꽃을 피우고 싶었다.

인연을 찾아 이곳저곳을 기웃거리며 그렇게 많은 시간을 방황하며 고통스럽게 보냈다. 이런저런 가르침을 배우며 실천해 보았다. 하지만 결과는 내 존재의 발견이 아닌 방법과 행위에 휘둘린 실망이었다. 나는 계속 현재의 모습에 만족할 수 없어서 다른 사람이 가진 모습을 탐했으며, 현재의 내 상태가 불만스러워서 만족하는 곳으로 달려가고자 했다. 현재의 나는 언제나 부족하고 마음에 들지 않았기에 언제나 더 멋지고 당당한 '나'가 되고자 노력했다.

그때의 나는 나를 있는 그대로 이해하고 받아들이려는 것이 아니라, 내가 받아들이지 못하는 모습들을 바꾸어서 '특별한 나'가 되기를 원했다. 나는 나를 돋보이려 다른 사람들이 가진 배움으로 나를 포장하여 멋진 껍데기를 쓰고서 특별한 대우를 받고 싶었다. 하지만 나는 그들과 달랐다. 그들의 삶을 흉내 내고 따라 할수록 가슴은 더욱 초라해졌고, 내 것이 아닌 그들이 가진 정보와 지식으로 나를 포장할수록 삶은 광대처럼 우스꽝스럽게 느껴졌다. 나는 자신에게 진실하지 못했고, 마음의 한구석에 언제나 얇은 막을 가지고 세상에 다가갔다. 이 막에 포장된 나는 멋지고, 강하고, 착하고, 아는 척하는 만들어진 '나'였다. 내 안의 어둠이 싫었고, 내가 가진 욕망을 들킬까 봐 두려워하며, 나의 진실한 심장을 뒤로 숨겼다. 나는 진실해야 할 곳에선 자신과 타인을 속이고, 진실이 필요하지 않은 곳에서는 마치 세상의 누구보다 진실한 척 우쭐거렸다.

만화방을 10년 하며 여러 공부를 전전했다. 어느 때쯤부터 나는 남들에게 맞추던 모든 행위와 무언가 되려 했던 외적인 노력을 멈추고, 나 자신에게로 돌아와 나를 있는 그대로 탐구하기 시작했다. 이때가 40대 중반이었다. 나의 행동과 동기를 관찰하고, 감정과 욕망을 있는 그대로 탐구하며, 내가 가진 생각과 신념들을 살펴보기 시작했다. 하지만 탐구를 하면 할수록 점점 더 모름 안으로 빠져들면서 나중에는 이제까지 관찰하고 탐구한 모든 것들이 무의미해지면서 어둠 속으로 빠져들기 시작했다.

그때 깊은 절망감으로 모든 노력을 멈추고 멍하니 지내다가 우연히 한 지인이 소개한 선생을 찾아가게 되었다. 두려운 마음과 나의 문제를 혹시 해결할 수 있지 않을까 하는 기대감으로 선생의 처소를 방문했다. 선생의 거처는 계룡산 동학사 초입에 있었다. 선생은 나를 거실로 안내하고 한 잔의 차를 건네면서 물었다.

"무엇을 찾아서 여기까지 방문했는지요?"
나는 이미 준비해간 여러 말들이 있었다.
하지만 갑자기 할 말이 떠오르지 않았다.
그러다가 "하나를 모르니 모든 것을 모르겠습니다."
"하나를 알고 싶습니다." 라고 대답했다.

그 말을 하는데 나의 두 눈에는 알 수 없는 눈물이 계속 흘러나왔다. 그렇게 선생과 나는 그냥 말없이 앉아 있었다. 한참이 지나고 선생은 다시 한 잔의 차를 권하면서 나의 지나온 삶에 대해서 질문했다. 나는 나를 알리고 싶은 욕심에 내가 그동안 얼마나 열심히 탐구했는지, 진리를 향해 얼마나 열심히 살아왔는지, 여태까지 경험하고 배우고 터득한 것들에 대해서 풀어 놓기 시작했다. 그동안 수행하며 경험한 다양한 체험과 나만의 앎, 읽고 듣고 배웠던 이론, 진리를 알고자 달려온 노력에 대해 열심히 얘기했다. 나는 내가 누구인지를 알리는 일에 신이 나 있었던 것같다. 하지만 선생은 단지 고개를 끄덕이며 아무 말 없이 잘 들어주기만 했다. 오랜 시간 나의 삶을 모두 얘기했다.
　나는 선생에게 내가 괜찮은 사람으로 받아들여지고, 나의 가치와 수행에 대해 좋은 인상을 주었을 것이라고 확신하며 선생의 대답을 기다렸다. 하지만 선생은 나의 말에 아무런 반응도 없이 다시금 한 잔의 차를 권했다. 그리고 여기까지 오느라 고생이 많았으니 잠시 쉬었다 가라며 나를 거실에 남겨두고 밖으로 나갔다. 거실에 혼자 앉아 차를 마시면서 나는 완전히 초라한 빈 털터리가 된 기분이 들었다.

그 순간 나는 보았다, 내가 여태까지 그렇게 소중히 간직해 온 보고 듣고 경험했던 많은 것들이 사실은 내 의식에서 만든 무지의 산물임을. 내가 '나' 라고 떠들었던 지식은 포장이었고, 나를 속이는 껍데기였음이 너무나도 선명하게 보였다. 나는 초라하고 부끄러워서 견딜 수가 없었다. 눈물이 났다. 그냥 소리 내어 울었다. 울음은 점점 커져서 통곡이 되었다. 나는 그동안 어떤 관념과 방법과 이미지들을 붙잡고 마치 대단한 보물이라도 되는 듯이 끊임없이 되풀이하며 나를 한정하고 최면시켜 왔음을 보았다. 수행이라는 이름으로 사회적으로 인정받지 못한 자신을 포장하고 합리화하며 나를 어떻게 속여 왔는지를 보았다. 나는 현실의 성공과 인정이라는 욕심을 포기한 척하면서 진리와 수행이라는 이름으로 나를 포장하여 나 자신과 남들을 속여 왔음을 너무나 선명하게 보았다.

그때의 초라함과 부끄러움은 '나' 라는 존재 자체가 무너져 내리는 부끄러움이었다. 나는 울음과 함께 올라오는 그 부끄러움을 그냥 그대로 두었다. 그 순간 눈앞에 별빛과 함께 우주의 어느 아득한 곳으로 한없이 추락하는 빛이 보였다. 빛은 한없이 달려갔다. 하지만 그곳에는 어떤 움직임도, 태어남도, 사라짐도 없었다. 생명의 본래 모습은 하나이며, 분리는 없었으며, 거대한 침묵 속에 순간이 바로 영원이었다. 순간 가슴이 열리면서 새로운 느낌이 일어나면서 내면에서 한 목소리가 들렸다. "단지 이것뿐이다, 머리에서 가슴까지……." 허탈한 웃음이 흘러나왔다. 그렇게 찾던 그것이 단지 머리에서 가슴으로의 여행이었다니. 진실은 언제나 옆에 있었지만 내가 나를 속여 왔음을 알았다.

어느 틈에 왔는지 선생은 침묵을 깨면서 원리와 법칙에 대한 설명과 그것 너머의 가르침을 주셨다. 이때의 체험과 경험은 머리가 아닌 가슴으로 돌아가는 중요한 전환점이 되었다. 외부의 모든 상황과 경험들은 내면의식을 비춰주는 거울이다. 우리가 자기 내면에서 일체의 미혹과 이미지의 그림자를 보지 못하면, 자기의식이 만든 함정에 빠지게 된다.

선생과의 경험 후에 생활과 현실로 다시 돌아오면서 이제껏 내가 만든 온갖 관념과 신념들이 무의식의 깊은 곳에서 떠오르는 것이 보이기 시작했다. 나는 지난날 그것들을 때로는 비난하고, 때로는 회피하고, 때로는 남의 탓으로 돌리고, 때로는 저항하면서 무지라는 감옥 안에서 습관적으로 반응해 왔다. 나는 이제 나를 있는 그대로 받아들였다. 나의 평범함을 받아들이고 인정하게 되자 평범함이 바로 나의 가장 큰 장점임을 알게 되었다. 나는 평범했기에 많은 선생의 가르침을 수용할 수 있었고, 내 것을 내세우는 특별함이 없었기에 열린 마음으로 이것저것을 경험할 수 있었다. 평범에는 가장 큰 수용이 있었다.

삶이란 노력으로 '다른 무엇이 됨'이 아니라 '지금의 나'를 있는 그대로 받아들일 때 모든 갈등과 분열이 끝나게 됨을 보았다. 머리에서 가슴으로의 체험은 나의 삶에 많은 변화를 일으켰다. 나는 이상적인 깨달음이 아닌 철저한 삶의 현실로 다시 돌아왔다. 현실이 빠진 수행이나 체험은 그것이 아무리 고상해도 결국 의식이 만든 관념이거나 무지였다. 자기인식이 배제된 진리는 환상이거나 자기 도피임을 철저히 체험했다. 무엇을 안다는 마음은 경험과 기억의 자기투영이지 진실이 아니었다. 외부로 나간 의식에 비로소 쉼의 여유와 공간이 생겼다. 내가 찾아 헤매던 그것은 저 멀리 있는 것이 아니라 지금 여기에 있었고, 삶의 아름다움과 자유는 바로 이곳에 있었다. 내가 가진 관념과 신념을 다시 탐구하면서, 나는 그동안 외부의 인정과 안전을 위해서 얼마나 진실로부터 회피해 왔는지를 알게 되었다.

삶을 분별의 시각으로 본다면 옳음과 그름 사이에 하나만 존재가치를 지닌다. 세상은 원래 나누어져 있지 않다. 세상을 분리되게 보는 것은 세상을 해석하는 각각의 의식이다. 세상은 언제나 있는 그대로이며 생각과 감정도 분별만 없다면 그것을 경험하는 의식에는 아무 문제가 없다. 문제를 만드는 것은 '나'라는 의식의 자기 동일시였다. 치유와 자각의 길은 외부가 아닌 내면의식을 향한 길이다. 삶의 행복은 자기치유가 주는 선물이며, 자신을 있는 그대로 받아들일 때 자각의 불꽃은 저절로 일어난다.

나는 그동안 공부한 경험을 살려서 40대 후반에 심리상담센터를 열어서 사람들이 지닌 다양한 심리적인 고통의 문제를 직접 대면했다. 내가 공부하고 체험한 것들이 진실에 맞는 것인지 현실에서 직접 적용해 보고 싶었다. 지난날 살아온 나의 경험과 의식에 대한 이해는 심리상담의 현장에서 내담자들이 지닌 문제를 치유하는 데 중요한 밑바탕이 되었다. 처음 얼마간은 내담자들이 지닌 다양한 문제들을 해결하기 위한 노력이 성과 없이 벽을 만나는 상황이 일어나곤 했다. 내담자들의 부정성이 만든 신경증을 긍정적인 암시로 바꿔주거나, 상처받은 마음을 위로하고 공감함으로써 잠깐은 치유가 되는 듯했다. 하지만 시간이 지나면서 점차 원래대로 돌아가는 패턴을 반복적으로 보았다.

이런 문제를 깊이 고민하던 어느 날 나는 사람들의 문제를 거꾸로 새롭게 인식하기 시작했다. 심리치유는 긍정적인 암시나 공감으로는 한계가 있었다. 심리치유는 심리기법이나 방법으로 심리적 고통을 다루는 것이 아니라 문제를 가진 사람의 의식 자체를 이해하는 것임을 깨달았다. 그리고 심리치유는 고통받는 사람들이 빠져 있는 익숙한 자기최면의 한계에서 빠져나오는 것임을 자각했다. 그때부터 나는 내담자가 가진 익숙한 자기최면이 무엇인지를 함께 탐구하며, 의식이 가야 할 방향과 목표를 제시하면서, 함께 노력하는 방향으로 상담을 진행했다.

사람들이 지닌 다양한 심리적인 고통의 이면에는 언제나 욕망과 두려움에 집착하는 '나'에 대한 익숙한 자기최면이 있다. 나를 탐구하며 가졌던 경험을 토대로 내담자들의 심리적 고통에 깃든 무의식의 프로그램과 왜곡된 생각들을 깨어 나갔다. 삶은 언제나 있는 그대로 온전함을 심리상담의 현장에서 직접 경험해 나갔다. 그리고 사람들의 다양한 심리 문제를 치유하면서 치유란 자신을 있는 그대로 받아들이는 것이라는 것을 더욱 확실하게 깨달았다. 이를 토대로 『나를 꽃피우는 치유심리학』이라는 책을 집필했다. 이때가 50대의 초반이었다.

3. 법상의식에서 공상의식으로의 전환

심리상담센터를 시작하고 7~8년이 지난 어느 시점부터 명상하면 가슴의 텅 빈 자리로 들어가기 시작했다. 그 자리는 아무것도 없는 고요함 그 자체였다. 어느 날 센터에서 회원들과 명상하며 나누었던 느낌이 너무나 선명해서 그 각성으로 잠을 자는 데도 의식이 또렷했다. 몸을 뒤척이다가 잠이 오지 않아 새벽에 일어나 잠시 명상을 했다. 익숙했지만 만나기 어려웠던 어떤 에너지가 몸의 주변을 휘도는 것이 느껴졌다. 그것을 피하지 않고 있는 그대로 온전히 받아들이는 순간 내면에서 엄청난 에너지의 폭발이 일어났다. 온 우주를 감싸는 거대한 에너지가 바로 '나' 였다. 에너지는 지난날 선생을 처음 만났을 때 느꼈던 경험처럼 눈앞에서 빛과 함께 우주의 저 아득한 곳으로 한없이 퍼져 나갔다. 빛과 에너지의 거대한 흐름이 다시 대상들 속으로 스며들면서 만물들이 빛나기 시작했다. 그곳에는 어떤 시작도 끝도 없었다. 생명은 하나였을 뿐 분리란 없었다. 거대한 침묵이 흐르고 있었다. 에너지 속에서 나는 하나된 머물지 않는 머무름 속에 서 있었다.

오전에 센터로 오면서 익숙하게 보이던 사물들과 풍경들이 갑자기 낯설게 느껴졌다. 그것들 속으로 빨려 들어가면 내가 사라질 것만 같은 느낌이 들었다. 센터에서 회원들과 얘기를 나누던 중에 회원들을 보는데 갑자기 보이는 대상도 나도 사라졌다. 생각이 연결되지 않고, 분별이 놓이면서, 모든 것이 제자리에 있었지만 어떤 것도 없었다. 시간이 사라지고, 옳고 그름이 없어지면서, 모든 것이 환영처럼 잡을 이유가 없었다. 순간순간 일어나는 반응을 보았지만, 이도 저도 없는, 그렇다고 없다고도 할 수 없는 '이것' 만 있었다.

며칠을 계속 새벽에 일어나 습관처럼 명상에 들었다. 생각, 느낌, 감정, 에너지를 평상시처럼 의식으로 보고, 느끼며, 이완시켜 나갔다. 어느 순간 '의식이 뭐지?' 라는 물음이 가슴에서 일어났다. 그러곤 '의식은 없다.' 라는 대답이 흘러나왔다. '그러면 보고 느끼는 '이것' 은 뭐지?' 하고 물으니 '에너지' 만 있었다. 난 적도 없고, 사라진 적도 없는, 한계 없는 에너지가 있었다. 생명이나 생명이 아닌 것이 모두가 한 에너지였다.

그리고 문득 잠든 너머에서 한 번도 잠든 적이 없이 깨어있는 '이것' 이 있었다. 모든 것이 잠들었지만 '이것' 은 잠들지 않고 온전히 깨어서 한 번도 벗어난 적이 없었다. 그제야 비로소 잠에서 깨어 '이것' 을 만났다. 앉으나 누우나 눈을 뜨나 감으나 경계가 사라지고, 몸과 에너지가 붕~ 뜨는 듯 가볍고, 꽉 차는 느낌이 들었다. 그러고는 한쪽에 벗어져 있는 익숙한 옷 한 벌을 보았다. 그것은 몸이었다. 나는 몸을 벗어나 있었다. 옷을 홀연히 벗고 가만히 보았다. 그 옷이 나였고, 내가 그 옷이었다. 당연한 것을 내어주듯 아낌없이 놓았다. 옷을 벗은 두려움은 사라지고, 사랑만이 대지 위에서 춤을 추었다.

몇 날이 지난 후 그때의 체험을 비추어보며 개념화하려는 의도를 보았다. 지나간 그림자를 잡으려는 생각에서 개념화해서 사람들과 나누고 싶다는 생각이 보였다. 하지만 말할 수 없는 '이것'을 말하려 할 때 '이것'은 오염되고, 나눌 수 없는 '이것'을 개념으로 붙들려고 하니 가슴이 무거워지고 답답했다. '잡으려는 나는 누구인가?'라고 물으니, 아무것도 없었다. 없는 것을 물으니 당황스러움과 낯선 느낌이 있었다. 떠오르는 생각이 낯설었고 '나'라는 개념이 낯설었다. '나'가 없는데 '지금 묻는 이 '나'는 뭐지?'라고 다시 물으니, 있다고 하는 이 '나'에 대한 낯섦만 있었다. '나' 없음은 분별과 다름과 나눔과 동일시하는 그런 '나'가 없다는 것이지 존재가 없는 것은 아니었다. 없음에 대한 새로운 인식이 선명하게 통찰되었다.

몇 달 동안 밤이면 몸은 잠들었지만, 의식은 너무나 또렷했다. 주변의 아주 미세한 소리조차 깨어있을 때처럼 들리고 느껴졌다. 명상에 들면 저절로 척추가 바로 서면서 목 뒤쪽이 시멘트를 바른 것처럼 빳빳해졌다. 몸의 외면은 그대로지만 몸의 내면에는 미세한 진동이 계속 느껴졌다. 잠을 자면서도 의식은 전혀 잠들지 못하고, 때때로 몸을 벗어나곤 했다. 생각이 움직였지만, 좋은 것도 싫은 것도 전혀 잡히지 않았다. 감각을 중재하던 생각이 내려지자 모든 것이 낯설어지는 느낌이 있었다. 누군가의 이야기처럼 의식의 변화는 익숙한 곳에서 낯선 곳으로 나아가고, 그 낯선 곳에 새롭게 익숙해져 갔다.

어느 날 선가의 화두를 들고 스스로 질문했다.
"주장자를 들고 내려놓으며 무엇이 보이는가?"

대답은 분별하는 '나' 가 없기에
어떤 대답을 해도 정답이었다.

똥 막대기, 뜰 앞의 잣나무, 차 한잔, 무無…
하늘이 푸르다, 날씨가 좋다.
어떤 대답도 바로 '이것' 이다.
무어라 대답은 했지만 남는 것은 없었다.

이름이 '이것' 이 아니고, 모양이 '이것' 이 아니다. 이름에 속고, 모양에 속아 굽이굽이 돌아온 인생살이의 꿈에서 깨어났다. 꿈속에선 감정과 느낌과 생각이 '나' 인 줄 알았는데, 꿈에서 깨고 보니 모두가 '텅 빈 의식' 이었다. 명상하든, 명상하지 않든, 모든 것이 똑같았다. 비추던 거울에 더 이상 비출 것이 없었다. 상相이 사라지고 거울만 있었는데 어느 순간 거울 또한 없어졌다.

불생불멸, 불구부정, 부증불감, '이것' 이 바로 '진실' 이자, '의식' 이자, '세상' 이자, '나' 이다. '의식' 에서 모든 것은 완벽하게 돌아가고 있다. 어디서 시작된 것이 아니라 시작도 끝도 없는 그냥 완벽한 '이것' 이다. 우주는 빅뱅의 이론처럼 팽창도 축소도 없다. 모든 것은 계절의 주기처럼 생명의 순환과 흐름이 있을 뿐이다. 나는 피조물이 아닌 조금의 부족함도 없는 완전함,

바로 '이것'이다. 바늘구멍 같은 어떤 찜찜함도 없다. 하나의 원 안에서 한 치의 오차도 없이 돌아가는 톱니바퀴처럼 세상은 있는 그대로 완전하다.

4. 공상의식에서 다시 현실의 삶으로

공상의식의 경험은 순전히 나의 개인적이고 주관적인 체험이기에 논리나 말로 설명하기 힘들지만 삶을 해석하는 태도에는 큰 변화를 가져왔다. 세상과 삶은 외부에 있지 않다. 내가 경험하는 세상과 삶은 '나'라는 의식이 투사한 해석의 그림자이자 환영임이 밝게 인지되었다. 결국 사람들이 지닌 인생의 문제와 고통은 진실을 알지 못하는 낮은 의식의 무지가 만든 잘못된 해석의 결과임이 확연히 보였다.

인간뿐만 아니라 살아있는 모든 생명체는 의식과 생명 에너지로 이루어져 있으며, 의식의 움직임이 생명을 작용하게 한다. 그리고 작용하는 생명 에너지는 에너지 불변의 법칙과 에너지 보존의 법칙에 따라 상황이 바뀌더라도 그것의 모양은 변할 수 있지만 그것의 본질은 언제나 있는 그대로 변함이 없다. 이때 작용하는 상황을 해석하는 '나'라는 의식은 그 수준의 높낮이에 따라 밝고 행복한 세상을 만들기도 하고, 어둡고 고통이 가득한 세상을 만들기도 한다. 그러기에 인간의 삶에서 의식성장은 생명체가 나아가야 할 궁극적인 목표이자 이상이다.

본래 의식은 텅 비었으며 하나Oneness이다. 하나에서 분리된 의식이 이원성 안에서 세상을 창조하고 경험하며, 성장하고 살아간다. "세상과 삶은 어디에 있는가? 의식의 바깥에 있는가? 아니면 의식의 내면에 있는가? '나' 라는 의식은 진실인가? 아니면 허상인가? 삶은 어디에서 일어나서 어디로 사라지는가?" 내면에서 오랜 세월 나를 괴롭게 했던 이런 질문들이 이제 모두 사라졌다. "세상은 의식이며, 의식에는 안과 바깥이 없다. '나' 라는 의식 또한 각 수준에 따라 진실이기도 하고 허상이기도 하다. 삶은 그냥 삶이며, 일어나고 사라지는 모든 경험이 있는 그대로 행복이자 즐거움이다."

이런 나의 체험과 삶에 대한 해석의 전환은 그동안 진행해 왔던 사람들의 심리적인 문제와 고통에 대한 상담을 점차 줄여가는 결과를 가져왔다. 대신 개인의 심리적인 문제를 상담하기보다 인간의식의 근본에 대한 통찰과 의식이 나아가야 할 방향성을 제시하는 명상 강의나 명상수업으로 생활의 패턴이 바뀌기 시작했다. 그리고 어느 날 내면에서 '의식에 관한 4가지 상相의 법칙' 이 솟아나면서 이것을 하나의 원리와 법칙으로 정리해야겠다는 강한 충동이 일어났다.

나는 오랜 시간 의식을 대상과 이상, 공상으로 나누어 진리에 접근하는 설명을 했다. 그러던 어느 날 불쑥 법과 원리에 대한 중요성과 필요성이 영감처럼 솟아났다. 이것은 법상의식에 대한 새로운 발견이었다. 우리가 살아가는 세상은 법칙 위에 세워져 있다. 법은 세상을 자연스럽게 흐르게 하는 물과 같다. 법을 잘 이해하고, 법을 잘 따르는 사람은 삶의 흐름을 잘 타면서 에너지 낭비 없이 목표에 쉽게 도달한다. 하지만 법을 잘 모르는 사람이나 법칙에 어긋나게 행동하는 사람은 삶의 흐름이 어딘 가에서 끊어져 목표에 도달하기가 어려워진다. 공상의식의 수준이 물이 가득 찬 바다와 같다면, 법상의식은 바다로 흘러가는 강의 흐름과 같다. 그리고 아상의식은 커다란 저수지에 담겨 조금씩 흐르는 물이며, 대상의식은 작은 웅덩이에 갇혀서 말라가거나 썩어가는 물과 같다. 의식의 차이가 흐름의 차이를 나타낸다.

도덕경 8장에 상선약수上善若水라는 말이 있다. '최고의 선은 물과 같다'는 의미이다. 법은 물처럼 세상을 살아 움직이게 하는 최고의 흐름이다. 교통법규를 잘 지키면 도로 위의 차들은 흐르는 물처럼 자연스럽게 흘러간다. 하지만 누군가가 법규를 어길 때 사고가 일어나서 도로의 흐름은 끊어진다. 인간이 만든 법이든 자연에서 발견된 법이든 법을 따르는 것이 진리에 접근하는 가장 합리적이고 논리적이며 과학적인 방법이다. 법칙에 어긋난 자기중심적인 주장이나 법칙을 위반하는 불법적인 행위들이 행복과 자유를 막는 장애들이다.

인간에게 삶은 의식성장을 위한 기회의 장이다. 의식을 성장시키려면 자신의 의식이 어느 수준에 있는지를 먼저 알아야 한다. 삶에서 일어나는 문제와 개인의 심리적 고통은 의식의 수준이 낮을수록 무겁고 많아진다. 인생의 짐은 누가 얹은 것이 아니라 스스로 짊어지는 것이다. 예수님은 자기 인생의 십자가는 자신이 짊어져야 한다고 했다. 누구도 다른 사람의 십자가를 대신 짊어질 수는 없다. 인생의 카르마는 스스로 선택한 결과임을 받아들여야 한다.

"진리가 너희를 자유롭게 하리라."라는 예수님의 말씀을 나는 좋아한다. 삶의 현장에서 사람들과 진리를 향해 나아가는 과정으로 나는 2가지 프로그램을 만들었다. 하나는 I 受(아이수) 프로그램이고, 다른 하나는 INP(I No Problem) 프로그램이다.

아이수의 뜻은 아이(I=나)와 수(受=받아들인다)로 '나를 받아들이는 마음'을 말한다. 이 프로그램의 목표는 대상의식의 사람들이 지닌 심리적 문제를 해결해서 아상의식이나 법상의식으로 성장하게 하는 것이다. 대상의식에 속한 사람들은 현재의 자신을 있는 그대로 받아들이지 못한다. 그들은 새로운 자신을 꿈꾸거나 이상적인 자신을 원하면서 그렇게 되지 못하는 현재의 자신을 문제시하고 고통스러워한다. 아이수 프로그램은 과거의 경험과 어린 시절의 상처, 상처가 만든 내면의 두려움과 어둠을 새롭게 탐구하게 한다. 그래서 자신을 방어하기 위해 만든 이미지의 두꺼운 껍질을 알아차리게 하는 것이 목적이다. 이런 자신에 대한 새로운 통찰은 '거짓 나'가 만든 기준의 잣대와 안경을 벗게 함으로써 삶은 분리의 고통이 아니라 하나 된 '참사랑'의 경험이라는 것을 알게 한다.

나는 아이수 프로그램을 통해서 자신을 있는 그대로 받아들이지 못하고 닫혀있거나 무겁고 힘든 의식을 깨어나게 하고 싶었다. 사람들은 대부분 어린시절 부모나 주위 사람들에 의해 만들어진 조건적인 사랑과 상처의 경험으로 최면 되어있는 경우가 많다. 그래서 아이수 프로그램은 과거 상처가 만든 불안과 우울, 무기력과 욕망이 만든 습관적 패턴을 알아차려서 삶을 과거나 미래가 아닌 지금 이 순간으로 돌아오게 한다. 또 삶의 선택권이 현재의 자신에게 있음을 분명히 알게 하여 스스로 삶의 주인임을 선언하게 한다. 무지의 판단, 분별, 비판, 정죄를 놓아버리고, 현재의 자신을 있는 그대로 사랑하고 받아들이게 하는 것이 이 프로그램의 목표이다.

또 다른 프로그램인 INP 프로그램은 1박 2일에 걸친 자아발견 프로그램이다. I는 '나', N은 No를 의미하며, P는 Problem (문제)이다. I No는 '나 없음'이며, NO Problem은 '문제없음'이다. '나 없음'은 분별이 놓인 '텅 빈 의식'의 상태를 말하는데, 생각의 프레임과 무의식에 프로그램된 습관적 패턴에서 완전히 벗어난 자유로움이다. 그리고 '문제없음'은 삶을 옳고 그름, 잘함과 못함의 분별로 보지 않고 순간순간 경험되는 살아있음 자체로 느끼는 것을 말한다. 나는 INP 프로그램을 통해서 우리에게 일어나는 모든 문제가 외부가 아닌 의식 안에서 일어나는 한 생각의 집착과 망상임을 알아차리게 했다. 이것은 '나'라는 의식이 과거 경험이나 기억으로 좋은 것은 취하고 싫은 것에는 저항하는 습관적 패턴이다. '나 없음'이 '문제없음'이다.

인간 문제의 내면에는 만들어진 '나'가 자리하고 있다. 삶의 현장에서 자신이 누구인지를 올바르게 탐구하여 만들어진 허위의 '나'를 내리고 변하지 않는 참된 '나'를 찾아가는 것이 명상이다. 명상은 철저히 삶의 실재적인 상황과 경험 안에서 이루어져야 한다. 삶의 현장을 떠난 수행은 업식을 회피하는 수단이 되기 쉽다. 그래서 생활과 명상을 하나로 일치시키려는 시도로 생활명상 센터를 열었다. 생활명상 센터에서는 심리적인 문제를 해결하려는 사람들과 의식성장을 원하는 사람들에게 4가지 상相의 법칙에 따라 자신의 의식 수준을 바르게 알고 다음 단계로 성장할 수 있도록 돕고 있다. 생활명상 센터에서는 4단계의 수행 방편을 삶의 현장에서 실행하고 있다. 1단계는 비춤이고, 2단계는 알아차림이며, 3단계는 운용이고, 4단계는 검증이 그것이다.

'비춤' 은 외부의 사물과 상황에 초점을 두고 비추던 의식의 빛을 자신의 내면으로 돌려 비추는 공부법이다. 이것을 회광반조回光返照라고 하는데, 빛을 거꾸로 비춘다는 뜻이다. 선종禪宗에서는 이것을 언어나 문자에 의지하지 않고 자기 마음속의 본성本性을 직시하는 것으로 본다. 플래시를 들고 있는 사람이 대상을 비추던 플래시의 빛을 되돌려 플래시를 들고 있는 자신을 비추는 것이다. 외부에는 문제가 없기에 해답도 없다. 문제를 만드는 것은 '나' 라는 의식이며, 해답은 어두운 의식에 밝은 빛이 들어오게 하는 것이다. 빛이 생기면 어둠은 원래 없다.

'알아차림' 은 의식의 빛을 내면으로 돌려 문제를 만들어 내는 근본 원인인 에고의 구조와 틀을 정확히 이해하는 것이다. 생활에서 일어나는 모든 문제는 이해가 되면 더 이상 문제가 아니다. 문제는 알지 못하는 무지에 있다. 비춤을 통해 실체를 알아차리면 허상의 그림자인 모든 문제는 사라진다. 알아차림은 삶의 상황에서 새로운 선택의 힘을 준다. 알아차림을 가진 의식은 기존의 익숙함을 선택할 수도 있고 새롭고 낯선 경험을 선택할 수도 있다.

삶은 끝없이 변한다. 변화는 새로운 경험을 선사하며 그것이 살아있음의 생생함이다. 익숙함으로 남으려는 과거 의식과 낯설지만 새로움으로 도전하고 탐험하려는 의식 사이에서 우리는 스스로 운용을 해야 한다. '운용' 은 선택이며, 선택에는 책임이 따른다. 이것이 작용의 세상에서 적용되는 카르마의 법칙이다. '나' 라는 의식은 새로운 운용을 통해서 경험하고 성장한다. 이때 자신의 운용과 알아차림이 바르게 진행되고 있는지를 눈 밝은 선생을 통해 비춰 보는 것이 바로 '검증' 이다.

비춤과 알아차림, 운용과 검증을 통해서 과거의 카르마에 붙잡힌 '나' 의 정체성과 기준, 관념들을 비워서 어떤 것도 붙잡지 않는 본래의 '텅 빈 의식' 으로 돌아가는 것이 생활명상 센터의 공부법이다. 이것은 '나' 라고 동일시했던 모든 것들을 알아차려서 놓아보고, 이완하는 훈련을 통해 내 것과 네 것이라는 관념을 내리고, 네 것과 내 것의 다름을 인정하며, 서로의 신뢰를 바탕으로 하나가 되어가는 과정이다. 머리가 아닌 가슴으로, 생각이 아닌 생각이 놓인 자리에서, 행위의 '나' 가 아닌 온전한 존재로서의 '나' 를 있는 그대로 만나는 길이다. 문제와 구속은 결국 '나' 라는 개체가 만든 자기 동일시이며, 우리가 의식하는 '나' 라는 존재는 실재의 차원에서 보면 가공된 개념의 산물에 지나지 않는다. 그러기에 세상은 '나' 가 있다는 자기 동일시와 외부대상과의 인연연기因緣緣起에 따라 서로를 비춤으로써 일어나는 환영과도 같다.

'의식에 관한 4가지 상의 법칙' 이 현실에서 사람들의 심리적인 문제를 해결하거나 인생의 올바른 목표와 방향을 설정하는데, 도움이 되었으면 한다. 나의 삶을 통해 솟아난 이 법칙이 삶의 무지로 인해 고통받는 모든 사람에게 조금이나마 자신을 이해하고 받아들이고 사랑하는 데 도움이 되길 바란다.

배움에서 깨달음까지

초판 발행 ㅣ 2024년 1월 25일

지은이 ㅣ 이승현
그 림 ㅣ 김채연

펴낸이 ㅣ 신중현
펴낸곳 ㅣ 도서출판 학이사
　　　　출판등록 : 제25100-2005-28호
　　　　주소 : 대구광역시 달서구 문화회관11안길 22-1(장동)
　　　　전화 : (053) 554~3431, 3432
　　　　팩스 : (053) 554~3433
　　　　홈페이지 : http : // www.학이사.kr
　　　　이메일 : hes3431@naver.com

ISBN_979-11-5854-478-2　03180